# Juvencolía

# Juvencolía

Sobrevivir al hechizo de la juventud eterna

Silvia Herreros de Tejada

Papel certificado por el Forest Stewardship Council®

Penguin
Random House
Grupo Editorial

Primera edición: febrero de 2026

© 2026, Silvia Herreros de Tejada Larrinaga
Autora representada por la Agencia Literaria Dos Passos
© 2026, Penguin Random House Grupo Editorial, S. A. U.
Travessera de Gràcia, 47-49. 08021 Barcelona

Créditos de las imágenes:
P. 111: Beinecke Rare Book & Manuscript Library, colección Llewelyn Davies Family. Fotos de la autora
P. 199: Beinecke Rare Book & Manuscript Library, colección Llewelyn Davies Family. Universidad de Yale
P. 271: © Alamy
P. 285: foto de la autora
P. 295: Agnès Varda, *Les glaneurs et la glaneuse* © 2000 Ciné-Tamaris (film still)

*Printed in Spain* – Impreso en España

ISBN: 979-13-87600-51-8
Depósito legal: B-21.456-2025

Compuesto en M. I. Maquetación, S. L.

Impreso en Black Print CPI Ibérica
Sant Andreu de la Barca (Barcelona)

C 6 0 0 5 1 8

**juvencolía**

*n.* (del latín *iuventus* + griego *melancholía*)

1. Una tristeza suave que aparece al intuir que no eres la persona que tu juventud prometía.
2. El anhelo de habitar tu cuerpo sin miedo, sin cicatrices, como si la piel no guardara memoria.
3. La obstinación de no dejar que el tiempo devore todo aquello que una vez te hizo arder.

# Índice

Esta historia es enteramente cierta porque me la he inventado de principio a fin.

BORIS VIAN

# Antes del abecedario

Tienes miedo.

Camino del colegio, te miras en el espejo del ascensor, tan antiguo como el de la reina del cuento, e intentas adivinar cómo serás de mayor. Querrías verte ya transformada, saber en quién se convertirá la niña que te observa desde el cristal.

A veces el futuro se insinúa fugaz, pero casi siempre se esconde. Cuando lo vislumbras —allí al fondo, como en otra dimensión— está compuesto de mundos: algunos reales, otros imaginados. Todos extraordinarios. Y, por un instante, piensas que podrían ser tuyos. Te dan ganas de extender la mano hacia el espejo y entrar. Solo un rato, aunque sea.

Con seis, once, diecisiete años, sigue colgado el mismo póster en la pared de tu habitación: Peter Pan tendiéndole la mano a Wendy —ella, con su camisón azul—, los dos a punto de escapar por una ventana que enmarca la noche estrellada. ¿Eres Peter o eres Wendy?, te preguntas. ¿Te quedas aquí o te sumas a la gesta del niño que nunca crece?

Por las noches, tu madre pone otras películas de Disney, donde las princesas jóvenes suspiran por el amor y las reinas viejas solo ansían recobrar su juventud perdida. ¿Es eso lo que tendrás que anhelar, tú también, en el transcurso de la vida?

Tu cabeza moldea cientos de hipótesis a oscuras, con el bisbiseo de tus padres de fondo. Ellos están en el salón, viendo la tele o escuchando música. Cuando cierras los ojos, sus voces se transforman en susurros de monstruos que pronuncian tu nombre. El cuarto se agranda y te vuelves diminuta. Tratas de hacerte la valiente, pero tu cuerpo tiembla, y, aunque abrazas a tu muñeco, el osito cantarín, acabas rindiéndote.

—¡Mami! —gritas.

Ella llega enseguida y se mete contigo en la cama.

—El mundo está lleno de cosas bonitas —te dice—. Solo tienes que cerrar los ojos e imaginarlas. Vamos a inventar un abecedario contra el miedo, que las invoque todas, ¿vale? Por ejemplo... A de... Amanecer.

En la oscuridad de tu cabeza brotan un montón de palabras. B de beso de colores. F de Frigopie. H de hada. P de... de Peter Pan; mejor no... P de... ¿peluca?

—Oye, Mami, ¿por dónde vas tú?

—Por la C de California —dice.

Tus padres, claramente, se han pasado demasiados años sentados en el salón, hablando de ti. De pequeña, alardeaban de tus monerías: se ha inventado un cuento ella solita; lee palabras sueltas, azarosas, por la calle; y ¡ay!, cómo dibuja, ¿verdad?, es una artista. Por el miedo no hay que preocuparse... —insisten—, *son fases*, ya se le pasará. Después, tus méritos en el colegio: las notas, los amigos, los tímidos preámbulos hacia la persona que algún día serás. Pero la cosa se complica porque, una vez que creces, se acumulan los reproches: ¡rebelde, tarambana, el alma desbordada de pájaros! Bueno, lo normal, vaya. Pero ¿es que no tienen más tema de conversación, o qué les pasa? Y aparte, ¿qué sabrán ellos?

La niña del espejo empieza a desaparecer y el miedo —qué extraño— se vuelve urgencia, furia por habitar el mundo. Tú sales siempre que puedes. En los bares, entre el humo y los amigos y las conversaciones y las copas y el beso ocasional de un amor efímero o eterno —quién sabe—, te sientes verdaderamente tú, la noche como una capa heroica que te protege del frío del mundo.

Tus padres, mientras, repiten su letanía: ¡ay, qué rápido pasa el tiempo! ¡Con lo que nos querías de pequeñita, siempre a nuestro lado! (Tú, de eso, no te acuerdas). Tratan de consolarse: *es la edad*. Y tú: sí, sí. Claro, claro. Porque pasas de debatir con seres adultos como ellos, tan aburridos, tan conformistas. *Muertos en vida*. Si te pusieras a expresar lo que realmente piensas, acabarías provocando un incendio.

El sofá ardiendo, la tele en llamas, el osito cantarín ¡a la hoguera! Pero tu madre lo salva a tiempo y lo guarda en un cajón.

Un souvenir.

Su piel de felpa cuarteada, capaz él también de envejecer.

Haznos caso, dicen, *nosotros también fuimos jóvenes. Cuando crezcas, ya verás*, te olvidarás de tus mundos y tus fantasías y entenderás que la vida es *otra cosa*. Sí, sí, pero ¿qué cosa? Tú no te contagiarás del hastío de tus mayores, ni de su resignación, ni de sus noches vacías. Tu vida está destinada a ser una aventura, un naufragio. Cambiarás el mundo; o al menos lograrás cambiar *lo que ellos te han contado del mundo*.

No lo saben, pero tú —sí, tú— eres especial. No tienen ni idea de que, como has leído en un poema de Bukowski, «eres una maravilla, los dioses esperan para regodearse en ti».

Ahora eres profesora de escritura creativa (entre algunas otras cosas) y ese verso de «El corazón que ríe», es uno de tus grandes *hits*. Cuando empezaste a dar clase, los otros docentes (con aura de viejas glorias, todo hay que decirlo) te advirtieron que, al principio, de joven, como tú ahora, estás muy cerca de los alumnos. Pero luego, cada año que pasa, ellos siguen teniendo la misma edad y tú, en fin... tú ya no.

Se va erigiendo una barrera.

Cuentan que el enorme poder de seducción que ejercía Sócrates sobre sus discípulos se debía a que era, a la vez, joven y viejo. En el aula, había un maestro marcado físicamente por el paso del tiempo, pero su asombro por el mundo era el mismo que el de los alumnos, o incluso mayor. De hecho, hasta en su celda, condenado a muerte por «corromper a la juventud con ideas impías», conservaba la curiosidad tan intacta que quiso aprender a tocar una melodía nueva en la flauta. Cuando uno de sus discípulos le preguntó por qué se molestaba, estando la cicuta al acecho, él respondió que el ímpetu por la vida no debía abandonarse jamás, ni siquiera en el último aliento.

Sueles contar la anécdota de Sócrates en tu clase de introducción al último curso para entroncar con el asombro como motor primigenio de la escritura. Una idea, por cierto, que comparte J. R. R. Tolkien en su ensayo *Árbol y hoja*, donde se define a sí mismo como «un explorador sin rumbo, o un intruso; lleno de asombro pero escaso de preparación».

—Es probable —les dices a los alumnos para romper el hielo, el primer día— que así os sintáis vosotros como futuros escritores, ¿no? Exploradores ante la página en blanco...

Ellos se muestran tímidos y lo interpretan como una pregunta retórica; nadie dice nada. Toman apuntes, eso sí. Los menos, a mano. Otros, en el ordenador. Uno, alto, con un corte de pelo *mohawk*, solo te mira, casi sin parpadear. Tú continúas. Esto lo has contado muchas veces ya —curso tras curso tras curso—, así que, aunque hoy tengas la cabeza en otro sitio, perdidísima, confías en que mantendrás su atención.

Para el autor de *El señor de los anillos*, todas las historias del mundo forman parte de un caldero que comenzó a bullir desde el principio de los tiempos para responder a la necesidad básica de dar sentido a la vida humana. Este «caldero de las historias» se compone de «huesos» —cuentos y leyendas que forjaron la tradición colectiva— y de «ingredientes» varios, de índole más personal: ciclos histórico-culturales, vivencias autobiográficas o ajenas, ficciones y realidades, fantasías y pánicos, memoria y olvido... Lo que uno quiera agregar. Pero, muy importante, todo debe estar aderezado con grandes dosis de asombro: es decir, con la contemplación de algo extraordinario que despierta el deseo de saber; pero también con el sobrecogimiento ante lo que *es*, de manera que lo ordinario también resulte único, digno de perplejidad.

—Alguna vez... —les preguntas—: ¿habéis yacido bajo las estrellas junto a un amor y os habéis sentido tan plenos que de pronto adquirís conciencia de la pequeñez de vuestra existencia frente a la inmensidad del universo?

Unos se ríen, otros asienten.

—Yo sí —suspiras con un halo dramático—, y qué infinita se expande el alma en esas circunstancias, ¿verdad? A mí me pasaba de niña todo el rato: los elementos cotidianos me parecían dotados de mil enigmas, como mágicos.

¿Les ocurría a los alumnos también? ¿Quizá aún recordaran esa etapa en que tanto lo ordinario como lo extraordinario se percibían con los mismos ojos?

—Pues, básicamente —dices—, el escritor debe cultivar el asombro infantil o socrático de mirar el mundo, todas las veces, como si fuera la primera.

O quizá —esto no te atreves a decirlo—, incluso, la última.

Haces una pausa. Observas sus rostros jóvenes y te duele el corazón de cuantísimo desearías ser uno de ellos. Ser tú cuando estudiabas en esta misma escuela.

Al otro lado del aula, como un bosque de espinos, emerge la barrera.

Pero esa barrera no siempre estuvo ahí. Hubo un tiempo en que la juventud no existía. O al menos no como una etapa ensalzada, casi mítica. Antes, uno era niño o adulto. Y la transición, más que la edad, la marcaba el lugar que se ocupaba socialmente: si trabajabas, si proveías o si mandabas.

Hasta bien entrado el siglo XIX —cuando los misterios de la psicología se volcaban en las novelas, pero aún no en la ciencia— la división era sobre todo simbólica. Los hijos de las clases obreras, por ejemplo, empezaban a trabajar muy pequeños, con jornadas y responsabilidades que hoy nos parecerían inhumanas para su edad. En lo que suponía una infancia sin tregua, la inocencia convivía con la explotación laboral y crecer era, más que otra cosa, una condena precoz.

Con los avances tecnológicos, médicos y educativos de la sociedad postindustrial, los niños fueron retirados del trabajo, enviados a la escuela y confinados en un mundo aparte. Al mismo tiempo, la familia nuclear burguesa se convirtió en modelo: padres que mandaban e hijos que obedecían, y que eran castigados si era necesario.

A partir de entonces, crecer dejó de ser solo un proceso biológico para convertirse en una forma de identidad. Los niños fueron convertidos en el «otro» frente al mundo adulto, que proyectó en ellos la pureza que habían perdido. Más tarde, ese ideal se trasladó a otra edad y, donde la niñez había simbolizado la promesa del futuro, la juventud pasó a encarnar su plenitud. Así nació el mito de estar en la «flor de la vida»: una invención moderna.

Durante la historia, distintas edades han ocupado el centro del relato cultural. La infancia fue el mito de origen del siglo xix; la juventud, el estandarte del xx. ¿Y ahora? Todo indica que, tal vez, ha llegado el turno de la mediana edad. Porque, en el siglo xxi, ¿cuándo —y según qué circunstancias— nos hacemos realmente «mayores»?

Nuestra relación con los años que tenemos depende de cuestiones históricas, pero también es una experiencia íntima, corporal e imaginaria. La edad va de la mano de cómo decidimos construirnos a nosotros mismos, tanto en la esfera real como en las dimensiones paralelas y biológicas de nuestro tiempo.

Hoy, muchos nos esforzamos por vivir en una especie de juventud perpetua o edad indeterminada. Nos prometen que es posible, ¿no? Tónicos milagrosos, cremas *anti-age*, gimnasio, blanqueamiento de dientes, cirugías exprés, filtros de Instagram, looks atemporales con los que una ya no parece necesariamente una señora, sino más bien un espejismo.

Y cuánto nos gusta sorprender a los demás al desvelar cuántos años tenemos. ¿O es pura cortesía decirle al de enfrente que parece más joven?

Sea como fuere: *¡ay, muchas gracias!*

Y seguís, claro, recordando los viejos tiempos y diciéndoos lo estupendos que estáis.

Hablar de la juventud en abstracto, y de manera teórica, es sencillo. Lo difícil es cuando te acecha su reflejo: una alumna vestida igual que tú (o como *recuerdas* que te vestías tú) hace veinticinco años. Faldas largas, pendientes grandes, chaquetas estrafalarias. Idéntico gesto categórico, idéntica insolencia.

En clase les cuentas que la idea de este curso final es descubrir qué quieren contar, poner su propio «caldero de las historias» en ebullición. En tu caso, para convertirte en escritora, fue determinante encontrar el tema de tu vida: el mito de Peter Pan; su autor, J. M. Barrie; los mundos paralelos donde habitan jóvenes y hadas;

la recurrencia del arquetipo del *puer aeternus* tanto en la sociedad como en el imaginario colectivo. En torno a esto, has escrito una tesis doctoral, artículos, alguna cosa para televisión y una novela. Y ahora —comentas orgullosa—, una editorial importante acaba de contratarte un libro de no ficción. Una especie de mapa sentimental sobre la juventud y el afán generalizado de agarrarse a ella…

Lo que no les dices es que estabas convencida de este enfoque, pero ahora piensas que, quizá, debería cambiar.

La alumna que podrías haber sido tú misma te interrumpe. Mary Shelley tenía veintiún años cuando publicó *Frankenstein*; Zadie Smith, veintitrés con *Dientes blancos*; Xavier Dolan ganó el Premio del Jurado en Cannes con *Mommy* a los veinticinco y —añade con un mohín— una autora jovencísima acaba de salir en la revista *Vogue*. Mientras tanto, ¿ellos, qué? ¿No van ya tarde?

Tú respondes que no hay que impacientarse ni elucubrar, tienen todo el tiempo del mundo. *Cuando crezcas, ya verás,* sentencias (sí, sí, esto tal cual). La vida se bifurca por los caminos necesarios. Tú misma has salido en *Vogue* hace poco, ¿quién te lo iba a decir? Ella lo busca inmediatamente en el móvil. Y tú se lo permites, por supuesto. Te gusta mucho la foto de «autora» (y sin apenas retoques) que ella mira con curiosidad (¿volverás a ser así?).

La chica lee el artículo con ojos ultraveloces, como hacen los de su generación. No comenta nada. Después, a la salida de clase, te da las gracias. Le ha consolado «mogollón» saber que en *Vogue* también se puede salir «de mayor».

Y se marcha.

Tú te quedas en el aula. La pizarra está llena de palabras sueltas, que ahora vagan sin sentido. Desde el primer piso, miras por el ventanal: un aparcamiento y, al fondo, un descampado inmenso. Abajo, tus alumnos fuman, se ríen, escuchas el eco de sus voces, ebrias del fin de semana. Si les hubieras contado lo que realmente te preocupa, quizá estarían hablando de ti.

Pero no lo has hecho. Mejor evitarles el disgusto, ¿no?

Por el cristal se cuelan los tonos violetas del anochecer. Como en una máquina del tiempo, te ves a ti misma, alumna, riéndote por todo. O por nada.

Mnemósine, diosa de la memoria, fue imaginada por Hesíodo como una mujer de cabello tan largo y enrevesado como el propio recuerdo. Durante nueve noches amó a Zeus, y de esa unión nacieron las nueve musas, aficionadas a las fiestas y al canto. Cada una de ellas ofrecía una forma distinta de contar historias para propiciar, a través de estos gozos, el alivio y el olvido de los males. Desde entonces, desde siempre, el ser humano ha tejido relatos, mitos y crónicas de viajes y maravillas donde la línea entre lo real y lo imaginario se desdibuja al servicio del mismo anhelo profundo: eludir la muerte, alcanzar la juventud eterna.

Pero ¿cuándo cobra su máximo sentido la juventud, mientras se vive, cuando se intenta retener o en la memoria? ¿Se puede seguir siendo «joven» si el mundo adulto te azota con todas sus consecuencias?

Recoges tus apuntes y los rotuladores. Borras la pizarra. El movimiento mecánico del brazo arrastra los escombros de tu clase. Abajo, ellos, los jóvenes, han encendido otro cigarrillo. Se alejan hacia el metro.

¿Adónde irán?, te preguntas. Seguramente ni lo sepan: improvisarán por el camino.

Tú, en cambio, sí sabes adónde vas.

A jugar al abecedario que te enseñó a recitar tu madre cuando, de niña, tenías miedo. Un hechizo que combina hitos culturales y personales, vidas fabulosas y verdades disfrazadas, para entender por qué, pase lo que pase y crezcas lo que crezcas, tú siempre querrás escapar por la ventana.

Sobre todo ahora, que te acaban de decir que tienes cáncer.

Sí, tú. Cáncer.

Y el abecedario empieza, como suele, por la letra A...

# Adultescencia

La adolescencia es una etapa que, en cierto sentido, anticipa la mediana edad. O, mejor dicho: todos en la mediana edad pasamos por ella.

CHRISTOPHER HAMILTON

Lo confiesas: no sabes qué te pasa. Tienes cuarenta y ocho años, aunque en los días buenos podrías pasar por treinta y algo (o eso crees). En general, cumples con lo que se espera de ti. Sostienes un hogar, triunfas relativamente en el trabajo, cuidas a tu hijo, haces la declaración de la renta y te vas de veraneo, más que de vacaciones. Pero, otras veces, demasiadas, te descubres como en una revolución adolescente: te enamoras de un extraño en un paso de peatones, te hundes con los atroces cambios de tu cuerpo, te ofuscas solo porque necesitas expresar tu pasión desaforada ante el mundo, piensas «¿esta es mi vida?» con excesiva frecuencia porque *es obvio* que debería ser mucho más emocionante de lo que es.

La verdad es que te sientes como en un limbo febril: medio adulta prototípica, resignada a tu destino, medio criatura rebelde, en busca de una intensidad imposible. Tú no entiendes nada. ¿Por qué, de repente, y con estos años, sientes ese fuego conocido que te quema por dentro? ¿Esa especie de frenesí, anhelo, confusión, el deseo ferviente de *por favor-por favor-por favor*, que tu vida no te decepcione? Pero ¿no se suponía que eso ya pasó? ¿O es que la adolescencia no era más que un ensayo general de la mediana edad?

Quizá no sea solo cosa tuya.

Tal vez este «temblor adolescente tardío» forme parte de un clima más amplio, una época que pide a los adultos jugar durante todo el tiempo posible a ser jóvenes, como si envejecer fuese cuestión de voluntad.

De hecho, a tu limbo febril se le puso nombre: *adultescencia*. Un término híbrido entre adultez y adolescencia que popularizó

Gilles Lipovetsky en *La felicidad paradójica* (2006) para definir la disolución progresiva de la edad en las sociedades contemporáneas, donde la juventud se prolonga de manera biográfica y emocional. El *adultescente* es un sujeto que, a pesar de ser cronológicamente adulto, busca la novedad constante, atrapado en el narcisismo actual del culto hedonista al «yo». Una era de «felicidad paradójica» donde la búsqueda del placer se vuelve normativa y los modelos tradicionales de madurez —renuncia, deber, trascendencia— se perciben como una amenaza a evitar. En un mundo donde la oferta de placeres y de juventud perpetua es mayor que nunca —advierte Lipovetsky— deberíamos también ser más felices que nunca, ¿no? Sin embargo, aquí estamos: insatisfechos crónicos, suspirando por un verano que nos cambie esta vida que se nos queda, ¡ay!, demasiado corta.

Ahora bien, no somos los primeros en batallar contra la insatisfacción: los griegos ya se inventaron diosas que amanecían cada día eternamente jóvenes y ni con eso estaban contentas.

En el monte Olimpo de la mitología griega, Eos era conocida por su rutina inamovible. Como diosa del amanecer, se despertaba en plena noche. Charlaba un rato con su hermana Selene, la luna, casi siempre de amores o amantes y, al llegar su hora, se cubría con un manto de color azafrán y cabalgaba el cielo; a su paso, la estela naranja que anunciaba el nuevo día. Tras ella, emergía su otro hermano, Helios, el sol, que abrazaba a Eos hasta hacerla desaparecer. Él asfixiaba a su hermana con gusto: no soportaba su apariencia eternamente joven en contraste con la de él, que era hermoso, pero más maduro.

Eos era sexual por naturaleza y vivió numerosas aventuras de dicha índole (sobre todo desde que Afrodita la castigó por promiscua, infundiéndole aún más deseo), pero su gran amor fue Títono, un héroe troyano de belleza arrolladora a quien —según le contó a Selene— veneraba como a ninguno. En otras palabras: el chico era tanto amado como amante, despertando en ella las pasiones más desaforadas, pero también su sensibilidad, empatía y curiosidad absoluta. Quería saberlo todo sobre él: qué pensaba al ver las libélulas pasar, cuál era su primer recuerdo de infancia, qué sentía cuando ella gemía, entrecortada, en su oreja... Eos se excitaba —se empapaba— solo con escuchar su voz, lisonjera y acariciante.

Tantísimo amaba la Aurora al hombre humano que no podía concebir la idea de que este sucumbiera a su destino. ¿Sería Zeus tan bondadoso de concederle la inmortalidad, para yacer junto a él para siempre? El padre de los dioses, conmovido, accedió al deseo de la muchacha, pero a ella —con ese brío tan propio de su condición juvenil— se le olvidó añadir un matiz: que su amor, además de no morir, conservara también la juventud eterna.

Así, con el paso del tiempo y sin apenas darse cuenta, Eos asistió al progresivo deterioro de Títono. Se le arrugó la frente. Se le empequeñecieron los ojos. Su cabello, antes agreste, se tornó ralo. Su virilidad mermó como cuando, al bajar la marea, el océano infinito se repliega. Perdió el oído. Se le confundían las palabras, la memoria. Comenzó a preferir la soledad en la que balbuceaba consigo mismo, sin tener que disimular su demencia.

Eos siguió durmiendo junto a él, empeñada en amarle. Pero llegó el momento en que no pudo soportar el olor añoso, inmundo —el olor a *viejo*— que emanaba del cuerpo de su antiguo amante y ahora solo compañero. Antes de despreciarlo tanto que podría haberlo matado ella misma, decidió encerrarle en una habitación y no verle más.

El anciano Títono se encogió hasta tal punto que acabó convirtiéndose en cigarra. Pero su voz, antaño lisonjera, acariciante, y hoy una tortura, nunca se apagó. En su paseo diario por el cielo, Eos, Helios y Selene escuchaban el canto monótono —*chi-chi-chi-chi-chi*— que suplicaba, de nuevo, la compasión de Zeus. «¿Qué cantaría la cigarra?», se preguntaban las hermanas en sus charlas matutinas. «¡Por favor, quiero morir!» o «¡Por favor, quiero volver a ser joven!».

Nadie lo sabe.

Sin embargo, algo en ese canto insoportable nos resulta familiar: la súplica absurda de intentar detener el tiempo.

Los griegos lo intuyeron mucho antes de que los filósofos modernos lo bautizaran. En su Olimpo convivían dioses jóvenes —la apasionada Eos, Dionisio con su jolgorio, Pan y su desenfreno salvaje— con otros más maduros —Zeus, Afrodita, Poseidón— que aportaban el contrapunto de autoridad pero aun así vivían instalados en un presente perpetuo donde la risa, el sexo y la insolencia solían imponerse sobre la madurez o el deber. Eran, en cierto modo, los primeros *adultescentes*.

Claro que ellos tenían una ventaja radical frente a nosotros: la inmortalidad que los libraba del desconcierto humano frente al yugo del tiempo. Y si en Grecia la juventud se divinizó, en Roma empezó a convertirse en categoría social y política.

Los *iuvenes* o «jóvenes excepcionales» de Tito Livio eran los miembros más preciados de la comunidad: iban a la guerra, presumían de vitalidad sexual y eran, en definitiva, los cuerpos venerados de la época. El rango de edad, además, no era precisamente breve: desde los diecisiete hasta los cuarenta y seis años, momento en el cual se convertían en *senex*, ya sin vigor físico pero con autoridad moral. Ni *iuvenes* ni *senex* poseían correspondiente en femenino. La edad de las mujeres no era un estatus cívico, sino biología pura, definida únicamente por la fertilidad o su pérdida. En cualquier caso, lo joven era siempre lo deseable: un valor político, erótico y comunitario.

El culto a la diosa Iuventus —o Hebe, en Grecia— presente en la mitología desde tiempos arcaicos, celebraba el goce de esta etapa como un valor en sí mismo, tal y como rezaba esta inscripción funeraria: «¿Mi edad? Dieciocho años. He vivido a gusto para alegría de mi padre y de todos mis amigos. Diviértete: solo en eso el rigor es extremo».

La filosofía popular del *carpe diem*, concebida por el poeta Horacio en el siglo I antes de la era común, exhortaba a «abrazar» o «aprovechar» el día como si fuese el último. Un imperativo que se fue modulando con los siglos. En la edad media, cuando la esperanza de vida rondaba los cuarenta años, el *carpe diem* se entendía como una advertencia de muerte (*memento mori*). El renacimiento lo transformó en una alerta contra la fugacidad del tiempo (*tempus fugit*) que pronto ajaría la belleza de la juventud. El romanticismo impuso su ley más cruel: el arte era largo, pero la vida breve (*ars longa, vita brevis*). Quizá era preferible morir joven, en pleno fragor, que languidecer en la medianía de la edad adulta.

Así, poco a poco, el *carpe diem* dejó de ser un lema filosófico y se convirtió en el grito consciente de una nueva hegemonía cultural: la juventud como un poder extraordinario, la edad más codiciada, el espejo deformado contra el que medir el resto de nuestra existencia.

La primera vez que tú sentiste el peso de ese espejo, tan implacable como el de la madrastra de Blancanieves —«Espejito, espejito, dime una cosa, ¿quién es de este reino la más hermosa?»—, fue en el salón de tu casa. Tenías once o doce años, esa edad incómoda en la que ya adivinabas que tendrías una teta más grande que la otra pero aún no habías entrado en la adolescencia oficial.

Era viernes por la noche. Tus padres habían salido con una pareja amiga, conocidos de cuando vivieron en California de universitarios: sus felices años de «juventud americana». Con estos amigos, los hippies, habían ido a una manifestación en Golden Gate Park. Se habían drogado con ácido y bailado al son de los bongos hasta el amanecer. Tu madre quería que los hippies, en su visita a Madrid, lo pasaran bien. Se paseó durante días por el centro tanteando posibles restaurantes de paella, tapas y vino poco cabezón. Tu hermano se había ido a dormir a casa de un amigo y a ti te habían dejado con la canguro, que se pasó la noche hablando por teléfono con su novio. Tú, aburridísima, comiste tantas galletas que tenías ganas de vomitar.

Te despertaron unas risas desde el salón. Primero apagadas, después un estallido y enseguida un *«Oh, my God!»* que perforó la pared como un taladro histérico. Te levantaste de la cama, dispuesta a espiar. Te encantaba mirar sin ser vista, como si estuvieses presenciando una película espontánea desde el marco de la puerta. El salón apestaba a tabaco, a alcohol. En la mesa de centro, de caoba oscura, entre botellas, ceniceros y vasos de tubo, había una caja rectangular como la de los *Juegos Reunidos* pero con letras en inglés: *Midlife Crises.*

Viste a la americana hippie, con pantalones bombachos de flores, tirar el dado y coger una tarjeta. Leyó en voz alta:

—Se te ha retrasado la regla. Ve al médico y págale mil dólares o ten otro hijo que ya no deseas y súmate trescientos puntos de estrés.

—*Oh, my God!*

Carcajadas. Tus padres y los hippies, golpeando la mesa como si fuera lo más divertido que habían escuchado en toda su vida.

Luego le tocó a tu madre, que leyó otra tarjeta del mismo taco:

—Tu marido se ha ido de viaje de negocios, o eso ha dicho. En venganza, puedes visitar a un exnovio (el viaje te cuesta mil doscientos dólares) o sufrir en casa en silencio y sumarte quinientos puntos de estrés.

Más risas. Tu madre fingió un lamento exagerado, entre trágico y borracho:

—¡Ay!, con los dólares que me quedan voy fatal, fatal, fat...

Entonces te vio, escondida tras la puerta. Te llamó con un acento raro:

—*Look at my beautiful girl!*

Y te hizo pasar.

Tú querías salir corriendo pero la hippie te habló directamente:

—*And you, sweetheart, what do you want to be when you grow up?*

Tú nunca te lo habías planteado antes. Te pilló en frío. Pero miraste la caja del juego, los ojos alcoholizados de tu madre, a tu padre —que te parecía el hombre más guapo del mundo— levantando la copa y a los hippies que se vestían como veinteañeros y no lo dudaste ni un segundo:

—De mayor quiero ser joven, como mi madre en California.

El salón entero estalló en aplausos.

—*Oh, so fucking cute!* —chilló la americana—. *We'll always be young, darling. Always.*

Tú la miraste con un escepticismo lúcido. Sí, claro. Eso os creéis vosotras.

Te volviste a la cama con el nombre del juego sobrevolando tu cabeza.

*Midlife crises.*

En la tele de los domingos, la serie *Autopista hacia el cielo* te había enseñado que los adultos en apuros recibían ángeles sexis —a tu madre le encantaba Michael Landon— y no tarjetas de cartón con planteamientos terribles. Esa noche descubriste dos cosas: que los mayores debían de aburrirse en demasía para entregarse a un pasatiempo así y que tú nunca nunca —juraste solemnemente— pasarías por un trance tan espantoso.

Claro que no tenías ni idea de que estabas a punto de sumergirte en otra edad en la que la llama ardía sin mesura: la adolescencia. Un fogonazo que, una vez superado, parecía quedar atrás para siempre (¡y menos mal!), pero que, décadas después, reconocerías transformado en otra cosa: la crisis de la mediana edad (*Oh, my God!*).

El concepto de adolescencia fue descrito por primera vez por el pedagogo G. Stanley Hall en su volumen *Adolescencia. Su psicología y sus relaciones con la fisiología, la antropología, la sociología, el crimen, la religión y la educación*, publicado en 1904. Hall la definía como un «segundo nacimiento», un estado de tormenta y embriaguez en el que brotaban la emotividad y, sobre todo, el «arder y estremecerse» ante los cambios corporales y la irrupción del sexo. Para Hall, ninguna edad estaba tan predispuesta al fervor de los grandes empeños ni era tan vulnerable a la confusión.

Unas décadas después, Erik Erikson, pionero de la psicología evolutiva, amplió esta visión desde una perspectiva existencial. Más interesado en el conflicto entre el «yo» y el mundo que en la sexualidad, formuló la teoría del desarrollo psicosocial: ocho etapas de la vida, cada una marcada por una tensión interna que el sujeto debía resolver para avanzar. En la adolescencia —el quinto estadio— esta tensión se expresaba como una «crisis de identidad», una lucha entre el afán de pertenecer y el impulso de diferenciarse.

Erikson, que había vivido su propia juventud como una deriva —abandonó los estudios, viajó sin rumbo, se negó a cumplir las expectativas familiares—, veía en la adolescencia una forma legítima de desobediencia. Una época en la que el «yo», todavía sin forma definitiva, necesitaba desafiar a lo normativo para existir. Rebelarse —opinaba Erikson— no era una patología, sino el método natural del crecimiento, una especie de campo de pruebas de la identidad.

Y quizá fue esa desobediencia —el derecho a no saber aún quién se era— la que, tras la resaca de las guerras mundiales, acabó fraguando, a mediados del siglo xx, una figura social inédita: el *teenager*. Surgido del cruce entre la psicología y el mercado, el adolescente moderno encarnó a la vez la angustia de Hall y la búsqueda de Erikson, pero con una novedad decisiva: podía comercializarse. Ropa, refrescos, música, cine, revistas, cigarrillos... La adolescencia se volvió un producto y la rebeldía su faceta más rentable.

Entre los trece (thir-*teen*) y los diecinueve (nine-*teen*) años se fijó, pues, un territorio propio. Como resumió Jon Savage en *Teenage*, los adolescentes vivían en la dialéctica entre lo ordinario y lo extraordinario, el genio y el monstruo, la expectativa y el miedo. La adolescencia dejó de ser solo una etapa biológica para convertirse en una experiencia cultural, el rito moderno de la insurrección.

Pero todo rito tiene su reverso. Y la adolescencia parece adormecerse para tiempo después despertar bajo otras formas, y recordarnos que crecer quizá no sea un acto conclusivo. En otras palabras: la juventud, que se inventó como ruptura, regresa como promesa fantasmática de reinvención en la vida adulta.

La mediana edad permaneció durante mucho tiempo en una zona gris, innombrada. Fue necesario esperar hasta los años sesenta para que se reconociera como objeto de estudio, cuando Elliot Jacques se atrevió a poner palabras al vértigo que asaltaba a ciertos hombres acomodados. Y es que estos, después de conquistar las metas marcadas, descubrían que la vida ya no avanzaba hacia un horizonte prometedor, sino que se inclinaba hacia un abismo al que nadie quería mirar: la muerte. Algunos, al reconocerse en la cúspide de su propia vida, se sintieron culpables. Al fin y al cabo —matiza Kieran Setiya en su guía filosófica *En la mitad de la vida*—, «la crisis de la mediana edad es autocomplaciente, una adversidad cuya vivencia es un lujo». Y no le falta razón, porque aquella crisis se escribió desde el privilegio de quienes podían detenerse a pensar en sí mismos. Resueltos los asuntos económicos y domésticos, uno podía regodearse en lo existencial.

Pronto esta crisis se puso de moda. Surgieron libros de autoayuda como *Pasajes. Las crisis predecibles de la vida adulta* (1974) de Gail

Sheehy o *El síndrome de Peter Pan* de Dan Kiley (1983), ambos éxitos de ventas en varios países y responsables, en buena medida, de los clichés que definirían esta coyuntura vital.

Eso sí, la literatura —mucho antes— ya había dado forma a este extravío supuestamente masculino. En el siglo XIV, Dante Alighieri, con treinta y cinco años, dejó escrito, en los primeros versos de la *Divina comedia*, el arquetipo más célebre:

> *A mitad del camino de nuestra vida,*
> *me encontré en una selva oscura,*
> *pues se había extraviado el camino recto.*

El desconcierto de Dante anticipa lo que hoy llamaríamos «heterocronía»: la coexistencia de distintos ritmos temporales en un mismo cuerpo y una misma vida. No hay un trayecto lineal que conduzca de la juventud a la vejez, sino una oscilación constante entre edades interiores que avanzan y retroceden, a veces sin reconocerse entre sí.

Ahora, en el siglo XXI, esa heterocronía se ha intensificado y en la mediana edad resulta especialmente visible. Ya no se vincula solo a los treinta o los cuarenta, como en generaciones anteriores, sino que suele situarse entre los cuarenta y cinco y los sesenta años. En este periodo conviven, a destiempo, rasgos de juventud (aspiraciones personales, proyección profesional, sexualidad activa) con señales de desgaste (el declive físico, los cuidados cruzados a hijos y padres, el «nido vacío», las pérdidas). Es entonces cuando brota la «crisis femenina»: una etapa marcada por el fin de la edad fértil, el desconcierto, la zozobra por haber elegido una vida concreta y la dificultad de imaginar un futuro que aún prometa algo.

Porque, ¡ay, con lo que tú podrías haber sido!

A los hombres se les concedió su selva oscura o el «síndrome de Peter Pan» que, según Kiley, estigmatizaba a quienes se resistían a crecer, varados en una edad que ya no tenían. Mientras, a las mujeres se nos negó toda épica: ningún bosque, ningún paisaje simbólico, como si nuestro cuerpo no pudiera extraviarse.

La crisis de la mediana edad fue un «privilegio» masculino durante años. Ahora, gracias a la tan luchada igualdad, solo lo es de clase.

Hoy, también nosotras somos víctimas de una adultescencia que nos incita a seguir siendo bellas y deseables, a cumplir fantasías juveniles o metas pendientes, mientras el discurso público nos abre la posibilidad —en teoría— de rebelarnos contra la maternidad o, incluso, de plantarle cara al tictac del reloj biológico.

Como ocurrió con el flagrante *teenager* de los años cincuenta, la rebeldía ha vuelto a encontrar mercado. Si entonces se vendía una ilusión de libertad, ahora se ofrece una ficción de eternidad. El deseo de permanecer joven se ha vuelto un modelo de consumo, un capitalismo del rejuvenecimiento que ya no es un gesto de insurrección, sino una consigna cuidadosamente diseñada.

Así, no nos queda otra que convivir entre la exaltación y el agotamiento, presas en un vaivén que desdibuja la edad que realmente tenemos.

Tú juraste solemnemente que nunca caerías en el tópico de la crisis de la mediana edad.

Tienes cuarenta y ocho años y vives en ese limbo febril que hasta te hace cierta gracia y no se parece en NADA a aquello que tanta vergüenza te daba (o eso crees).

Entonces, un día cualquiera, te diagnostican un cáncer de mama.

En el hospital, te dicen: eres muy joven.

Y tú, por primera vez en tu vida, no contestas: ¡ay, muchas gracias!, sino que te dan ganas de gritar: bueno, no tanto, ¿no?

Un médico te explica que tu cáncer se debe a la «pletoría» de tus células. Utiliza esa palabra. Querrá decir «plétora», que significa exceso, abundancia. Tu cáncer se debe a que tus células, por mutaciones de los genes, se multiplican de forma pletórica: una energía que se descontrola como un fuego interno y empieza a crecer donde no debe. Puede estar relacionado con causas hereditarias, pero también con el estilo de vida sedentario, los malos hábitos, el estrés, la maternidad tardía, la menopausia que acecha.

Pleno al cinco.

*Memento mori.*

Se abre ante ti no una selva oscura, sino un bosque suspendido en el tiempo.

Es la isla de Nunca Jamás.

# Barrie, J. M.

¡Atrás, señora! Nadie me cazará para hacer de mí un hombre.

JAMES MATTHEW BARRIE

Peter Pan vuelve a tu vida una y otra vez, como si estuviera empeñado en arrastrarte, tarde o temprano, a su isla de Nunca Jamás. En la cronología de tu enfermedad, estás convencida de que todo empieza dos meses antes del diagnóstico, cuando estudias al personaje en la Universidad de Yale, en New Haven, Estados Unidos.

Es otoño y se esparcen por el campus hojas pequeñas, perfectas, en tonos rojizos. Caminas cada día, de lunes a sábado, desde tu apartamento de «estudiante» (así lo vende Airbnb, y así te sientes tú, tan contenta) hasta la biblioteca Beinecke de Manuscritos y Libros Raros y, cada día, piensas en las hojas. Te fijas en que son variadas: de olmo, arce y roble, según la calle por la que pasees. Les haces fotos. Son como un correlato objetivo de tu alma, que está algo otoñal últimamente. Te preguntas si te importaban tanto hace una década, la primera vez que estuviste aquí y escribiste una novela ambientada en esa biblioteca, donde se guardan los manuscritos originales de James Matthew Barrie. Ahora, qué raro, apenas recuerdas haberla escrito. Pero como especialista en el autor, sí te vienen a la cabeza reflexiones suyas que jurarías haber incorporado a esa novela, como aquella de que a pesar del transcurso de la naturaleza uno siempre es, en el fondo, la misma persona. La idea de Barrie es que uno, con el tiempo, inevitablemente pasa de una habitación a otra, pero todas dentro de la misma casa.

Te encanta esto.

Mucho.

Uno no cambia. No del todo.

En los diez años que separan tus dos estancias en Yale has tenido un hijo, se ha muerto tu madre y, prácticamente con tu edad, también tu editora, y has sufrido, como todos, una pandemia. En resumen, te has sentido, una y otra vez, metida en una jaula, los barrotes creciendo a tu alrededor. El gotelé fatigado de las paredes se ha adherido a tu piel como un musgo rebelde. Sin embargo, si miras las fotos de ambas etapas, estás, por fuera, más o menos igual: el mismo pelo larguísimo, liso; la misma pinta «retro» que retrocede no se sabe muy bien a qué época pero que se aleja, seguro, de la estética que tus padres esperarían de ti.

Es un sábado de noviembre y se celebra el clásico partido de fútbol americano entre las universidades de Harvard y Yale. Tú no vas al partido, pero tu amiga, la bibliotecaria, te invita a una fiesta *potluck* posterior en casa de un matrimonio formado por una japonesa y un cubano. Hay un montón de gente. Hispanohablantes algo más jóvenes que tú, en mitad de la treintena, igual. Todos llevan sudaderas de Yale. Tú, no. Tú llevas un vestido largo de colores con unas botas vaqueras altas que te quitas en la entrada y que, la verdad, dejando a la vista las medias, desmerecen mínimamente el look. Colocas unas botellas de vino en la mesa, llena de platos incompatibles entre sí (pero esa es la gracia del *potluck*, te explican).

Te sirves una copa.

Tras la ronda de presentaciones, saludos leves con la cabeza, te preguntan quién eres, qué haces en la universidad. Tú hablas del libro que tienes entre manos. Ya escribiste antes sobre la juventud eterna, pero ahora lo haces desde el punto de vista de la edad y el género, que esta vez es «no ficción»: una especie de enciclopedia, ¿o será un libro de viajes, en realidad? Aún no lo sabes. Es *work in progress*.

Sigues hablando. De tu fascinación por Peter Pan. De su autor, James Matthew Barrie, a quien sueles llamar así, con familiaridad, Barrie, porque es como si lo conocieras de siempre.

Aunque ahora, que escribes sobre su infancia, prefieres llamarle Jamie. ¿Conocen, por cierto, la historia tan apasionante de Jamie y su madre? ¿Y de cómo todo aquello acabaría cristalizando en la figura del chico eterno?

Parece que les llama la atención.

Te sirves otra copa de vino y empiezas a contar la historia.

Imaginad un lavadero. Una isla desierta en medio de un jardín. Entre la neblina espesa emerge la piedra embarrada de sus pequeños muros. La hierba aún cruje por la escarcha temprana. En un día como este, de finales de enero, las montañas que rodean el pueblo escocés de Kirriemuir parecen lanzarse encima de la casa y el lavadero de Brechin Road. Jamie, un niño de seis años con aire de frágil irrealidad, está asustado: les ha prometido a sus compañeros que su obra de teatro será tan fabulosa como la visita al castillo de *Macbeth*. Pero ¿y si resulta no ser cierto?

El lavadero-teatro desprende un aliento a frío. Es un disparate pasar tiempo aquí, se queja Jane Ann, la hermana mayor de Jamie. Ha tenido que sacar toda la ropa del barreño para tenderla… ¿dónde? ¿Qué espera Jamie que haga con ella hasta que termine el jueguecito? Jane Ann frunce el ceño, los labios. Tiene casi veinte años y le habría gustado salir del pueblo, como acaba de hacer David, el otro hermano menor, que se ha marchado a Lanarkshire para estudiar para clérigo. Jamie lo extraña. Su hermano es de esas personas que no pasan desapercibidas, con su postura insolente, brazos en jarras y el silbido de ladronzuelo más auténtico que hayas escuchado jamás. A David le encanta trepar por los árboles, para llegar arriba con los mofletes rojos y tirar bellotas desde los cielos gritando: «¡Eo, Jamie, esta es para ti!» y «Margaret Ogilvy, ¡trata de atraparme!». En Escocia es costumbre que las mujeres conserven su apellido de soltera y David es tan descarado que a su madre no la llama «madre», como corresponde, sino por su nombre completo. A Jamie le fascina como suena, en boca de su hermano. Maaargaret Ogilvyyy. Como una ráfaga de viento fugaz que acaricia la cara.

Jamie no se atreve a subir a los árboles. Se tropieza a menudo y tiene la frente tan enorme que lo único que le falta, encima, es hacerse un chichón. A Jamie le gustaría actuar, pero tiene la voz suave, muy bajita. Por eso el protagonista de la obra es su amigo Robb, que se deja escuchar bien alto y Jamie hará un papel secundario: el de un hada traviesa que se esconde detrás del barreño y que habla con un parloteo ininteligible muy divertido. La gente se reirá seguro.

Comienza a llegar el público. Jamie cobra de entrada un alfiler, una canica o una peonza, según lo que aporte cada cual; pero gratis, en el teatro, no se entra. El actor, o sea Robb, dice ahora que le tiemblan las piernas. De nervios y de congelamiento. La audiencia se muestra impaciente. ¡Que empiece ya! La madre aún no ha llegado. Jane Ann va a buscarla. Jamie le da la orden a Robb para que salga a escena. Su amigo se equivoca nada más empezar, así que, para enmendar el desastre, él introduce el parloteo antes de tiempo. Los niños ríen, ¡sí! Jane Ann regresa a tiempo para ver el glorioso final, cuando Robb se mete en el barreño y se pelea con el aire, tratando de librarse de los hechizos del hada traviesa.

Jane Ann le hace un gesto a Jamie que, obediente, se acerca a ella. ¿Ocurre algo? Hay que volver a casa. Mientras sale del lavadero, emergen los aplausos. Primero más tímidos, luego resuenan en los oídos del niño como una melodía que proyecta su eco sobre las siniestras montañas.

El juego debe terminar, pero ya. Ha llegado un telegrama urgente de Lanarkshire a nombre de Margaret Ogilvy, que lo escucha, de boca de su hija, con los ojos verdes, muy abiertos, temerosos. «David estaba patinando sobre hielo con un amigo. Stop. Cuando David se sentó para quitarse los patines, el amigo chocó contra él. Stop. La cabeza de David golpeó el hielo, tiene el cráneo fracturado. Stop. Mientras haya esperanza, los padres deben viajar de inmediato. Stop».

El señor Barrie entra en la casa. Viene de la oficina de telégrafos, de recoger un segundo telegrama.

Ya no hace falta que Margaret prepare la maleta.

Ella, al principio, no dice nada. Después, sonríe ampliamente. Se le marcan las arrugas en la frente esbelta, en los pómulos. Es imposible. David, dentro de dos días, cumplirá catorce años. Ya le mandó el regalo por correo. Su primer hábito, cosido por ella, para cuando se ordene de clérigo. Aparte: todo el mundo sabe que, si un bebé sobrevive a la primera infancia, ya no muere. Bueno,

morirá en algún momento, sí. Pero cuando corresponda. Cuando
haya crecido y vivido y... Qué grandísimo disparate. ¿Cómo va a
morir su niño David?

La mujer se mete en la cama.

Y ya no sale.

Imaginad ahora un dormitorio. Está en el piso de arriba. La escalera, que detesta la discreción, rechina a cada paso. Margaret pide que
le traigan el traje de bautizo que llevó su niño. Su bebé. El encaje es
de un blanco tan puro como el del brezo que trae buena suerte a las
novias. Con pulcritud y delicadeza extrema, lo acuesta junto a ella.
Aunque Jamie sube la escalera de puntillas, aun así cruje. Se asoma
desde la puerta: la cama de madera ocupa casi toda la habitación y
las cortinas, toscas, ocultan el vaho eterno de las ventanas.

—Jamie... —susurra la madre.

Él se acerca.

—Hay algo que no entiendo —continúa ella—. Cuando las
hadas malas roban a un niño humano, dejan en su lugar a un trol,
o a un elfo. ¿Por qué a mí no me han dejado a nadie?

Jamie no entiende por qué su madre, tan religiosa, no culpa a
Dios, sino a otros seres sobrenaturales. Pero si lo que necesita ella
son cuentos de hadas, él se los puede contar.

—Seguramente, madre, David haya partido a Avalon.

—Pues cuéntame, Jamie, cuéntame cómo es ese sitio —le rue-
ga Margaret.

El niño entrecierra los ojos y trata de explicárselo de la manera
más consoladora posible. Avalon es la isla entre brumas perpetuas
donde viven las hadas y los hombres que —por cualquier circunstancia— hayan logrado encontrar el camino. Allí nadie envejece y
por eso llevaron al Rey Arturo cuando estaba herido, porque Avalon
sana el cuerpo y también el corazón. Es un lugar raro porque el tiempo se confunde: un solo día puede ser un año aquí, y un año allá
puede ser un siglo en nuestro mundo.

—Yo creo, madre —dice sin que se le quiebre la voz—, que
David debe estar jugando en Avalon, esperando a que lo llamemos
de vuelta.

Y Margaret, pues, en un susurro, intenta hacerle volver:

—¡David...!

Jamie no consigue prestar atención en la escuela. No lee, ni inventa cuentos. No le apetece ir a tirar piedras al río con Robb. Deambula por el jardín y sufre episodios de llanto descontrolado, de una rabia tan fuerte que se pega manotazos en la cara. Se hace daño. Se lo reprochan repetidas veces que ya no tiene edad para eso. Jane Ann le abraza fuerte. Le calma. Le acaricia.

—¿Y si preparas otra obra de teatro? —dice, por decir.

Jamie ensaya una semana entera.

Cuando llega el domingo, rebusca en el armario hasta que encuentra una blusa heredada del hermano muerto. Se pone sus botines, aunque le quedan enormes. Se colorea las mejillas con el carmín de Jane Ann. Recoge unas bellotas, caídas del árbol. Se cuela en la habitación de arriba. La madre parece dormir. Los primeros rayos del día primaveral iluminan sus manos envejecidas, abrazando el traje de bautizo, ya amarillento.

Jamie suspira hondo y se dispone a actuar. Abre las piernas, coloca los brazos en jarras y silba. Consigue que el silbido le quede perfecto, largo, canallesco. «¡Eo, Maaargaret Ogilvyyy!». La madre se incorpora en la cama, el corazón acelerado.

—¿Eres tú? ¿Has vuelto?

—No, solo soy yo. —Jamie se acerca a ella y le ofrece una bellota—. Pero te he traído un beso.

La madre coge la bellota, sin entender. Por primera vez en meses le pide que se siente a los pies de su cama. Con mucho cuidado, por favor, de no arrugar el traje de bautizo de «mi bebé».

La única manera que se le ocurre a Jamie para alegrar a Margaret durante el duelo por el hijo muerto es sentarse con ella en la cama a leerle libros. El primero que leen juntos es *Robinson Crusoe* (y también el segundo). Le fascina eso de sobrevivir en una isla desierta. Leen mitología griega (¡qué historias maravillosas!) y, por supuesto, a Shakespeare. Su cerebro hace chiribitas con las brujas de *Macbeth* y con el bosque mágico de *El sueño de una noche de verano*, poblado de hadas. La madre, en cambio, prefiere las biografías de exploradores que recorren tierras lejanas y que, está segura, son muy, pero que muy buenos con sus madres. Aunque sería mejor —opina Margaret— que estos hombres estuviesen vivos, para que a los lectores se les pusiera la piel de gallina adivinando su próxima expedición.

—Pero de los vivos, madre —le explica Jamie—, no se escriben biografías.

Cuando regresa el mes de enero, aniversario de la muerte de David, la mujer sale de la cama. Lleva el traje de bautizo al lavadero. Lo mete en agua hirviendo, lo friega con violencia. De la tela dolorida emana un vapor calentorro, áspero. El fantasma del bebé que habitaba el traje escapa, por fin.

Tanto madre como hijo saben que Jamie nunca será clérigo. Lo que hará, eso sí, será muy parecido a arengar al pueblo. Está descubriendo que su juego favorito será la literatura.

Una mañana de sol resplandeciente, de esas que escasean en las tierras altas de Escocia, Margaret y Jamie se sientan en un banco en el jardín.

—Lo bueno de que David haya muerto —dice ella— es que nunca será un hombre que se marche de mi lado.

—Yo tampoco me iré, madre —dice Jamie.

Margaret le da la mano.

Imaginad el sol sobre la hierba y la casa de piedra, madre e hijo mirando al frente, sentados en un banco de madera, las cabezas muy juntas… ¿Lo imagináis? Pues la promesa de Jamie a su madre —no marcharse nunca— era un gesto infantil, claro. Pero no solo eso. Décadas más tarde, la psicología lo interpretaría como un vínculo más hondo, casi trágico. En 1899, Sigmund Freud publicaba *La interpretación de los sueños*, otorgando un protagonismo inédito a la relación entre madre e hijo. Para él, la infancia atravesaba cinco fases en las que se moldeaba la libido, ese impulso vital que adoptaba formas cambiantes. La más polémica —y también la más cuestionada— fue el «complejo de Edipo»: un conflicto que estallaba entre los tres y los seis años, cuando el niño sentía un amor desmesurado por el progenitor del sexo contrario. Como en la tragedia de Sófocles, ese deseo solo podía estar destinado a la ruina. Y es que, además del ansia de exclusividad, el niño podía llegar a sentir un torbellino emocional comparable al primer enamoramiento.

Cuando Jamie le prometía a Margaret Ogilvy que nunca la abandonaría, Freud aún no había formulado esta teoría. Pero mucho después, el aspirante a escritor inventaría a un tal Peter Pan —emblema precoz de la rebeldía *teenager*— que encajaría en el paradigma freudiano con inquietante precisión: un hermano muerto de niño, una madre venerada, la vida como un juego evasivo para huir del trauma. No por casualidad, una de las primeras versiones del personaje se titularía *Peter Pan o el niño que odiaba a las madres*.

Para Freud, la infancia no terminaba del todo, sino que permanecía agazapada bajo la piel. Uno no se hacía mayor por sustitución, sino que iba arrastrando las heridas, alegrías y miedos que, tarde o temprano, contagiarían, irremediablemente, la edad adulta.

En los tiempos en que Barrie fue pequeño, los niños aún no eran considerados sujetos con derechos. Fue en la larguísima era victoriana (1837-1901) cuando la infancia comenzó a perfilarse como un territorio propio, y el juego se erigió en su mayor estandarte. A comienzos del siglo XIX la literatura apenas daba voz a la niñez, pero en la segunda mitad irrumpieron personajes que materializarían la obsesión de la época por definir esta nueva etapa.

*Oliver Twist* (Charles Dickens, 1838), por ejemplo, mostraba la infancia despojada del juego: orfanatos, el anonimato de la gran ciudad, tiranos, puro desamparo. En cambio, *La isla del coral* (R. M. Ballantyne, 1857) —un éxito de ventas que Jamie devoró un montón de veces— soñaba la utopía: tres niños náufragos que formaban una sociedad idílica sin adultos en una isla del Pacífico. Más tarde, en *Alicia en el País de las Maravillas* (Lewis Carroll, 1865), el juego alcanzaba su máxima celebración: un mundo donde la fantasía se volvía disparatada, la lógica caminaba del revés y cada escena abría preguntas filosóficas sobre la identidad. «¿Quién soy yo en el mundo? ¡Ah, ese es el gran rompecabezas!», exclamaba Alicia, y su pregunta simbolizaba precisamente lo que la infancia ya no *debía* ser. Para los lectores victorianos, la ilustración de una Alicia gigante entre paredes minúsculas y ahogándose en sus propias lágrimas bien podía evocar algo más que un sueño absurdo: el encierro, la soledad y la tremenda tristeza de tantos niños reales encerrados en minas o fábricas.

Así, la literatura abrió un espacio doble: la infancia como libertad imaginativa, pero también como espejo del abuso. Un territorio fascinante y enigmático donde los protagonistas infantiles fueron objeto de ternura, mito... y en muchos casos de auténtica obsesión.

Tú te sirves otra copa de vino. En tu caso, no sabrías si llamarlo obsesión, le dices a la gente de la fiesta de Yale (después de todo este rollo). Pero hoy justo has colgado en Instagram unas fotos de las firmas que el autor practicaba, con lápiz, en los márgenes de sus libros de texto. Es emocionante, voyeurístico, entrar en la intimidad de alguien así. Como espiar a un fantasma.

Te encanta estar aquí, en Yale, tan cerca de Barrie.

Estás sentada a la mesa del menú *potluck*. Los platos, ya vacíos. Tú no has comido nada porque, como te pasa a veces cuando estás nerviosa, bebes de más y también hablas mucho. Demasiado. Te preguntas si realmente a alguien le interesa lo que cuentas o, incluso, si te interesa a ti misma. Lo que sí sabes es que, en general, el tema de conversación sobre Peter Pan suele dar resultado.

—Por cierto —preguntas educadamente—, ¿vosotros a qué os dedicáis?

La panda de las sudaderas que vienen del partido de fútbol Harvard versus Yale trabaja en la Facultad de Medicina. Son científicos especializados en distintas áreas de investigación oncológica. Uno trabaja con células madre... Otro disecciona los tejidos que en teoría podrían proteger al hígado de ciertos tumores... Uno más, con pinta de *grunge* (salvo por la sudadera de Yale), analiza los cerebros cancerosos de un tal Harvey Cushing que se conservan en formol desde principios del siglo xx... Del resto, te pierdes entre tanta jerga. Ni te interesa demasiado, las cosas como son.

(Claro que, quién te iba a decir que dos meses después, esto se convertirá en lo que regirá, de pronto, toda tu vida, todas las conversaciones, todo).

Escuchar a los científicos, en cualquier caso, te hace sentir gilipollas. Te da vergüenza haber quedado como una superficial, hablando de la juventud y de tu librito ante gente de «tan alto *standing*». Así lo dices. Se ríen. Aseguran que prefieren mil veces hablar de eso que de sus soledades de laboratorio. Alguien enchufa unos micrófonos y pone un karaoke en la pantalla. El chico *grunge* de los cerebros elige tema.

Suenan los primeros acordes de *Wonderwall* de Oasis.

Te levantas como un disparo.

Anuncias que, lo lamentas profundamente, pero esta canción la *tienes* que cantar.

*Because maybe you're going to be the one that saves me...*

Aparte de no comer nada del *potluck*, has mezclado vino, tequila y vodka, y en la mesa parece que no queda más alcohol. Después de cantar en modo estrella del rock, sigues al chico a la cocina a ver qué más hay de beber. Él encuentra unas cervezas. Te alienta a salir, con las latas, a fumar. No os ponéis los zapatos. Sientes un escalofrío a través de las medias al rozar el suelo alicatado del porche. Es entre punzante y gustoso.

En el jardín está el cubano, dueño de la casa, a solas con un puro. Su mujer japonesa detesta el olor. Os cuenta que este lugar, esta fiesta, es para él un sueño: el fruto de un exilio complicado, de una dura vida de trabajo. En la rama de un árbol ha construido una casita de pájaros y lo que más desea es jubilarse, sentarse en su jardín y mirarlos entrar y salir. Eso es todo, envejecer aquí. Le respondes que tu madre era cubana y que su exilio, como tantos otros, dolió más cuando se fue haciendo mayor y más lejos quedaba. Escribiste una novela sobre esa nostalgia que no se va. Él sonríe: «Es buen material», dice. Le gustaría leerla. Habláis un rato del hermosísimo tocororo, el ave que en su plumaje lleva los colores de la bandera de Cuba. La casita, ahora, está vacía.

Se acaban las cervezas.

El chico *grunge* de los cerebros te ofrece lo que queda de la suya. ¿Y si entráis al karaoke y os cantáis otra? El cubano dice que, seguro, debe de tener una botella de ron por alguna parte.

En la cocina abres el congelador para sacar hielos. Te encuentras con tu reflejo en la puerta plateada, entre imanes dispersos de lugares remotos. Reconoces un destello inesperado en tus ojos. Te lo estás pasando bien. Como lo pasabas *antes*. Por primera vez en muchísimo tiempo te parece reconocer a la *otra* persona, a cuando eras tú *de verdad* y aún no te habías expulsado de tu propio cuerpo.

Durante unos segundos, te enamoras de esa chispa.

Se te pasa por la cabeza que algo raro te está ocurriendo.

Gritan tu nombre para volver al karaoke y para allá que vas.

Meses después, tumbada en una cama de hospital, atas cabos. Lo de los científicos no pudo ser más que una señal.

Quizá en Yale —investigando a Jamie— te sentías excesivamente pletórica porque tus células ya comenzaban a estarlo.

# California

*I'd be safe and warm [I'd be safe and warm]*
*If I was in L. A. [if I was in L. A.]*
*California dreamin' [California dreamin']*
*On such a winter's day.*

THE MAMAS AND THE PAPAS

*California es solo un sueño, una pantalla de cine donde sus actores insisten en ser eternamente jóvenes.*

Extracto de la *Guía apócrifa de California*, 2003

¿Cómo era aquello de «ahora que de casi todo hace veinte años»? Pues hace veinte años (o algo más) tuviste un novio que se consideraba viajero de corazón y que, durante un tiempo, y como determinaba la lógica de susodicho espíritu, se dedicó profesionalmente a escribir guías de viaje «ballardianas» —como le gustaba decir a él, en honor a J. G. Ballard— o «apócrifas», como finalmente las bautizó la editorial.

La de California aún la tienes por ahí. En la portada, una imagen de un cactus en primer término; atrás, el desierto se confunde con el horizonte. El nombre del autor ni siquiera aparece. La abres por la primera página:

*Si uno tiene la suerte de llegar a California en avión en un día claro, desde el cielo divisará un mosaico compuesto de verdes, rojos y el azul zafiro del océano Pacífico. Una aparente serenidad bajo la cual yacen dos placas tectónicas siempre a punto de romperse. Quizá sea esta tensión sísmica la que confiere a California tan arrolladora personalidad, tierra de buscadores sin miedo a las quimeras.*

*Pero ¿qué es California?*

*Una tierra donde la juventud, en lugar de vivirse, se trafica.*

*Un clima insolente que promete un verano sin fin.*
*Los cuerpos en Venice Beach, estatuas vivas contra el tiempo.*
*Hollywood embalsama la belleza en celuloide.*
*Resuenan los ecos de utopías pasadas que soñaron con un país sin autoridad ni vejez.*
*La eternidad se vende empaquetada en cápsulas de colágeno.*
*En California, la juventud no es una edad: es una película infinita.*

Tu madre —lejos de tanta palabrería— tenía su propia California: un álbum de fotos que abría algunos fines de semana, en la sobremesa, antes de ver la serie de la tarde. Lo llamaba su *Memory Lane* y te narraba cada imagen como si fuera, cada vez, una historia nueva.

Ella, melena hasta la cintura, con su amiga la hippie, las dos enfundadas en vestidos vaporosos, flores en el pelo.

Tu padre, también con melena y barba larga —guapísimo— encendiendo un cigarrillo con un Zippo.

El rostro de tu madre pegado al tuyo, el día que naciste, en el hospital de la universidad de UCLA, en Los Ángeles.

Ambos corriendo por una playa al atardecer, tu padre contigo en brazos, sus risas traspasando el papel.

Y luego estaba tu foto, con cuatro años, agarrando un globo naranja con las orejas de Mickey Mouse.

La foto la había hecho tu padre cuando llegó a recogeros a Disneyland en su Ford Pinto y tu madre se echó a llorar diciendo que había sido el peor día de su vida.

Tu hermano aún era muy pequeño para enterarse de nada, así que habíais ido solas al parque en Anaheim que Walt Disney había fundado en 1955 con la promesa de que «padres e hijos pudieran divertirse juntos». Al parecer, estabais haciendo una cola larguísima para una atracción, tu mano agarrada a la suya.

Según el día, cambiaba la versión.

Unas veces se mostraba convencida de que tú estabas empeñada en repetir It's a small world para subirte otra vez al barquito y cantar con los muñecos animatrónicos «It's a small world after all»...;

otras decía que era, seguro, el Peter Pan's Flight con su recreación de los cielos de Londres, el Big Ben iluminado y el vuelo (logradísimo, ¿verdad?) rumbo a Nunca Jamás.

Incluso había llegado a jurar que la cola en la que estabais era la de Space Mountain. Un disparate, porque era una montaña rusa gigantesca y tú eras muy pequeña para subirte.

El caso es que, según decía tu madre, de repente soltaste su mano y desapareciste entre la multitud para correr detrás del globo naranja con orejas que se te escapaba.

Ella, al darse cuenta, empezó a gritar.

Y el eco de tu nombre en Main Street y el Castillo de la Bella Durmiente debió contener tantísimo pánico y urgencia que hasta los muñecos de Minnie, Donald y Goofy se sumaron a la búsqueda. Mientras, la música enlatada de Disney sonaba, imperturbable, por los altavoces, y tu madre, llorando a lágrima viva, juraba que si te perdía para siempre...

Aquí también cambiaba la versión.

... Se metería en la secta de los Hare Krishna.

... O se haría monja de clausura.

... O quizá misionera en África, como la madre Teresa de Calcuta.

Pero jamás podría perdonarse.

Entonces, en pleno drama, te encontró Goofy, en la puerta de la tienda de souvenirs. Sentadita, con tu globo naranja en la mano.

—Hola, Mami, ¿qué tal? —dijiste tan tranquila, al parecer.

Ella, con una zozobra desconocida, pensó que debía comprar algo en la tienda que la castigara para siempre por haber sido tan mala madre. Y allí lo encontró: el póster de Peter Pan que durante tantos años estuvo colgado en la pared de tu cuarto.

Podría haber sido Blancanieves o Dumbo, pero no. Eligió ese póster porque, para ella, sería el recuerdo de un parque de «padres perdidos».

Y junto con su álbum de fotos permaneció como la huella más íntima de sus años en California.

*El viajero debe saber que el nombre de California surgió de la memoria privada de un lector fascinado por una novela de caballerías. En ella, Garci Rodríguez de Montalvo imaginaba la tierra fabulosa de la reina Calafia, que cabalgaba un grifo y lideraba a unas amazonas armadas de oro. Como apunta el historiador Kevin Starr, los aventureros del XVI mezclaban sin pudor realidad y romance; de ahí que California heredara el nombre de un best seller de la época.*

*Tres siglos después llegó la fiebre del oro. Cientos de miles de buscadores de fortuna desembarcaron desde todos los rincones del mundo, en carromatos o cruzando océanos. Casi ninguno encontró nada. Muchos murieron en el intento. Y comunidades indígenas enteras fueron exterminadas para abrir paso a las minas.*

*La utopía de Calafia se transformó en un delirio colectivo: hombres dispuestos a jugárselo todo por un destello dorado, por la ilusión de empezar de nuevo. Desde entonces, California quedó unida a la idea de un horizonte donde todo parecía posible, incluso una segunda oportunidad.*

Entre los mitos de California circula otra historia. No habla de reinas, ni de animales mitológicos, ni de tesoros ocultos. Solo de una niña.

Su nombre era Luella Day.

Con el tiempo sería muchas cosas: médica revolucionaria, buscadora de oro, cronista de viajes y, sobre todo, pionera del turismo moderno. Medio siglo antes de que Walt Disney levantara sus castillos, ella convirtió su propio jardín en una atracción para curiosos, donde mostraba una fuente que presentaba como milagrosa y ofrecía tónicos para la juventud eterna, jurando a los visitantes que el tiempo se detendría para ellos.

Pero antes de todo eso —antes del Fountain of Youth Archaeological Park y los frascos con etiquetas de inmortalidad—, Luella fue solo una niña. Una niña a la que, California, tierra de segundas oportunidades, decidió concederle la suya.

Es 1870 y el suelo está yermo de tanto rebuscar oro en sus tripas. Pero aún quedan soñadores (o fracasados, según se mire) dispuestos a exprimirlo todavía más. Es el caso del padre de la niña, que ha pagado el carro de caballos junto con otros hombres, y no le queda más remedio que arrastrar también a su hija. Ella acaba de cumplir diez años y está exhausta tras varios días de viaje. Las ruedas le rechinan en los oídos, el aire calenturiento le pega la melena —negra como una noche sin estrellas— a la sien. Quiere agua, quiere que su padre le dirija la palabra, quiere salir de una vez por todas del armatoste de madera. A través del polvo, distingue una mancha azul inmensa rodeada de montañas: el lago Tahoe. Quiere refrescarse. Quiere gritar. Y esto, gritar, es lo único que realmente está en su mano.

Así que lo hace.

Grita. Grita. Grita.

GRITA.

Cuán grata es la sensación de liberar la garganta, el vuelco de la rabia, un baladro sin contención. El carro se detiene abrupto: ¿se puede saber qué cojones pasa? La niña baja rápido, sin atender a la bronca de su padre. Echa a correr, la brisa raspándole la cara, pero de pronto siente un latigazo en el tobillo y se cae. Asustada, mira a su alrededor. Solo ve troncos enormes, como patas de elefante que sostienen árboles que rozan el cielo. Al fondo, el lago. La niña se arrastra, el dolor trepando por la pierna. Llega a la orilla por fin y se asoma a las aguas, tan cristalinas que le devuelven su reflejo.

Pero qué extraño, no se reconoce a sí misma: ve un rostro ajado, los ojos náufragos, una venda ceñida a la frente, un grito pegado a la piel.

Mete las manos en el agua. Las ondas, juguetonas, desfiguran la cara. El agua helada paraliza su cuerpo entero, como si el rey Midas la hubiese convertido en oro. Y ahora sí se ve, pero no en la superficie del lago, sino desde arriba: una figura flotando en brazos de una anciana con cresta, que la carga con dificultad.

La niña, desde el cielo, busca a su padre. Al otro lado de los árboles, los hombres fuman. El padre, socarrón, explica que a su hija le gusta montar números, como a su difunta esposa, una de esas mujeres que por algún motivo se creen libres. En fin, que ya volverá.

Nadie la está buscando.

La anciana de la cresta lleva el cuerpo de la niña a una tienda de campaña, hecha de palos y una lona. Dentro hay un caldero hirviendo. Algunos jóvenes, de tez oscura pintarrajeada de colores, mueven el líquido con cucharones de madera. El humo es espeso. Se sobresaltan al ver a la anciana, la llaman Madre Coyote. La niña, aún fuera de su cuerpo, escucha un idioma extraño mezclado con inglés. Consigue entender «escorpión», «veneno», «tiempo». Le dan un mejunje hecho con una especie de cactus; está ardiendo. La niña siente las espinas de la planta clavándose en sus entrañas. Vomita. Siente gotas de sudor entre sus pechos incipientes.

La niña mira a los ojos de su salvadora y le parecen tan verdes e infinitos como una pradera sin fondo.

Se lo dice:

—Veo en tus ojos verdes e infinitos una pradera sin fondo.

—No es el momento de morir —contesta la anciana de la cresta—. Tú tienes que encontrar un oro distinto al de tu padre.

Y la niña Luella sabe, en ese instante mágico, que lo que profetiza la anciana es verdad.

*Al viajero curioso puede resultarle especialmente enigmática la figura de Coyote. En las antiguas leyendas indígenas del Oeste americano, Coyote (a veces hombre, a veces mujer) aparece como creador y embaucador a la vez; dios o diosa del error, pero también del renacer. Según un proverbio blackfoot, la vida es solo «el destello de una luciérnaga en la noche; el aliento de un búfalo en invierno...». Quizá por eso tantas fábulas recomiendan vivir con entusiasmo, incluso en el fracaso. Coyote lo recuerda siempre: aun siendo finita, la existencia ofrece más de una oportunidad, y acaso no haya mayor dádiva que renacer varias veces dentro de una misma vida.*

Luella Day nunca supo si la revelación ocurrida en Tahoe sucedió en un sueño o en la realidad. Pero poco importaba, porque esa niña de melena negra que volvió a la vida en brazos de Madre Coyote tendría en adelante la certeza de que el mundo guardaba escondidos otros oros, otras vidas posibles.

Y esas otras vidas serán contadas en su debido momento.

En el tramo de Tahoe en que Luella vivió una segunda oportunidad tan propia de California hoy se erige un centro de deportes acuáticos y aventura, donde triunfa, especialmente, el recorrido de dos horas en canoa india. Entre los souvenirs varios que se pueden adquirir en la tienda hay imanes, marcapáginas y tazas que invocan al antiguo espíritu del lugar: «Filosofía del lago Tahoe: sé transparente ~ observa bajo la superficie ~ tómate tiempo para reflexionar ~ ¡empápate de juventud!».

*Y si el agua de California promete transparencia, el desierto ofrece visiones. La Ruta 66 conduce hasta el muelle de Santa Mónica, atravesando moteles, gasolineras y paisajes que parecen una alucinación. Mojave, con su horizonte interminable, o Death Valley, donde la arena reverbera a cincuenta grados centígrados, son infiernos de calor que despiertan espejismos. Joshua Tree, un jardín de cactus imposibles, es directamente un ritual chamánico. Nuestra existencia, tan pequeña y frágil frente a la belleza tenaz de California, adquiere allí un aire psicotrópico. El escenario perfecto para quienes buscan la iluminación química...*

O si no que se lo digan al poeta Allen Ginsberg, que escribió su gran obra reivindicando el poder de la juventud frente a la obsolescencia adulta, colocado hasta arriba de una planta sagrada que solo crece en zonas desérticas: el peyote. Este cactus redondo y sin pinchos, cargado de mescalina, provoca visiones auditivas y ópticas, además de una profunda introspección espiritual. Algunos pueblos indígenas lo empleaban con fines médicos y religiosos, y para ciertos chamanes ingerirlo equivalía a abrazar el espíritu de Coyote. El mitólogo Joseph Campbell veía en ese animal —bufón del folclore, hacedor de errores— la misma fuerza disruptiva que se le da al inconsciente: un impulso capaz de derribar valores conocidos y certezas para abrir caminos inesperados, igual que lo hacían las drogas psicodélicas.

Pero ninguna irrupción fue tan estridente como la del *Aullido* que concibió el poeta treintañero Allen Ginsberg, en torno a 1956, con las pupilas dilatadas, las manos sudorosas y las entrañas revueltas de peyote: «He visto las mejores mentes de mi generación destruidas por la locura».

En un siglo en el que millones de jóvenes habían muerto en dos guerras mundiales y ahora en Vietnam, los valores establecidos por los adultos estaban teñidos de espanto. Lo que se asumía como correcto había devorado los cerebros, y quienes alentaban la otredad —homosexuales, feministas, poetas— eran tachados de locos.

Ese poema, aullado como un animal salvaje, fue una de las obras fundacionales de la generación beat, junto a las novelas *En el camino* de Jack Kerouac (1957) y *El almuerzo desnudo* de William S. Burroughs (1959). El círculo de amigos y escritores, vinculados a Nueva York y San Francisco, encendió la chispa de la famosa revolución contracultural que estallaría en Estados Unidos en los años sesenta. Firmes opositores al materialismo y la autoridad, defendían la libertad sexual y el uso de las drogas alucinógenas, se alineaban con la izquierda y ponían en el foco la voz de los marginados.

En esencia, los beat se convirtieron en el estandarte de la rebeldía juvenil, la que pocos años después encendería el movimiento hippie y su combate contra la moral desvencijada de la clase media. La figura casi chamánica de Ginsberg encarnó, además, el puente entre estas dos generaciones —la beat y la hippie— y, como tal, fue una de las estrellas de un acontecimiento que marcaría para siempre a la juventud occidental: el Human Be-In, celebrado en el Golden Gate Park de San Francisco y presentado como «un llamamiento a las tribus».

En ese día de enero de 1967 se planeaba protestar por la reciente prohibición del ácido lisérgico o LSD que el gobierno californiano había señalado como droga «peligrosa» y una «amenaza a la sociedad».

Pero después las quejas se amontonaron.

Por supuesto, surgió una protesta en masa por la guerra de Vietnam y el capitalismo desaforado que la promovía.

Varios corros debatieron la presión que sentían por parte de sus padres, la educación convencional y los gobiernos castradores de libertad.

Las mujeres, sumidas en la segunda ola del feminismo, abrazaron el eslogan «lo personal es político», compartiendo intimidades antaño inconfesables y ahora fuente de unión: sí al aborto, no a la lactancia materna, sí a la emancipación sexual.

Otros, con diademas de plumas en la cabeza, se lamentaban del trágico destino de los grupos indígenas que sobrevivían alcoholizados, si acaso, en algún casino de Nevada.

Y muchos, casi todos, miraban hechizados a un hombre llamado Timothy Leary, gurú de la psicodelia, que, subido a un escenario, había declarado la frase «Turn on, tune in, drop out» como mantra del evento y después se había dedicado a repartir bolsitas de un LSD llamado «relámpago blanco» para pasar el día en hermandad: «encendiéndonos, sintonizando y desconectando».

*¿Qué significa, en verdad, California? Es un caleidoscopio. Un lugar que nunca se repite. Y que depende, fundamentalmente, del ojo que la mira. En los parques, la promesa de no perderse nunca. En los desiertos, los oasis reflejan premoniciones. En la alteración de la conciencia, cada viajero insiste en asomarse a su California interior.*

En el Golden Gate Park, entre las masas de gente vestida con pantalones de campana, zapatos de plataforma, vestidos vaporosos y flores en el pelo, hay una pareja española que ha llegado a San Francisco hace unos meses, tras casarse por la iglesia en Madrid. Ella es una chica cubana que llegó a España de adolescente y fue integrada en los círculos de familia bien. Él proviene de apellido de rancio abolengo y educación impecable. Pero algo cambió en su fuero interno desde que leyó *El tercer ojo* de Lobsang Rampa. O, mejor dicho, escrito supuestamente por un monje tibetano llamado Lobsang Rampa. Porque después se descubrió que el libro era un fraude. En realidad lo había escrito un tipo llamado Cyril Henry Hoskin, hijo de un fontanero de Devonshire, Inglaterra, que nunca había estado en el Tíbet. La prensa, al desvelar el engaño, insistió mucho en esto: en que era hijo de un fontanero. Como si la clarividencia tuviera pedigrí.

El caso es que, aun siendo un fraude declarado, al chico español el libro le despertó la sed de investigar su conciencia más allá de la vida gris que le prometía un despacho en tiempos del franquismo. Consiguió una beca para estudiar un MBA en Estados Unidos; se casó, a los veintitrés años, principalmente para que sus padres lo dejaran en paz; se dejó crecer barba y melena al estilo hippie; encontró trabajo en una agencia de publicidad —el oficio moderno de vender sueños— y ahora está aquí, con su esposa y unos amigos de la universidad, fascinado ante los carteles del Human Be-In, que muestran la fotografía de un lama con tres ojos.

Cuando llega a sus manos, por fin, el «relámpago blanco», en el escenario tocan unos tal Grateful Dead y varios grupos de personas del público crean, con palos de madera, unas burbujas de jabón que tiemblan como mundos flotantes. Otros, repartidos por el parque, tocan los bongos. El chico se mete un cuadradito de papel en la boca mientras uno de sus amigos le explica las instrucciones que acaba de dar Timothy Leary.

*Turn on.*

Con la droga, el tiempo pierde su linealidad. Pasado, presente y futuro se entrecruzan para encender la percepción a todos los niveles de conciencia.

*Tune in.*

La idea es sintonizar con el mundo que fluye alrededor, sentir la armonía.

*Drop out.*

Hay que atreverse a liberarse de los compromisos, sean voluntarios o involuntarios. Descubrir la singularidad propia y adquirir un nuevo reto: elegir, moverse, cambiar.

—Si el viaje de ácido sale bien —le dice su amigo—, vivirás un *afterglow*, una iluminación posterior que determinará el resto de tu camino.

El chico cierra los ojos. Chupa el papelito que flota en su lengua. Está nervioso por si no logra alcanzar esa experiencia tan trascendental que le prometen.

Y no lo hará.

A través de la burbuja de jabón gigante, el cielo parece todavía más lejano. El eco de los bongos y la canción de Grateful Dead —*snow, rain, snow, rain, snow, rain*— le martillean la cabeza. El suelo se derrite bajo sus pies, como si las placas tectónicas que sujetan California abriesen sus garras para ahuyentar los aullidos de inconformismo y adormecerse con el silencio de sus desiertos.

Medio siglo más tarde (Dios mío, ¡cómo pasa el tiempo!), este chico, ahora un hombre de setenta y cinco años, estará en un restaurante chino con su hija, enferma de cáncer, y con la que no sabe muy bien de qué hablar. Entonces, bebiéndose una copa de vino tinto mientras esperan los *dim sum* que han pedido de entrante, se acordará del Golden Gate Park. De la corona de flores que llevaba en el pelo su primera mujer, que ya murió. Del aroma a pachulí e incienso que a ella tanto le intoxicaba. De bañarse en el mar después de consumir «relámpago blanco».

Y le cuenta a su hija que ese viaje de ácido fue tan deslumbrante que *vio el futuro*. Pero no una ensoñación del futuro, ni un delirio —insiste en aclarar—, sino el futuro verdadero. Es algo que puede pasar en este tipo de experiencias.

—Ah, ¿sí? ¿Y qué viste? Cuéntame —pregunta ella.

El hombre habla con tanta certeza que, por un momento, lo que dice parece absolutamente cierto.

Vio protestas contra los fantasmas virtuales que habían usurpado nuestras vidas.

Vio a los nuevos exploradores que asolarían California, millonarios obsesionados con fabricar la juventud en laboratorios.

Y la vio a ella, a su hija, adulta ya, erguida sobre un animal mitológico, amazona indestructible en medio de ese porvenir.

—Así que no tienes que preocuparte —asegura el hombre, sintiéndose en ese momento como el chico que fue—: sobrevivirás.

Y en ese restaurante chino, a tantísimos kilómetros del Golden Gate Park y de su juventud, el hombre-chico espera estar teniendo, por fin, una segunda oportunidad para vislumbrar la iluminación. Su *afterglow*.

—¿Sabes que cada vez que te miro pienso en California?

# Duelo

La infancia es felicidad, la adolescencia amor y el
resto, literatura.

Luis Landero

«Ojalá pudiese verla en la puerta del salón». Así expresa la escritora estadounidense Grace Paley la ausencia de una madre que la miraba desde las distintas puertas que componen una vida, a lo largo del tiempo, en distintas edades.

Las puertas, con tu madre detrás, son también el marco de tu memoria. En tu cuarto de niña, de adolescente, de joven. A veces fingías que no te dabas cuenta de que estaba ahí, mirándote. Pero otras, si te pillaba torcida, le reprochabas: «¿Por qué me miras? ¿No tienes nada mejor que hacer?».

Y tu madre no decía nada. Te había tenido con veinticinco años porque era lo que correspondía: tener hijos. Al menos, una vez que se había separado, no estaba sola. Pero quizá —piensas ahora— lo que se decía a sí misma era que claro que tenía cosas mejores qué hacer. Buscarse un novio nuevo, por ejemplo. O amantes, sin más, pero bien ardorosos. O salir de esta casa y no volver.

Te gustaría preguntarle si era esto lo que rondaba por su cabeza. Ojalá.

Una vez, tendrías tú cinco o seis años, la mujer se acercó a tu puerta para comprobar que dormías y te encontró bailando con la música que escuchaban ellos, tus padres, en el salón. Eran los Bee Gees con algo discotequero tipo *Tragedy... With no one beside you, you're going nowhere.* Tú te meneabas, tocándote las tetas que no tenías. De la vergüenza, pensaste que nunca volverías a bailar.

Muchas noches se detenía en el umbral, antes de acostarse, y te encontraba bajo las sábanas leyendo con una linterna. Casi siempre el mismo libro gordísimo de portada naranja con dibujos de seres mágicos, *A World of Folk Tales*, que recopilaba historias de mundos lejanos: Georgia, Sudán, China, los territorios de los nativos norteamericanos. Cuando lo acababas, lo volvías a empezar y te leías hasta la introducción del editor, James Riordan, que escribía que los cuentos nos enseñaban a comprender y a amar la belleza de la vida. «Cuando las personas han de luchar contra lo inevitable para sobrevivir, surge el anhelo de heredar la tierra por medios mágicos. ¿Y qué ogro se lo negaría? A todos los cuentos los atraviesa la esperanza».

Algunas veces tu madre se metía contigo en la cama, apoyaba su cabeza en la almohada y se dormía a tu lado mientras tú intentabas apartarla para seguir leyendo.

Un martes o un miércoles, a las once de la mañana, se asomó para contarte que el padre de un amigo de tu hermano había muerto en un accidente de coche. Tú le pediste que te dejara dormir, ¿qué más te daba a ti?, no conocías de nada a ese señor. Ese martes o miércoles no habías ido al colegio porque, mentira, tenías dolores terribles de regla. En realidad nunca los tuviste, pero siempre te sirvieron de excusa. Después, al escuchar a tu madre llorando en su habitación, te disculpaste, y pensaste que nunca antes, jamás, te había hablado de ese hombre. Qué extraño.

También lloró desde la puerta de tu cuarto cuando, a los dieciséis, te quitaron la muela del juicio y, según el dentista, necesitabas helado para aliviar el dolor. Le pediste que te trajera un Frigopie. Pero no había —gimió—, y solo quedaba Calippo de fresa.

Tú lo rechazaste. Nunca te gustó el Calippo. Demasiado ácido.

En otra edad te lo habrías tomado, claro. Pero estabas en la época monstruosa en la que el cuerpo cambia sin avisar. Sentías los músculos tensos, te dolían los pechos y la piel te resultaba ajena, como si bajo ella se gestara otra criatura. En esa nueva forma, tu madre —más que refugio— empezaba a ser intemperie. Además, todos te seguían tratando como una niña cuando tú, al menos por fuera, ya no te reconocías en ese papel (aunque, por dentro, la infancia se resistiera a soltarte).

Un tiempo después, en la universidad, aprenderías en una asignatura de «libre configuración» —Psicología Evolutiva— que aquellos malestares tenían nombre: eran los duelos del adolescente.

Fue en tus años universitarios cuando a tu madre le vinieron unos «nervios» que le escalaban por la tripa como las mariposas del enamoramiento, pero no «igual, igual», sino como bichos feos y amenazantes a los que intentaba exterminar con pastillas varias.

Una madrugada de esas en que los ansiolíticos, por muchos que tomara, no le hacían efecto, te pilló con un novio en la cama. Era de Quebec y le habías conocido cuando tú estabas de Erasmus y él viajaba por el mundo con una mochila, en plan *traveller*. Vosotros os acariciabais en la cama, embriagados de pacharán y de la excitadísima relación a distancia. Ella se puso histérica. Menudo sinvergüenza que, encima, le hacía «ojitos», chilló (qué más quisieras, pensaste tú). Tu novio, que era muy listo y luego se hizo autor de guías de viaje, te dijo que seguramente tenía celos: había ciertas personas adultas que odiaban su vida y por eso envidiaban la de los jóvenes que ellos ya no volverían a ser. La falta de perspectiva, de novedad, sumía a la gente en crisis tremendas, *you know?* Tú asentiste. El caso es que os echó de casa. Fuisteis a una pensión de techos altos y suelos lustrosos cerca del museo Reina Sofía. Al día siguiente, tu madre te dio el dinero para pagarla.

Sí. Eran celos, seguro. Qué otra cosa, si no.

Desde la puerta de la cocina te anunció que tenía cáncer. En la mama izquierda. Parecía que habría que quitar un trozo del pecho, algunos ganglios, someterse a radioterapia… Su madre, tu abuela, había muerto de un cáncer similar más avanzado. Pero, en este caso, ¡menos mal!, estaba cogido a tiempo. Se sentó en una silla, a tu lado. Tú seguiste comiendo. Era un guiso: lentejas. Le dijiste que tampoco era para tanto, muchísima gente tenía cáncer, ¿no? No se iba a morir si estaba «cogido a tiempo», ¿no habían dicho eso los médicos? Dejaste el plato a medias, saliste a la calle y te tomaste tres cañas del tirón. Llamaste a tu mejor amiga del colegio por teléfono. Ella te regañó: ¿cómo podía ser que tu madre te contara que tenía una enfermedad grave y tú te enfadaras? Luego, para reíros un rato, recordasteis cuando, en unas convivencias, una monja os pilló fumando a las dos en un armario.

—¿No se va a morir, verdad? —le preguntaste a tu amiga, encendiendo un cigarrillo.

La medicina tuvo razón. Se curó y resultó no ser para tanto.

Después, tu madre sí se murió. Pero de otra cosa.

Te gustaría preguntarle por el cáncer ahora. ¿Tuvo miedo? ¿Lo sintió como un ataque hacia su, cómo llamarlo, «esencia femenina»? ¿Le dolió? ¿Lo percibió como un fracaso? ¿Se sintió, de la noche a la mañana, carente de todo su atractivo? ¿Se vio cara a cara con la mortalidad, o eso ya le había pasado antes?

¿O igual se volvió *new age*?

Ojalá.

Hay gente a quien le pasa, oye.

No lo sabes.

Luego te fuiste de casa. Y tu madre seguía asomándose por la puerta de tu antiguo cuarto: el póster de Peter Pan y Wendy, el decorado infantil intacto. Se lamentaba de que ya no había nadie a quien mirar. A ti te daba rabia, te sentías culpable, tratabas de convencerla de que no era así. Solo tenía cincuenta y pocos años, por favor, ¿cómo iba a ser víctima del nido vacío? Eso era para gente más vieja, sin vida, sin intereses.

Pero ella negaba con la cabeza: ya había entrado en ese lugar oscuro que los demás no quisimos ver.

Otra vez te miró desde la puerta de una habitación diferente. La de un piso en el que vivías con tu pareja cuando tú ya eras ¿adulta? Él estaba de viaje, tú dormías la mañana de un domingo con una resaca terrorífica, divertida, tras mucho bailar la noche anterior. Era el 12 de septiembre, el cumpleaños de tu madre. Y ella había entrado con su copia de las llaves.

—¡Sorpresa!

¿Qué sentido tenía estar solas, cada una en su casa? ¿Qué había mejor que hacer, que celebrar su día, juntas las dos? Tú no dabas crédito. ¿Y si te hubiese pillado en una situación embarazosa? ¿Con un amante, por ejemplo?

Se rio: no sería la primera vez.

Se metió en la cama contigo y te dejó dormir hasta las dos de la tarde.

Luego os emborrachasteis en el salón, con los restos de botellas de alguna fiesta. Ella sopló la llama de un mechero. Habló, de nuevo, del nido vacío. Algún día lo comprenderías. Tú contestaste que seguramente no; tenías muy claro que no tendrías hijos.

Ojalá pudiese verte ahora, con el tuyo.


Durante tu embarazo ibas todos los días a la residencia de las afueras de Madrid donde estaba ingresada. No era la edad la que la había llevado allí, sino su quebranto.

—Hasta que no os fuisteis de casa tu hermano y tú —te dijo— nunca me di cuenta de que mis muslos parecían dos colgajos. Como dos almohadas llenas de bultos que se tiran a la basura.

Mientras, le pintaban las uñas de color rosa palo en la peluquería de la planta baja.

—¿Y si me hago una liposucción? —continuó—. ¿Tú crees que estoy a tiempo?

—Claro —contestaste tú—, ¿por qué no?

Asintió satisfecha, subiendo las uñas al aire, para secar.

Cuando te llamaron de la residencia para contarte que tu madre había muerto, de manera repentina, de un infarto, tú estabas saliendo de un tratamiento de drenaje linfático que te habían regalado tus amigas por el nacimiento de tu bebé.


Tu madre dejó de mirarte desde las puertas a los sesenta y siete años recién cumplidos. En el tanatorio, el pésame más repetido fue «era demasiado joven».

Fuiste a terapia.

Hiciste un montón de ejercicios sobre cada una de las fases del duelo. En la pared de la consulta había un póster: un triángulo que empezaba en «*shock*», pasaba por «negación», luego «tristeza» y «miedo», para finalmente alcanzar la «serenidad/paz encontrada».

Te cagaste en la puta de cada uno de los ejercicios.

Esa última parte —esa «paz»— te parecía una quimera.

Quién sabe por qué, sentiste la necesidad de informar a tu exnovio, que ya no era *traveller*, sino informático, casado y con hijos, de su muerte. Él te había escrito una carta bastante apasionada hacía pocos años, durante un viaje con tu madre a Viena, o sea que no debería extrañarle. A la noticia añadiste, después, la cita que abre el *Diario de duelo* de Roland Barthes en su traducción al inglés: *First wedding night. But first mourning night?* Él te contestó, por Facebook, que se había divorciado.

Aún estabas montando el cuarto infantil cuando ella murió. Tu bebé tenía dos meses. No le diste el pecho porque tu madre no te lo dio a ti. Seguiste la moda de mujer liberada en auge en la California de los años setenta.

Por la noche, el llanto del bebé te despertaba y llorabas tú con él. Imaginabas a tu madre frente a tu cuarto de niña. Te sentías aterrada ante dos fuerzas irreconciliables obligadas a convivir: su muerte y el nacimiento de tu hijo, a quien ella tanto había deseado. En esos tiempos te acababan de conceder una beca para escribir una novela sobre el exilio cubano. Te sentías completamente incapaz de crear nada, prisionera en un cuerpo ajeno, cortado por la cesárea. Obligada a moverte en un mundo sin madre, a ser la adulta que ya nadie vendría a consolar.

Toda tu vida de antes te parecía una ficción. Tus años de despreocupada juventud quedaban tan lejos que esa chica —a la que ya no reconocías— podía ser *otra*, una extraña, el personaje de una novela ligera, ajena al peso que ahora te aplastaba.

En esas noches tan oscuras, jugabas tú sola al abecedario contra el miedo.

X de...

... De esa otra chica que ya no eres, pero que regresa como una sombra de ti misma y se balancea entre la realidad y la fantasía.

Ojalá pudieses ver a tu madre en la puerta.

Una vez le preguntaste por qué, cuando llegaba a la S del abecedario, ella siempre decía «Sissi, emperatriz» en lugar de tu nombre.

—¡Porque tú ya estás aquí conmigo! —contestó.

Cuando juegues con tu hijo y toque su letra, tú sí lo dirás.

Colgaste una foto en Instagram la noche antes. La has mirado muchas veces. Estás con tres amigos con quienes trabajaste en la compañía de teatro que producía las obras de tu marido, una época luminosa en la que fuiste muy feliz. El actor guapísimo te regala tratamientos de belleza y vais juntos a probarlos; la actriz argentina es de las personas más inteligentes que conoces; la ayudante de dirección está ahí, soñando obras nuevas, como siempre. En la imagen se te ve el pelo larguísimo, más oscuro de lo que lo llevas por el filtro Clarendon, que acentúa los contrastes de color. Está inspirado en Clarendon Heights, un barrio de San Francisco al sur del Golden Gate Park. Entonces no sabías ni de dónde venía el filtro ni que el cáncer venía hacia ti. Curiosamente, en el pie de foto escribiste: «We are golden», como un presagio.

Te despiertas el sábado con un latigazo en el pecho derecho. Primero uno fuerte. Luego, pequeños destellos de dolor danzan entre tu piel.

Viene a comer a tu casa una amiga a quien conociste en COU. Os llamaban las alternativas de la clase porque llevabais pintas «raras» y nunca nunca un Barbour (esto, obviamente, une de por vida). Tu amiga te toca el pecho. Qué raro. No tienes ningún bulto y hace tres meses te han hecho una mamografía donde todo estaba bien. Te vuelve a palpar, por si acaso.

Mientras tanto, los niños están en el dormitorio.

Os asomáis por la puerta: su hija y tu hijo se disfrazan y se pintan las uñas, ajenos al mundo adulto.

A partir del lunes empiezan las pruebas: mamografías, ecografías, TAC. Todas de urgencia, todas a altas horas de la noche. Mientras tu marido, a tu lado, finge que lee, sientes tu cuerpo sometido a escrutinio, alumbrándose en máquinas oscuras.

Radiólogos y enfermeras te miran con ojos asustados. Tiene mala pinta, son tumores muy pequeñitos, muy expansivos, qué suerte tuviste de que avisaran, no suele ocurrir.

Tras la biopsia de aguja fina y la biopsia de aguja gruesa te dan un resultado definitivo: son dos tumores en el pecho derecho de tipo Luminal B, HER2, positivos en receptores de estrógeno.

Una médica mira los informes —«¡ah, herencia de tu madre!», dice— y «sin mirarlo con mucho detalle» se aventura a profetizar lo que te va a suceder.

Mastectomía. Quizá doble.

Si los ganglios están infectados, otra operación.

Quimioterapia, quizá, con todo lo que conlleva.

Menopausia inducida.

Un año entero de tratamiento.

Y después una pastilla al día durante casi una década para impedir que vuelva.

Pero está cogido a tiempo.

No te vas a morir.

Ni tu marido ni tú os creéis nada de lo que dice la hija de puta de la señora esa. Ni que fuera adivina. Ella misma ha dicho que lo ha mirado por encima y no tiene por qué ser *exactamente* así todo lo que te pase, ¿no? Conoces casos mucho más «ligeros». Como el de tu madre. Lo lógico es que tu cáncer se parezca al de ella, comentas con tu hermano, que tiene el rostro desencajado. Cuando veas a algún otro médico, seguro que resulta menos grave el asunto.

Aparte, hay una cosa que nadie sabe pero que a ti te tranquiliza: nada, nunca, podrá ser tan abismal como el duelo por tu madre. Así, tan rota como entonces, no estarás nunca más.

Vuelves a Barthes y a su *Diario de duelo*:

«¡Nunca más, nunca más!», exclamamos.

Y sin embargo, he aquí una contradicción: ese «nunca más» no puede extenderse hasta la eternidad porque tú mismo morirás algún día.

Por lo tanto, «nunca más» es la expresión que utilizaría un inmortal.

# Erasmus

Nos narramos los unos a los otros en bares y camas.

A. S. BYATT

La beca Erasmus se creó en 1987 para promover el intercambio de estudiantes entre universidades europeas. Su principal objetivo era expandir la mente de los jóvenes hacia lugares próximos pero ajenos, fomentando la movilidad, el multiculturalismo y la integración tanto personal como académica de alumnos de distintas nacionalidades. Originalmente, el programa se llamó «European Community Action Scheme for the Mobility of University Students» que derivó en un acrónimo tan apropiado como simbólico, ERASMUS, en estela del filósofo y humanista Erasmo de Rotterdam, profesor, teólogo y viajero. Fue autor de *Moriae Encomium*, una de las obras satíricas más influyentes del Renacimiento, impresa por primera vez en 1511 y traducida a veces como *Elogio de la locura*, otras como *Alabanza de la estupidez* y, de manera más literal (y más correcta, se asume), como *Encomio de la necedad*.

X, estudiante de Filología Inglesa en la Universidad Complutense de Madrid, aguantaba la respiración frente al tablón de anuncios. A sus padres les había parecido una elección insólita —literatura, hija, con lo lista que eres...—, pero ella tenía clarísimo que no iba a ceder a Derecho o Empresariales. En la facultad, su inglés perfecto y su entusiasmo por las letras extranjeras descolocaban ligeramente a los demás. Por eso se entendió enseguida con la serbia y la irlandesa, dos compañeras que, como ella, parecían estar un poco fuera de lugar y hablaban el mismo idioma sin saber aún que sería para toda la vida.

A mediados de los años noventa, los destinos más codiciados eran Lovaina, Bruselas, Praga, Copenhague, Oslo, Manchester,

Newcastle y Edimburgo. Todos daban por hecho que a X, que era la «empollona» de la clase, le concederían la beca. Y efectivamente, ahí estaba su nombre junto a la última ciudad. Ella ni siquiera estaba segura de querer irse. No tanto por la lluvia y el aire lúgubre que imaginaba, sino por dejar atrás a su novio, de quien estaba locamente enamorada.

Él era un chico guapísimo de patillas muy largas. Había hecho COU en Estados Unidos y, nada más conocerse, le enseñó el libro de graduación. Debajo de su foto con birrete, ponía *I am the lizard king, I can do anything*, verso de Jim Morrison, cantante de los Doors, su grupo favorito desde que había visto la película de Oliver Stone. Tanto era así, que se había tatuado un lagarto en el antebrazo con una aguja de hacer punto de su abuela, abrasada por el extremo con un mechero. Y cuantísimo le excitaba a X pasar la lengua por la silueta del animal que, más bien, parecía un cocodrilo.

El día que se despidieron, tras un año de relación, escucharon en bucle el primer álbum de la banda. Él hizo un comentario exhaustivo de *The End*, con esa onda entre psicodélica-poética-siniestra-onírica que amalgaban la voz de Morrison y el órgano de Ray Manzarek. A ella le parecía más hipnótica y bastante menos atormentada *Love Street*, pero no se marcó ningún discurso al respecto. Solo le dijo a su novio: «Uf... Eres tan guapo como Jim Morrison, con sus ojos telúricos, su cabello ensortijado...», y luego se estremecieron con cada caricia, se besaron exaltadamente e hicieron el amor rápido y marcha atrás porque mucho cuidado con correrte dentro.

Él se sentó desnudo en la cama, apoyó la espalda en la pared y fumó, expirando el humo lento, los labios en círculo.

Ella se quedó mirándolo... Dios mío, siento el súmun del amor en cada rincón de mi cuerpo, por qué hostias me voy a Edimburgo ahora, si se enamora de otra me muero, con lo molón y sensible que es, le van a llover tías por todas partes, no como a mí, que no me he visto en una igual.

Entre lágrimas, le juró amor eterno.

Y él a ella.

Se escribirían, se llamarían, se esperarían.

Claro que X no era consciente de dos elementos que sobrevolaban la experiencia Erasmus del universitario medio: (uno) que en España ya se le empezaba a llamar «Orgasmus» y (dos) que la beca se convertiría en un hito del anecdotario personal de cualquiera que la viviese: germen de fuegos internos, impulsos desmesurados de *carpe diem* y epítome absoluto de lo que significaba ser joven a finales del siglo xx. Aún no se tenía móvil, no existían las redes sociales y el uso generalizado del correo electrónico comenzaba a asomar en las universidades, pero la mayoría de sus supuestos usuarios no conocían, siquiera, su dirección.

X llegó a la Universidad de Edimburgo con veintiún años para cursar cuarto de English Language and Literature en el edificio David Hume Tower. En la recepción de bienvenida de los becados se le presentaron varios españoles a los que no supo muy bien qué decir y se apartó con disimulo. Ya que estaba allí, al menos hablar en inglés, ¿no? Le sonaba un chico, de haberle visto por la residencia, y se acercó, copa de vino en mano, a él. Resultó ser venezolano y le acompañaba un holandés que enseguida se jactó de estar escribiendo una novela de ciencia ficción especulativa —¡guau!, ¿y de qué va?— sobre un mundo en que los nazis habrían ganado la Segunda Guerra Mundial y...

Un hombre con traje, mayor, de unos cincuenta, interrumpió su conversación. ¿Cómo se llamaban? Tenía que entregarle a cada uno la lista de asignaturas que cursarían durante su estancia. X leyó las suyas y rápidamente se quejó. En ningún momento había escogido Realismo y Fantasía en la Literatura Europea del Siglo xx. El hombre mayor no ofreció solución; a los Erasmus se les metía donde había hueco.

Ella se encogió de hombros.

—Pues okey —contestó.

Tras varios vinos y una charla que destacaba la experiencia «gozosa, multicultural y única» de la beca y animaba a los estudiantes a «construir vínculos de por vida con los nuevos colegas europeos», el venezolano sugirió salir a bailar. Acabaron en la discoteca Espionage, que tenía Salsa Night y el chico le enseñó los pasos básicos del merengue. X bailó, divertida, aunque dejando *mucho* que desear. En un frenesí de vuelta y vuelta y vuelta, sintió que titilaba. Sí, con esa palabra, «titilar». Qué raro, si ella *odiaba* los bailes latinos. Cansada, se acercó a otra gente que resultó ser el grupo de Erasmus del País Vasco. En concreto, venían de Durango, Lequeitio y Balmaseda.

A la mañana siguiente, en el comedor de su residencia de estudiantes, antes de ir a clase, X se fijó en un cartel: «club de *ceilidh*, baile tradicional escocés, martes por la tarde. Interesados, escribir ASAP». Del cartel colgaban varias tiras con una dirección de e-mail. Cortó una y se la guardó en el bolsillo trasero de los pantalones de pana.

X, al igual que el resto de los recién llegados, tuvo que encargarse de la misión de decorar su cuarto, previsiblemente aséptico. En una tienda del Grassmarket compró un póster de la película *Trainspotting* y otro de un pintor prerrafaelita, sir Frank Dicksee, con un detalle de su cuadro *La Belle Dame Sans Merci*. Así pues, mientras X, tumbada en la cama, echaba de menos a su novio de patillas, la acompañaban las inspiradoras palabras de Ewan McGregor —*Choose life, choose a job, choose a career... Choose your future*— y el lánguido rostro de una dama con corona de flores y pelo larguísimo que miraba, embelesada, a un caballero de armadura de acero.

A las pocas semanas de dormir allí, X empezó a escuchar los gemidos de las personas que tenían sexo en las habitaciones de alrededor. Ella nunca había gritado de esa manera tan pornográfica (imaginándose, claro, que así debía sonar el porno, porque ni idea). ¿Cómo podía ser, si estaba superenamorada y a ella su novio le gustaba muchísimo? ¿Sería que X tenía algún problema sexual del que no había sido consciente hasta ahora? O que, como decía su madre, ¿no tenía edad para acostarse con nadie y quizá *no sabía*? Un domingo de tormenta llamó a su novio por teléfono y le contó lo muchísimo que deseaba besarle, tocarle, *follarle*, aunque no era del todo cierto. Luego, en su cuarto, sin masturbarse siquiera, se imaginó el cuerpo de Jim Morrison sobre el suyo y gritó como si la poseyera, aquí y ahora, el espíritu de un rockero muerto.

X utilizó el correo electrónico por primera vez en su vida para apuntarse al club de *ceilidh*. Tras preguntar varias veces al supervisor de la sala de informática de la David Hume Tower por su funcionamiento, se sorprendió al encontrar un solo e-mail en su bandeja de entrada. En el asunto: «Del holandés que escribe la novela de ciencia ficción especulativa». En el mensaje, una sola frase: «¿Qué haces en tu dormitorio?».

Ella se giró hacia atrás, como por instinto. Le dio tanta vergüenza que, en principio, no contestó. Pero luego cambió de parecer y escribió: «¿Y qué crees tú que hago?».

A lo que él, enseguida, contestó: «¿Lees?».

A partir de entonces comenzó una relación epistolar de frecuencia casi diaria.

Y, ¡ay!, entre las miles y millones de disculpas de X, comenzaron a espaciarse las llamadas con su novio. Demasiados planes, lecturas, clubes… Demasiada… ¿inquietud? latiendo en su cuerpo. Aunque esto no se lo dijo, obvio.

En el club de *ceilidh*, X conoció a un chico que estudiaba ingeniería genética, pero que los fines de semana hacía espectáculos de magia para niños. —Hala, qué guay, ¡nunca había conocido a un mago!— Era de Málaga —vaya—, pero llevaba mucho tiempo viviendo en el Reino Unido y de ahí su acento impecable. La invitó a su casa a enseñarle algunos trucos —ejem, ejem, en fin—. En la cocina, que olía a moqueta húmeda de serie británica, el mago sacó unas latas de cerveza y le hizo un juego de cartas —en inglés, porfa—, donde él adivinó todas las que ella había elegido —¡guau! ¡Incluso las que he pensado…!—. Hazaña que, inevitablemente, conjuró la humedad entre sus piernas.

X no lo pudo evitar.

¿Cómo rechazar esas manos agarrándola, esas manos de *mago*?

Nunca había tenido un pene tan grande dentro de ella. Ni un condón.

Sintió perfectamente el orgasmo de él. Y su propio estremecimiento al saberse deseada.

Cuando se despertó unas horas después, en la habitación oscura del mago se iluminaba una espada láser de *Star Wars*.

X, por si acaso, no volvió al club de baile tradicional escocés.

Durante varias tardes de otoño, en la biblioteca de la universidad, en la lavandería, en su dormitorio, en la parada del autobús, X leyó *El tambor de hojalata* de Günter Grass para su asignatura de Realismo y Fantasía. Aquí —le escribió en un e-mail al holandés novelista— Oskar Matzerath decidía crecer solo hasta los tres años, tiempo durante el cual se daba cuenta de la tremenda soledad de los adultos, devastados en un paisaje de posguerra que al holandés —dada la temática de su novela de ciencia ficción especulativa— seguro que le interesaba, ¿no?

En la novela aparecía una suerte de bar llamado el Bodegón de las Cebollas, donde se cobraba a los clientes una cantidad desorbitada de dinero a cambio de una tabla, un cuchillo y varias cebollas. El objetivo: pelar y pelar el vegetal hasta llegar al más profundo y catártico de los llantos. En este bar se lograba, escribía Grass, «lo que el mundo y sus sufrimientos ya no son capaces de alcanzar: lágrimas redondas y humanas». El caso es que los lunes, el Bodegón de las Cebollas ofrecía descuentos para estudiantes. De estar en Edimburgo, e ir juntos ellos dos —preguntaba X—, ¿sobre qué llorarían?

X finalmente consiguió hacer un grupo de amigos que, más o menos, aunaba el espíritu multicultural de la beca y con quienes estableció una rutina que ocupaba, mínimo, tres noches por semana. Entre ellos, una historiadora andaluza (en fin, qué le vamos a hacer) que, a ratos, le devolvía la cordura y, sobre todo, la obligaba a comer, acto claramente prescindible.

Primero, iban al pub Legends en Cowgate, y tomaban pintas de cerveza o, en su defecto, un brebaje bastante asqueroso pero que no la emborrachaba tanto: *cider with black currant*. En las paredes del local, rostros de «leyendas» clásicas del rock and roll. Jimi Hendrix,

Janis Joplin, Mick Jagger... Y Jim Morrison, claro, con su melena ensortijada y sus ojos telúricos, vigilándola.

Después, ya cerca de la medianoche, iban a la discoteca Subway, junto a los arcos del George IV Bridge, donde la entrada era gratuita.

Ahí tomaban chupitos. De tequila o de whisky.

Ahí se reían a carcajadas con las historias que se narraban los unos a los otros.

Ahí bailaban pop británico. Blur, Pulp, Oasis.

Ahí eran jóvenes sin darse cuenta.

La primera vez que X escuchó *Wonderwall* fue en el Subway. *Because maybe, you're going to be the one that saves me...*

—Buah, me voló la cabeza —le dijo al holandés novelista cuando caminaban de vuelta a la residencia empapados del sudor del garito, pero congelados del frío de la noche.

El chico era rarísimo. Por e-mail hablaban de libros, de escritura, se confesaban cada resquicio de sus almas, pero después, en persona, era como si apenas se conocieran. X se preguntó si, quizá a él, le gustaba ella. Solía acompañarla a la puerta de su dormitorio sin hacer amago alguno de entrar.

O sea que seguramente no.

Mejor.

Con el mundo entero dándole vueltas de la borrachera, salió a una cabina de teléfono y llamó a su novio a altas horas de la madrugada. Cuando él cogió con voz adormilada y la evidente esperanza de escuchar su voz, X colgó.

El venezolano salsero se mudaba a un piso después de Navidad y tenía que dejar su actual habitación antes de coger el vuelo para pasar las vacaciones. ¿Podría quedarse con X una noche, ya que en su residencia eran bastante laxos con el tema de «invitados nocturnos»?

Sentados en el suelo de la habitación, comieron patatas fritas de sabores, bebieron cervezas y fumaron del cartón de Fortuna que la madre de X le mandaba cada dos semanas. Los pósters de *Trainspotting* y la dama prerrafaelita estaban ya amarillentos de tanto humo comprimido dentro del cuarto.

Hablaron de la infancia, acomodada para ella, humilde para él.

Hablaron de lingüística, del extraño poder que tenían las palabras para henchir el alma.

Hablaron del futuro en general, pero más del futuro inmediato: ¿cómo dormirían esa noche? ¿Cabían los dos en la cama individual? ¿Se quedaba él en el sillón? ¿En el suelo? ¿O no dormían directamente?

X no lo pudo evitar.

Si el chico bailaba tan bien, *con tanto frenesí*, ¿cómo no iba a querer *titilar* un poquito más?

No se equivocó.

Una tarde navideña, de vuelta a Madrid, X dejó a su novio de patillas largas en una cafetería VIPS. A sus amigas de la Complutense les contó que estaba desoladísima, pero que tenía que aprovechar su Erasmus al máximo —joder, es que era una experiencia tan, tan guay. *Carpe diem*, ¿no?—, como decían en la película que tanto les gustaba a todas, *El club de los poetas muertos*. Cuando ya se iban, la serbia le dijo que la quería más que a nadie en el planeta incluidos los Balcanes enteros pero, por favor, ¿podría dejar de utilizar el adjetivo «guay» con cada anécdota que relataba? Era de lo más irascible, la verdad. A su amiga la irlandesa, en cambio, le encantaron todas las historias.

En un Edimburgo invernal que anochecía a las tres de la tarde, X leyó *El barón rampante* de Italo Calvino para su asignatura de Realismo y Fantasía. En esta novela, Cosimo Piovasco di Rondò, hijo de nobles, se negaba a comer un plato de caracoles; ante el ultimátum del padre, se subía a un árbol y, rebelde, amenazaba con quedarse ahí arriba para siempre.

«Si la juventud pasa pronto en la tierra —escribía Calvino—, imaginaos sobre los árboles, donde todo está destinado a caer: hojas, frutos…». En un e-mail al holandés novelista, X comparó la experiencia Erasmus con esta frase. Como si Madrid fuera la vida real y la estancia en Edimburgo un bosque de ramas infinitas que se desplegaban hacia las perplejidades del futuro.

Era asunto conocido que el programa Erasmus presumía de ser beca, aunque no lo era del todo. Cubría tasas universitarias y alojamiento, eso sí, pero para el resto de la manutención había que depender de los padres o buscarse la vida. X ya se había gastado su dinero fundamentalmente en salir y optó por lo segundo. El venezolano salsero le contó que buscaban *chambermaids* (mucho más sofisticado que limpiadoras) para el hotel de cinco estrellas en el que él trabajaba de botones, el Caledonian en Princes Street.

Se cruzaron en la escalinata de moqueta roja. Él vestía un uniforme más elegante que el de ella —una bata que prohibía llevar el pelo suelto o pendientes siquiera— y lo seguía un chico de melena oscura y ojos turquesa que cargaba con una aspiradora industrial. El venezolano salsero le presentó: su nuevo amigo era de Quebec y estaba de paso, ganándose un dinero mientras viajaba por el mundo con su mochila.

X fue a darle dos besos, pero el chaval empezó por la derecha, de manera que se produjo un momento de confusión donde los labios de ambos se rozaron un segundo.

—O sea que eres *traveller* —le dijo ella, el rubor subiéndole por las mejillas.

—Bueno, ahora no —contestó él, señalando la aspiradora con una sonrisa increíblemente francesa—. Pero lo que no quiero es volver a Canadá...

X invitó al *traveller* a salir al Legends y al Subway con el resto del grupo. Pero él no parecía divertirse. Se acercó al oído de la chica y sugirió ir los dos solos a otro bar donde, le había contado una gente de su hostal, se podía beber absenta. ¿Alguna vez la había probado?

—No, no, pero he oído hablar, claro —dijo X, sin tener ni idea.

Se alejaron del centro hasta el Bunker, un antro pequeño y oscuro con afanes de clandestinidad. El camarero vertió el licor en dos copas sofisticadas, metió dentro un terrón de azúcar con una cuchara y después lo mezcló todo con agua hasta alcanzar una bebida de color verdoso: el *louche*.

El *traveller* corrigió el francés del camarero. Se pronunciaba LUSHHH y significaba «mala reputación».

Madre mía, pensó X, mientras ese *lushhh* se le subía por el estómago como un...

—... Esto parece alquimia —se le ocurrió decir.

—Lo es, un poco —dijo él—. La absenta estuvo prohibida por sus efectos alucinógenos. Cuentan que, para encontrar la inspiración, la bebían Oscar Wilde y Rimbaud... (pronunció GAM-BOÓ, ay Dios).

Ella se llevó el brebaje a los labios.

—Pues a ver qué nos inspira, ¿no?

Esa noche, en la cama de la residencia de estudiantes, él le dijo que, cuando sabía seguro que iba a volver a ver a alguien, no se acostaba en la primera cita. Pero sí hacía otras cosas para alcanzar *la petite mort*.

—¿Quieres?

Ella, lógicamente, no lo pudo evitar.

Fueron juntos a hacer un pícnic al cementerio de Calton Hill. Ella se vistió como si fueran a una fiesta campestre, con un vestido largo de cuadros y dos trenzas que le llegaban casi hasta la cintura. Como él era vegetariano, llevaron fruta, pan, quesos y chardonnay. Solo les faltó el mantel rojo de cuadros.

X se metió unas flores en la boca para que él se las arrancara con los dientes. Pero, en su lugar, le hizo una foto. De la boca brotaban margaritas; de los ojos, el brillo del deseo en estado puro. Después apoyó la cabeza sobre su regazo y él le acarició el pelo, las mejillas, los párpados y leyó en voz alta unos versos de Bukowski:

> *Tu vida es tu vida*
> *conócela mientras la tengas*
> *Tú eres una maravilla*
> *los dioses esperan para regodearse*
> *en ti.*

Cuando X se incorporó del césped, embriagada de amor, vio a una pareja a lo lejos. Él le sonaba. Era el hombre mayor que les había entregado la lista de asignaturas en la recepción de bienvenida de Erasmus. A su lado iba una señora, muy pálida, con un pañuelo en la cabeza.

X apartó la mirada.

En Semana Santa y sin posibilidad de discusión, la madre de X, que acababa de divorciarse con cuarenta y siete años, se plantó en Edimburgo. Allí estuvieron solo un día; el resto, viajaron en trenes y autobuses por el resto de Escocia.

Los grandes *hits*: el castillo de Macbeth, la casa del autor de *Peter Pan* en un pueblo remoto del norte, el lago Ness y el barco con suelo transparente para avistar al monstruo, la estatua de Braveheart en Stirling (a la madre le *chiflaba* Mel Gibson).

El momento para olvidar: la isla de Skye. Estaban X, su madre, un grupito de ancianas con anoraks de colores y un guía de cabeza cuadrada anunciando que, por fin, tras un largo día de excursión, se encontraban a los pies de las espectaculares Fairy Pools, con sus cascadas que, más que agua, parecían expulsar destellos de purpurina.

Contaba la leyenda que la Leannan Sith o amante feérica era un hada que, si se enamoraba de un humano, tenía el poder de concederle belleza, inspiración o incluso —el guía hizo aquí una pausa dramática— la inmortalidad. Pero aconteció que el gran amor del hada, un guerrero celta, rechazó el último don y, cuando murió, ella lloró tantísimas lágrimas que se formó este manantial que, según continuaba la leyenda, concedería la eterna juventud a quien se bañara en sus aguas.

Entonces, en ese momento, la madre dio un paso hacia delante y se metió, con ropa, en el agua.

—De todas las personas que he traído —dijo el guía—, nadie se había atrevido a hacer esto nunca.

Se lanzó, muy ufano, detrás de ella. Sus cuerpos mojados y risueños rociados de purpurina feérica.

X le echó la bronca a la madre —o sea, qué vergüenza, de verdad, ¿qué pretendías? ¿Ligarte al guía?—. Para compensar el «ridículo», la madre se ofreció a comprar lo que la hija quisiera en la tienda de souvenirs. Esta eligió lo más caro: un hada que parecía de verdad, metida en un bote de cristal y con una etiqueta que juraba protección mágica para quien la cuidara.

—No me extraña que estés contenta aquí —sermoneó la madre a la hija en el aeropuerto, justo antes de marcharse—. Estar en el extranjero es como vivir en un mundo paralelo.

—Pues no, porque...

—Y tú lo sabes perfectamente —la acalló.

Con la mejora de la meteorología y la ciudad enverdecida, X leyó *La espuma de los días* de Boris Vian para su asignatura de Realismo y Fantasía. En esta historia, hija del surrealismo de la época —escribió X al holandés novelista—, el intelectual y acaudalado Colin se casaba con la frágil Chloé y ella enseguida caía presa de una extraña enfermedad: le florecía un nenúfar en el pulmón. Colin dilapidaba su fortuna en médicos, pero no existía manera humana de curarla. Desesperado, cuando alguien le preguntaba «¿a qué se dedica usted?», él contestaba: «Aprendo cosas. Y amo a Chloé».

¡Guau! Ojalá todo pudiera ser tan sencillo, ¿no? —le planteaba X a su destinatario.

En la mitología griega —contestó el holandés novelista— el nenúfar simbolizaba el cese de la pasión sexual. Más que hermoso..., ¿no significaría esto que a Chloé le crecía la planta en el pulmón como metáfora de su hartazgo en la pareja?

Esa interpretación le dio mal rollo a X. Qué tonterías, no te pongas cósmica tú ahora, pensó mientras decidía regalarle al *traveller* el libro de Boris Vian para que se lo llevara a la India. Él ya tenía billete y no lo podía cambiar; si no, prometió, se habría quedado con ella. Después, quién sabe, podría viajar a París, a San Petersburgo o a Ibiza, quizá. Cumplir su sueño de escribir guías de viaje para gente como él, viajeros de corazón. En cualquier caso, seguro que volverían a verse, en algún tiempo, en algún lugar.

*Quelque part. Un jour.*

Esa noche, el *traveller* le ató las manos al cabecero de la cama.

Ella gritó.

Por el orgasmo creciente, expansivo.

Y por la certeza muda de que su bosque de ramas infinitas estaba a punto de ser arrasado por un tsunami.

La despedida Erasmus se organizó, como era de esperar, en la discoteca Subway. Bebieron chupitos de tequila, de whisky. Prometieron escribirse y seguir en contacto. Bailaron a Blur, a Pulp, a Oasis y, justo ese día, cerraron con el *Break On Through (To the Other Side)* de los Doors. X bailó empapada por el calor de la noche y los escalofríos de la despedida. Los ojos de sus amigos, brillantes como chamanes de la madrugada.

En el trabajo final para la asignatura Realismo y Fantasía en la Literatura Europea del Siglo xx, X comparó *El tambor de hojalata*, *El barón rampante* y *La espuma de los días* e ilustró su tesis con una cita de Tolkien. Tanto Oskar, como Cosimo, como Colin disfrazaban sus miserias mediante la creación de un universo imaginado. Dentro de este, lo que sucedía era «verdad», acorde con las normas de ese mundo. No obstante, como aseguraba Tolkien, «en el momento en que surgía el descreimiento, el hechizo se rompía, la magia se desvanecía para siempre».

De nota obtuvo un 7 porque el trabajo, más que académico, resultaba «demasiado creativo».

Cuando regresó a Madrid, con sus pósters de *Trainspotting* y *La Belle Dame Sans Merci* enrollados en la maleta, X trató de quedar con el chico de las patillas. Pero él ya estaba saliendo con alguien. De solo pensar en esa otra lamiéndole el tatuaje del rey lagarto, a X se le encogía el estómago de rabia. Ahora que estaba de vuelta, se arrepentía de haberle dejado.

En un cibercafé, le escribió un e-mail al holandés novelista. Qué cosas, nunca pensó que lo echaría tanto de menos.

Él contestó que si hubiesen acudido al Bodegón de las Cebollas habría tenido varios motivos por los que llorar lágrimas «redondas y humanas».

Erasmus había terminado.

El mundo adulto acechaba sin remedio.

Ellos dos no se habían atrevido a amarse.

El holandés novelista nunca publicó su novela de ciencia ficción especulativa y acabó siendo profesor de Filosofía en la Universidad de Utrecht. No volvió a escribirle a X. Ni siquiera se molestó en buscarla cuando Facebook puso de moda localizar a los fantasmas del pasado.

Aun así, al holandés, la chica le venía a la memoria a veces.

Cuando vio la película *Mommy* de Xavier Dolan y el adolescente protagonista, subido a un monopatín mientras sonaba *Wonderwall*, estiraba los brazos y abría el encuadre cinematográfico para expandir la pantalla y alardear de su recién hallada libertad.

Y, cada verano, cuando sus alumnos se marcharían el próximo curso de Erasmus y él les hablaba del ilustre pensador que daba nombre a la beca, autor de la obra satírica *Moriae Encomium*, cuya protagonista —fuera esta la locura, la estupidez o la necedad, según la traducción— era hija de Hebe, diosa de la juventud, y mejor amiga de Philautia (el narcisismo), Kolalia (la adulación), Tryphé (la irreflexión), Leteo (el olvido) y Hedone (el placer).

Menudo cortejo prodigioso, ¿no?

# Fuente de la eterna juventud

Y al pie de ese monte hay una fuente hermosa y grande, que huele a especias. Y a cada hora del día cambia de olor y de sabor. Y quien beba tres veces en ayunas del agua de ese pozo se cura de toda enfermedad. Y quienes viven allí y beben a menudo nunca enferman y siempre parecen jóvenes. Yo mismo he bebido tres o cuatro veces, y diría que me siento algo mejor. Hay quien la llama fuente de la juventud.

*Los viajes de Sir John Mandeville*

Dice Jim:

Soy un niño. Tengo cuatro, quizá cinco años. Voy con mis padres en el coche, atravesando el desierto de Nuevo México. El sol brilla tanto sobre los cactus sedientos que mis ojos parecen observar una fotografía sobrexpuesta. Me mareo. Es una cosa que me pasa a menudo: que me mareo, aunque no esté moviéndome. Asomo la cabeza por la ventana. Mi madre no soporta el viento rasposo, el silbido monótono, pero no dice nada. En el arcén, un camión echa humo. Ha chocado con el coche de delante. Tumbados sobre la carretera, dos hombres de piel oscura, indios americanos. Mi padre comenta que cerca hay una reserva, seguramente estarían de camino. Yo no entiendo qué le importa adonde iban cuando estamos ante cuerpos salpicados de sangre. De uno de ellos sale un alarido atroz. Como el de un bebé o un animal inocente a quien se le desvela, de repente, su trágico destino. Después, silencio. Después, iridiscencia. Dos hombres muertos en la carretera. Le pido a mi padre que pare. No me hace caso. Yo siento —yo sé— que el espíritu de esos indios se adentra en mi alma. Papá, tienes que parar. No me hace caso. Le pido que vayamos a la reserva. No me hace caso. Pienso que ojalá fuera él el muerto, no los indios. Me obsesionan. Hablaré tantas, tantísimas veces, de ellos en los próximos días que mi madre me compra un libro, a ver si me callo la boca. Solo tengo cuatro, quizá cinco años, pero yo ya sé leer, igual que yo ya sé que quiero ser poeta.

El libro que me regala mi madre es la historia de cómo Madre Coyote y Padre Coyote crearon el mundo. Os la cuento yo ahora, tal y como la recuerdo.

Están los dos en la cima de una montaña, contemplando, orgullosos, su obra. Les gustan los mares, las arboledas; sus paisajes no les provocan dudas. Entonces, Padre Coyote propone crear a los seres que habitarán su tierra.

—Me parece bien —asiente Madre Coyote—, siempre y cuando yo tenga la última palabra.

—Así será —dice Padre Coyote e imagina, en voz alta, cómo serán las personas—. Tendrán dos piernas. Descubrirán el fuego. Aprenderán a cantar. Utilizarán las palabras para entenderse, para amarse…, para hacerse daño, también… Pero, sobre todo, las usarán para contar historias.

—¿Y qué más? —pregunta Madre Coyote.

—Verán con cuatro ojos.

—No, no —dice ella—, ¿por qué van a tener cuatro ojos si nosotros solo tenemos dos?

A Padre Coyote le parece lógico. Con dos ojos delante y dos detrás, en la nuca, lo verán todo.

—Pero es mucho mejor si no lo ven —apunta su mujer—, porque así conservarán el miedo.

—¿El miedo? ¿Para qué?

—Para que guarden un motivo para vivir.

—Está bien —le dice Padre Coyote, poco convencido—. Tú tienes la última palabra.

Jim, el narrador, su voz oscurecida, habla apenas en un murmullo. Levanta la cabeza, a ver si le escuchan. Las farolas de Sunset Boulevard escupen su luz amarillenta sobre unos cuantos vagabundos borrachos; él lo está más. Se echa el resto de la botella de whisky en la cabeza, empapando la maraña de pelo ensortijado. Al menos, piensa, no cree que estos tipos se hayan dado cuenta de que están ante el mismísimo Jim Morrison. Envuelto en mil polémicas, ahogado por su fama. Un hombre (¿es ya un hombre?) en guerra consigo mismo.

Él no era así cuando de adolescente se vestía de beat y huía a cualquier librería de San Francisco donde recitara Allen Ginsberg su *Aullido* o hiciera una lectura Jack Kerouac, autor de una de sus novelas favoritas, *En el camino*. Tampoco cuando lo echaron del piso de sus años universitarios por escuchar a Elvis durante tres meses seguidos, día y noche, día y noche, día y noche. Ni tampoco cuando vivía en una azotea en Venice Beach, alimentándose de LSD y judías de lata mientras trataba de alcanzar el estadio que el gran Rimbaud describía como *voyant*: o sea, hacerse «vidente» y retar a la conciencia a través de la experimentación sensorial. Esto le contó a su colega de la escuela de cine de UCLA, Ray Manzarek, cuando se encontraron en la playa y crearon los Doors: el objetivo de la banda sería ir más allá de las fronteras de la percepción. Eran los años sesenta. En Estados Unidos acontecían Vietnam y muchas otras cosas —el inconformismo, el afán de libertad, el auge juvenil— de las que Jim quería formar parte. Su primer single, *Break on Through (To the Other Side)*, pretendía ser una especie de sesión de espiritismo eléctrica: abrir la puerta hacia el otro lado, invocar las fuerzas invisibles. Al joven cantante se le desbordó el corazón cuando supo que Ginsberg le había contado a alguien en el Human Be-In del Golden Gate Park que reconocía el espíritu beat en las letras de la banda de Morrison.

La gente joven, piensa, ya no puede parecerse a sus padres, sino a sí mismos. Ahora, cuando alguien sufre, solo, en una habitación —tanto como sufrió él de adolescente— puede poner un disco y saber que Jim y los Doors lo acompañan y lo comprenden.

Pero ¿cómo se pasa de ser refugio de la juventud y tótem de la contracultura a que te arresten por algo que no recuerdas haber hecho? Lo vio en la grabación del concierto que le puso la policía: un chico sacándose el pene y haciendo un amago de masturbación ante la audiencia. *Parece* que es él, sí, eso no se puede negar. Pero, en realidad, no lo es. Ese *hombre* de la pantalla es un reflejo. Una sombra. Una alteridad. «Yo soy otro», escribió Rimbaud. ¿Es que nadie le entiende? La acusación es por exhibicionismo, lenguaje obsceno y embriaguez. Pero, vaya, que también le censuraron porque en su canción *The End* se ponía especialmente *voyant* y decía querer follarse a su madre y matar a su padre. La gente es idiota. ¿Desde cuándo lo que se canta es necesariamente verdad? Él explora lugares que nadie se atreve a vislumbrar. Salvo Pamela, su Pamela. ¿Dónde estará? Se droga demasiado, Pamela. Pero ella es su amor cósmico y tiene sabiduría y sabe lo que hay que hacer. Ya lo escribió en su canción *Love Street*: *She has wisdom and knows what to do*.

En ese caso, mira tú, lo que cantaba sí era verdad.

En su piel sudada de borracho, Jim Morrison olisquea el desencanto al que apestaba su padre al volver a casa del ejército; el hedor de su madre fingiendo felicidad ante el retornado.

Con la historia de Madre Coyote y Padre Coyote —les dice a los vagabundos— ya continuará en otro momento. Se echa en una esquina de la calle y se tapa con un abrigo de pieles de armiño o de zorro o de algún animal así. Se queda mirando la luna en el cielo de Los Ángeles. Tiene veintiséis años. Aún debería estar a tiempo de ser un verdadero poeta.

Los versos se conjuran en la negrura de su mente.

> *Como nuestros ancestros*
> *Los indios*
> *Compartimos el miedo al sexo*
> *Una excesiva lamentación por los muertos*
> *Y un interés perdurable por los sueños*
> *Y las visiones.*

La historia la continúa Luella:

Madre Coyote y Padre Coyote llegaron a un río. Ella metió los pies y le dio risa sentir a los pececillos escalar por sus piernas.

—Ya hemos acordado cómo serán las personas —dijo Padre Coyote—, pero ahora nos toca lo más difícil.

Padre Coyote lanzó un diente de búfalo blanquísimo al agua.

—La suerte decidirá por nosotros. Si el diente se hunde, los seres humanos morirán; si flota, vivirán para siempre.

Inexplicablemente, el diente flotó.

—No habrá muerte —dijo, contento.

Pero Madre Coyote torció el gesto.

—Si viven durante toda la eternidad —advirtió—, darán por hecho la vida, y serán necios e ingratos. ¿Es eso lo que quieres?

—Está bien —contestó él—: la muerte existirá. Tú tienes la última palabra...

Con el semblante triste, Padre Coyote se inclinó y cogió el diente de búfalo que aún flotaba en las aguas del río. Lo apretó fuerte con el puño para que su mujer no viera que lo escondía.

La narradora es Luella Day, aquella niña a quien California y una anciana con cresta le salvaron la vida. Ahora es una mujer. Lleva el pelo negro larguísimo en un moño alto; un anillo en cada dedo. Tiene la voz poderosa, magnética, y habla alto, sin titubeos. Mira a su alrededor para comprobar que la escuchan. Mientras en otras mesas los hombres hacen negocios, a ella la rodean señoras emperifolladas muy atentas, esperando a que la historia continúe. Estarán hartas, las pobres, de hablar de lo mismo. O sea, de nada. Luella no se puede imaginar cómo tiene que ser no haber salido nunca de Saint Augustine, el pueblo de Florida al que acaban de llegar Edward y ella, el 9 de agosto de 1900, a estrenar nuevo siglo y nueva vida.

A Luella no le convence esta taberna de tapicería ostentosamente gastada. Echa de menos sus vidas anteriores: tanto los años de médica en Chicago como la sensación de aventurera permanente en la fiebre del oro del Klondike. Pero, tras una sarta de peligrosísimas peripecias, tuvo que salir de ahí pitando. Ella, a sus cuarenta años —aunque el resto del mundo se cree que son treinta (es un secreto)—, ha venido hasta este agujero sin sofisticación alguna, para empezar de cero. Para ser *otra*.

Una mujer de rostro reventón y constreñida, Emily, se llama, le pregunta si quiere una cerveza bien fría. Habiendo llegado de Alaska, tendrá calor aquí, ¿no? Luella asiente. Emily, que camina con una ligera joroba, le trae el trago. Luella bebe, agradecida, y antes de seguir con el cuento fundacional de los Coyotes, comparte con las señoras la primera vez que escuchó hablar de este «precioso pueblo». Apenas había mujeres que viajaran a la zona minera del Klondike, que nacía en la región montañosa de Canadá y desembocaba en Dawson City. De manera que se juntaba con las pocas que encontraba: una mezcla entre damas de bien y chicas del cancán. Entre las primeras, Luella conoció a la señora Wilson, ¿la recuerda alguna?

—¡Claro, se marchó hace años! —afirma Emily, aún con la postura más torcida.

Pues a la señora Wilson —procede Luella— la conoció una velada de sol de medianoche mientras los hombres dormían en las faldas del río Yukón, mecidos por ese imán del oro que los había arrastrado desde el mundo civilizado hasta la frontera con el círculo polar ártico.

Entre ellos, estaba Marshall.

—Pero, bueno, ya les hablaré de él —susurra en tono cómplice.

En la mesa de al lado, señala Luella, está su marido, Edward, con quien se había casado, no por amor, sino por supervivencia.

Pero cuantísimo extrañaba a Marshall.

Cada día, un ratito de anhelo, para no olvidarle.

Suspira profundamente. Tiene comprobado, por sus vidas anteriores, que cualquier comentario de índole amorosa suele surtir efecto: es el brío moderno que acompaña a la que Mark Twain bautizó como *Gilded Age*, la edad dorada.

Así que, asegura a sus nuevas «amigas»: ya les contará.

El caso es que —ahí, junto al río Yukón— el aliento pesado de los hombres se confundía con el crepitar de las fogatas. Resultaba extraño verlos dormir porque, en realidad, no era noche del todo. El atardecer se había fundido con la franja dorada de la futura aurora y la luz del agua dibujaba sombras fantasmagóricas.

—Como los magnolios que coronan mi casa de Saint Augustine —dijo la señora Wilson.

Y así, durante toda la noche que no era noche, la nueva amiga de Luella se puso a evocar su querida mansión del sur, donde los susurros de los antiguos conquistadores españoles se mezclaban con las leyendas de los nativos que habitaban la región.

Sigue Luella:

Padre Coyote, con el puño bien apretado, esperó a que su mujer durmiera. Caminó solo durante horas. Atravesó praderas y montes hasta que llegó a un manantial minúsculo en medio de un bosque.

Colocó varias piedras a su alrededor, formando una fuente. Echó el diente de búfalo blanquísimo dentro y lo observó.

Era asombroso que flotara: señal de que los humanos que bebieran de esta fuente recóndita vivirían para siempre, tal y como había sido su voluntad.

Cuentan los historiadores —continúa Luella— que Juan Ponce de León descubrió la Florida en su expedición de 1513 porque, avejentado y débil, iba en busca de esa fuente. El relato le había llegado por boca de indígenas y, aunque cristiano, el explorador se dejó engatusar por la promesa pagana. A fin de cuentas, historias de aguas milagrosas circulaban desde el medievo: aparecían en los relatos del Preste Juan, aquel rey-sacerdote de las Indias, y también en los viajes inventados de John de Mandeville y en los mitos que situaban el paraíso de Adán y Eva más allá del mundo conocido.

Pero Ponce de León nunca encontró la fuente. Y el fracaso, ya se sabe, alimenta los mitos.

—Aunque las indicaciones de sus mapas —susurra Luella—, aseguraban que debía de estar muy cerca de nosotras ahora, ¿se imaginan?

Las mujeres ríen a carcajadas, qué disparate. Pero Luella reconoce esa reacción, las risillas serpenteantes que provocan los estragos del deseo. Cuando, antes de unirse a la fiebre del oro, Luella era médica y se pusieron de moda las píldoras del doctor Edison contra la obesidad, sus clientas se reían así —ji, ji, ji— ante la quimera de dejar atrás sus kilos de amas de casa y sentirse, por fin, guapas...

Y luego, quizá, volver a desear a sus maridos.

No al revés.

El problema no era que *sus maridos no las desearan a ellas*. La pasión no tenía que ver con estar gorda o flaca o ponerse un vestido o unas enaguas. Se debía a otro misterio: los fuegos que emanaban de los recovecos de la imaginación y que, demasiadas veces, se apagaban con las tareas caseras y la crianza.

Luella sabe que ha conseguido impresionar a su nuevo círculo de Saint Augustine. A pesar del calor, se pone su abrigo de pieles de armiño y se acerca a la mesa donde su marido negocia con el especulador inmobiliario que les venderá la vivienda.

—¿Cómo van los tratos, caballeros?

Al verla, Edward la presenta.

—Mi esposa: Luella Day.

Ella, por primera vez desde que ha entrado en la taberna, sonríe. Ha aprendido a hacerlo de manera amplia y magnífica cuando, en lugar de disimular, presume de las fundas de sus dientes delanteros: dos diamantes que centellean en contraste con su pelo oscuro, sus ojos negros.

—Pero hay quien empieza a llamarme Diamond Lil' —dice (frase, por cierto, que solo le diría a un hombre y se cuidaría de utilizar entre mujeres).

—Ajá, o sea que es usted la que puso el ojo en la finca —dice el especulador.

—Así es —contesta—, me habló de ella la señora Wilson antes de morir bajo un alud de nieve… Y, claro, imagínese usted el drama… Ya nunca la pude olvidar… Quizá será el destino, ¿no?

Tras llegar a un acuerdo por catorce mil dólares, el matrimonio por fin llega a la casa de estilo neocolonial al norte del pueblo. Tiene un pórtico de columnas clásicas y el jardín es tan grande —advierte el especulador— que tendrían que caminar al menos una hora para alcanzar sus confines.

Luella se adentra entre los hierbajos y matorrales con sus botines de tacón. Resuenan sobre las piedras que entorpecen el terreno. El sendero de magnolios, arcano como un secreto, la hipnotiza. Cientos de historias comienzan a burbujear en su cabeza hasta que la noche y el incesante clamor de las cigarras —*chi-chi-chi-chi-chi*— se ciernen sobre el horizonte.

Tiene que escribir a Marshall cuanto antes: va a necesitarle.

Mucho, mucho, pero mucho.

Ahora, la leyenda indígena la cuenta la monitora de un campamento:

Exhausto, pero convencido de haber dejado un rincón del mundo a salvo de la muerte, Padre Coyote regresó casi al amanecer.

—¿Dónde has estado? —preguntó Madre Coyote.

Pero él no quiso confesarle su expedición a la fuente con el diente de búfalo y, en su lugar, la besó. La acarició. Hicieron el amor. En ese momento, ambos decidieron que, para crear a las personas, existiría el sexo.

A los nueve meses, la mujer dio a luz a un bebé que iluminaba el cielo entero con su sonrisa. Enseguida aprendió a gatear y después a caminar sobre sus dos piernitas. Dijo sus primeras palabras: mamá-agua-papá-hola. Soplaba el fuego cuando sus padres lo encendían. Aprendió a cantar. Pedía una y otra vez el mismo cuento: el de la flor blanca y la flor morada.

Con la existencia de su hijo, Madre y Padre Coyote se sintieron realmente orgullosos de haber creado el mundo.

Pero, una noche, el niño enfermó. Tiritaba, le ardía la frente. Madre Coyote lo acunó en sus brazos. Lo abrazó, lo besó, le dio todo su calor, sin éxito alguno. El cuerpo del pequeño cada vez estaba más frío, las manos heladas.

El miedo subió por la espalda de Padre Coyote hasta el lugar donde él habría querido ponerles otros dos ojos a las personas.

A la mañana siguiente, el niño ya no respiraba.

Madre Coyote aulló cómo si la estuvieran arrancando el corazón de cuajo.

—La muerte no puede ser para siempre —gimió—. ¡Tienes que hacer algo!

La joven que recita esta última línea con desgarro trabaja por primera vez como monitora. Algún día, espera, será una buena actriz. Mira alrededor de la fogata, las llamas iluminan los rostros de los adolescentes que, claramente, la escuchan con interés.

Entre ellos, estás tú.

Tienes catorce años y estás en un campamento en una reserva natural pantanosa de Florida, Deep Creek. Camp Tocoi significa en timucua —una lengua indígena ya extinta— «flor de agua» o «flotante». Has ido con tu madre a pasar el verano a casa de una de sus hermanas, que vive en Miami, y ella te ha apuntado al campamento. Piensa que te vendrá bien estar ahí un mes, conocer gente, integrarte en otros entornos, mientras las dos se ponen al día y visitan a sus parientes cubanos. Tu hermano se queda con ellas, entretenido con los primos y los amigos del condominio. A ti no te parece mal del todo: así no tendrás que aguantar a la familia y el verano será, por una vez, un poco tuyo.

La experiencia del campamento debió de marcarte, porque en tu novela sobre Cuba, *La otra isla*, también escribiste sobre este lugar donde los *campers* practicáis mil actividades deportivas —natación, pesca, remo en canoa— y, al caer la noche, os reunís alrededor del fuego, comiendo perritos calientes mientras escucháis leyendas.

Madre y Padre Coyote te conmueven. Al chico sentado a tu lado parece que también. Te susurra algo al oído. Te estremece sentir su respiración en el cuello. Cuando se levanta y se aleja, entiendes que te pedía que fueras con él. Esperas unos minutos. La monitora que va de actriz, ajena, pregunta al grupo de adolescentes qué creen qué pasará después. Consigues escabullirte, como si fueras al baño. Caminas por el bosque hasta el tronco gigante de una secuoya, donde te espera el chico. Tú no sabes muy bien qué hacer. Le preguntas cómo se llama.

—Mark David Chapman —contesta.

El nombre te suena, no sabes de qué. Mark David Chapman te besa, te mete la mano por debajo de la camiseta, y de pronto sientes un escalofrío, como si el relato de los Coyotes no hubiera terminado, sino que se estuviera contando ahora sobre tu piel.

Es la primera vez que te tocan las tetas.

Le corresponde a Jim terminar la historia:

Tras la muerte de su bebé, Padre Coyote retrocedió sus pasos y atravesó las mismas praderas y los mismos montes, en una búsqueda frenética de la fuente donde había depositado el diente de búfalo portador de la vida eterna.

Nunca la encontró.

Vencido por el camino, cuando regresó junto a su mujer, ella seguía con el cuerpo inmóvil del niño en los brazos, meciéndolo como si aún respirara.

—Ya no podemos cambiar nada —le dijo Padre Coyote, con la voz vacía—. Te recuerdo que tú tenías la última palabra.

Jim Morrison se pellizca la barba que, al cubrir su rostro, le hace parecer otro. Está en el Rock and Roll Circus, el garito más bohemio del París de comienzos de los años setenta.

—Le contaba a mi madre esta historia —dice— cuando quería que los espíritus de los indios muertos salieran por mi boca.

Quienes le escuchan son una pareja de franceses y su amor cósmico, su Pamela. Ella lo mira, un tanto hastiada. Lleva la melena pelirroja recogida en dos trenzas, para que se le noten menos los chutes de heroína en la cara. Ama a Jim, sí, pero está cansada de sus lamentos. Al fin y al cabo, ha abandonado a los Doors porque se siente demasiado viejo para ser una estrella del rock and roll... Han ido a París, siguiendo los pasos de Rimbaud... Ha engordado tanto que apenas se le reconoce... Vagabundea por las calles y bebe cerveza en el Café de Flore del boulevard Saint-Germain contando leyendas indígenas a quien le quiera escuchar... Pero, para ser sincera, los poemas que escribe en las servilletas del bar son una mierda.

*Quieres algo y a alguien nuevo*
*¿tengo razón?*
*Claro que la tengo.*
*Yo sé lo que quieres.*
*Quieres éxtasis*
*deseo y sueños.*

Esto, opina Pamela, poco tiene que ver con Rimbaud. Se parece más a un poeta beat, pero en malo. Claro que, igual, con tanta nocturnidad y tanta droga, la inspiración fluctúa... Pero es verano y es París y ¡es lo que hace todo el mundo! La pareja que los acompaña son cineastas importantes, de la *nouvelle vague*. El chico, Jacques, ha dirigido *Los paraguas de Cherburgo*. Y la chica, Agnès, insiste en que el exlíder de los Doors sería perfecto para exponer el espíritu libertario de Mayo del 68 que explora en sus últimos filmes, como *Lion's Love*.

—Eres tan hermoso —le dice Agnès— como un personaje del Renacimiento.

Pero Jim solo está pendiente de que los *dealers* lleguen pronto. Pamela prefiere irse a casa. Él irá luego. La heroína que venden en el Rock and Roll Circus es la única que le gusta porque se puede esnifar. A Jim le dan miedo las agujas.

Existen distintas versiones al respecto.

En una, Jim se metió en un cubículo del baño alrededor de las dos de la madrugada del 3 de julio de 1971, pero tardaba en salir. Alguien consiguió tirar la puerta abajo, y encontró al cantante-poeta inconsciente. Para evitar un escándalo, lo llevaron a su casa, en la cuarta planta del número 17 de la rue de Beautreillis, y lo metieron en la bañera para disimular la sobredosis de heroína e intentar reanimarle.

En otras versiones, Jim volvió a casa con Pamela. Escucharon discos, vieron la televisión y se acostaron tarde. En medio de la noche, se sintió enfermo y decidió darse un baño. Ahí debió sufrir la insuficiencia cardiaca que, sin autopsia, la policía anunció a los medios a la mañana siguiente.

Lo que sí es seguro es que el cuerpo desnudo de Jim Morrison, con veintisiete años, fue encontrado muerto en una bañera hasta arriba de agua.

Lo que nadie contó es que en el agua flotaba un diente de búfalo blanquísimo que Pamela guardó en un relicario.

Te preguntas con qué edad se imagina uno de joven desde el futuro. ¿Será a los veintisiete, la supuesta cúspide de la juventud? También Pamela murió a esa edad, y también de una sobredosis de heroína. Entre 1969 y 1971, además de Morrison, cayeron tres iconos más del rock: Brian Jones (de los Rolling Stones), Janis Joplin y Jimi Hendrix. El apelativo Club de los 27, sin embargo, no se popularizó hasta mucho después, cuando en 1994 se suicidó Kurt Cobain, el líder de Nirvana.

En la película *27: Gone too soon*, la periodista Lesley Ann Jones afirma que todas estas almas errantes no estaban «diseñadas» para crecer. Para ella, los veintisiete son una criatura mitológica: «el lago Ness del rock and roll».

Tú, con veintisiete años, te habías licenciado en Filología Inglesa, tenías un máster en Literatura Comparada y acababas de terminar los estudios de guion en la escuela de cine donde ahora impartes clases.

Aún no te habías especializado en Peter Pan, pero la idea de hacer un doctorado sobre él ya revoloteaba por tu cabeza.

Tu primer trabajo para televisión fue un documental emitido en la segunda cadena de TVE. Se llamaba *Senos* y exploraba las distintas dimensiones del pecho femenino: el erótico, el maternal, el de la cirugía estética, el enfermo.

Cuando entraste en el proyecto, le vendiste al director que te sentías muy cercana a este tema. Tu madre había pasado por un cáncer de mama. Podías imaginar que tú, algún día, a lo mejor lo tendrías.

Eso dijiste, pero ahora sabes que era mentira. No te imaginabas nada parecido. Pero contarlo te permitía hacerles preguntas más íntimas a las mujeres que entrevistaste. Mujeres enfermas, mastectomizadas o reconstruidas.

El documental empieza con una pared blanca. Después, un torso femenino con una camisa gris entra en pantalla. Se pone frente a la cámara. El pelo largo, moreno, con tonos rojizos, le cubre los hombros. Sus manos desabrochan, lentamente, los corchetes de la camisa. Se la quita. Se ve el cuerpo esbelto, con un sujetador juvenil de color burdeos. Se lo quita. Aparecen sus pechos redondos, desiguales, uno más erguido que otro, los pezones de tamaño distinto.

Encima, se sobrepone un cartel negro con el título del documental: SENOS.

La mujer, bueno, la chica, eres tú. Son tus tetas.

Las ves, desde el futuro, en internet.

Ahí están, para la eternidad.

Rebobinas. Rebobinas. Rebobinas. Rebobinas. Rebobinas. Rebobinas.

Miras tus tetas jóvenes e imperfectas tantas veces que te mareas.

# Garfio

*Gaudeamus igitur, iuvenes dum sumus.*
*Post iucundam iuventutem, post molestam senectutem,*
*nos habebit humus.*

[Alegrémonos, pues, mientras seamos jóvenes.
Después de una juventud placentera, después
de una vejez penosa,
la tierra nos recibirá.]

HIMNO UNIVERSITARIO

Tu primer viaje a la Universidad de Yale, en New Haven, Connecticut, fue en marzo de 2013. Te habían concedido una beca de la biblioteca Beinecke de Manuscritos y Libros Raros para trabajar en los archivos y manuscritos de J. M. Barrie. Querías escribir tu muy ansiada primera novela y, de paso, sacarle provecho a tu doctorado. La idea era reflejar el síndrome de Peter Pan en el propio autor del niño eterno y en otras figuras próximas, algunas del mundo académico actual —lo que te permitiría rozar el género campus— y otras en la época de Barrie, con un giro histórico.

Entonces tenías treinta y siete años y empezabas a sufrir en carne propia los efectos del síndrome.

Por ejemplo, un día llamaste a tu madre y le reprochaste: ¿por qué no te motivó ella para venir a estudiar a Estados Unidos antes? ¿Es que no se le había ocurrido, dado tu brillante expediente académico (y su rollo californiano)? Era carísimo, sí, un disparate, pero ¿y las becas? ¡Tu vida podría ser *tan* diferente ahora mismo y era por su culpa!

Ella contestó: hala, disfruta, que te quedan veintiún días para volver.

Y colgó.

Otro día te fuiste a un bar de *happy hour* y te quedaste enganchada a la televisión que ponía vídeos musicales de los noventa en la MTV. En concreto, el de *Bitter Sweet Symphony*. Richard Ashcroft, el cantante de The Verve, guapísimo, desgarbado, caminando por la calle con su chaqueta de cuero, tan petulante, empujando a la gente «común» mientras cantaba *No change I can change, I can change, I can change… But I'm a million different people from one day to the next…* Este chico y su rollazo te provocaron tremenda nostalgia (aunque la *happy hour* influyó seguro).

Pero lo más delirante: tenías acceso ilimitado al gimnasio de la universidad e ibas, como un reloj, por la mañana y por la tarde, a ahuyentar la sombra del cuerpo de señora que te seguía de cerca. Al correr (llamemósle «correr»), sudorosa en la cinta, o subida en la elíptica, te venían pensamientos recurrentes, terroríficos: ¿podrías mantener ese estilo de vida juvenil que tanto te gustaba? ¿Y si ya era tarde para escribir tu novela? ¿Podías siquiera visualizarte como madre si todavía no habías logrado ser escritora? Pero ¿no se suponía que el gimasio *relajaba*?

Pues no. Era una tortura mental.

Además de tu evidente crisis, volcaste muchas de estas preguntas en tu tan deseado libro. En él, imaginabas lo que sucedería si el síndrome de Peter Pan se desplazara del terreno masculino al femenino. Así nacieron personajes como Lady Cynthia Asquith (la secretaria de Barrie en la etapa post-Peter Pan), que lidiaba con su deseo de escribir, su maternidad «compleja» y un matrimonio aburrido que suplía con amantes varios.

En paralelo, Moira (tu alter ego), en el presente, se replanteaba su vida, apabullada por un marido exitoso y una carrera académica que no acababa de despegar. Vivía cierto «romance» —o más bien *affaire*— con David (tu otro alter ego), un profesor español especialista en Peter Pan, sin pareja ni oficio estable, que se agarraba al último tren de convertirse en alguien a la altura de sus expectativas.

En resumen, a tus personajes —igual que a ti— se les escapaba el tiempo entre los dedos, como el agua de una fuente.

Aunque apenas guardas recuerdo de haber escrito la novela, lo que sí tienes grabado con nitidez es que, al terminarla, en Madrid, justo en la víspera de tu cuarenta cumpleaños, decidiste regalarte a ti misma dos tatuajes que recogieran, simbólicamente, tu gran hazaña.

En la muñeca izquierda, te pusiste **youth**, en American Typewriter tamaño 18, en honor a la definición que hace de sí mismo Peter Pan: «I am youth, I am joy»: soy juventud, soy alegría.

En la muñeca derecha, por no poner *age* («edad» era un poco deprimente), pensaste en «garfio», pero al final, en consonancia con la otra mano, quedaba mejor en inglés: **hook**.

El tatuador era un veinteañero con la cabeza rapada, *piercing* en la nariz y serpientes de colores escalándole por el cuello. En la pared de su minúsculo estudio en Malasaña, fotografías a todo color de un ave fénix que desplegaba las alas sobre una espalda, de una rosa con espinas brotando de un ombligo, de un enjambre de hadas que parecía alzar el vuelo en un antebrazo. El chico no preguntó por tus motivaciones, pero aun así se las contaste. No parecieron impresionarle demasiado. Te explicó que, según su experiencia, el acto de tatuarse proliferaba en dos etapas, principalmente: en la juventud, como símbolo de reafirmación o rebeldía, pero sobre todo en la mediana edad.

—Lo tengo yo muy estudiado —dijo—. Se hace para seguir siendo molón a pesar de los años que tengas, ¿sabes? —levantó la voz, el zumbido de la aguja de fondo—. Pero también hay como un afán por marcarse el cuerpo con los logros de uno. Por eso la gente se tatúa los nombres de los hijos y esas cosas…

Tú te sentiste un poco ofendida. Lo tuyo iba bastante más allá, ¿no?

O sea: tú no te tatuabas hijos. Te tatuabas ficciones.

Ya le llegarán a este los cuarenta, pensaste. Cual maldición.

Tu segundo viaje a la Universidad de Yale fue en noviembre de 2023, poco antes del cáncer. Esto entonces no lo sabías, claro; lo sabes ahora, que lo miras desde el futuro. Ibas, en esta ocasión, con un contrato editorial para escribir un ensayo de cualidad híbrida que aún no tenías muy claro. Bueno, un poco sí. Era tu tema de siempre —el arquetipo de la eterna juventud— con algunos aderezos histórico-culturales.

Pero te carcomía una duda.

Si ya habías escrito (y hablado) mil veces sobre Barrie y su relación con la familia Llewelyn Davies y las raíces del personaje y todo lo demás, ¿qué sentido tenía volver a hacerlo? ¿Es que no cabía nada más en tu «caldero de las historias», como lo llamaba

Tolkien? O, más bien, ¿te concedía el prisma de la edad, quizá, otra visión del asunto que merecía ser explorada?

Esperabas que sí.

Que la edad por lo menos sirviera de algo.

Hacía frío y entraste, rápido, por la puerta giratoria de la biblioteca Beinecke, un edificio modernista de piedra grisácea, translúcida, donde experimentaste de inmediato el efecto Proust, ese fogonazo en el que un olor, una luz, una textura cualquiera —como la famosa magdalena mojada en la taza de té— te arrojan, sin previo aviso, a un recuerdo antiguo que regresa, intacto, dentro de ti.

Fue así:

Estás frente a la torre de cristal de la entrada, que aloja varios pisos con miles de libros, sus tapas coloridas como un campo de flores en primavera. El guarda de seguridad de la recepción te da la bienvenida. A un lado suben las escaleras a la parte museística, al otro bajan hacia la sala de investigación. Un olor casi imperceptible —a mármol, a moqueta restregada mil veces, a madera recién cortada, a libro— te envuelve en una vivencia que no es del todo tuya, sino de David, tu personaje, cuando en tu novela entraba en esta misma biblioteca con una resaca atroz.

¿Cómo podía ser que la ficción escrita se confundiera con tu memoria?

Porque después, *ipso facto*, la ráfaga proustiana te lleva a cuando entraste tú, en tu primer viaje de 2013, con paso firme, henchida de orgullo por ser portadora de una beca de la mismísima universidad de Yale. Te querían allí porque eras especialista en un autor del que guardaban manuscritos, cartas, diarios, fotografías, *memorabilia* de distintas índoles. Te sentías *importante*.

O sea que, desde el 2023, el efecto Proust funciona como una máquina del tiempo rumbo a una década antes, cuando, visto desde de ahora, consideras que «eras joven».

O no tanto, porque tenías treinta y siete años.

Hubo un tiempo, te das cuenta, en que pensabas en una juventud difusa sin edad exacta como frontera entre el «antes» y el «después».

Después, fue un hijo.

Después, la muerte de tu madre.

Pero ahora ya no; ahora la frontera la marca el cáncer.

En este segundo viaje el cáncer aún no ha sucedido, así que lo dejamos para otro momento y volvemos a la biblioteca, mejor.

Guardas tus cosas en la taquilla y bajas las escaleras para volver a encontrarte con Barrie, el hombre que se siente niño y a quien —cuando mueren su hermana Jane Ann y su madre, Margaret Ogilvy— ya nadie más en el mundo llama Jamie.

Con los muertos se apagan, también, algunos lenguajes.

Tú, en concreto, le llamas Barrie porque, en su edad adulta, la mayoría de la gente lo llamaba así. Y porque el profesor que te introdujo a él en Edimburgo lo pronunciaba con la erre escocesa, enredada en la lengua.

En tu cabeza suena siempre con ese mismo sonido.

Hasta ahora, en el caldero de las historias de Barrie (escucha, escucha la ronroneante melodía de la erre), están bulliendo los «huesos»: la mitología griega, las historias del folclore escocés, Shakespeare y los bosques mágicos, el creciente interés de la literatura victoriana por la infancia...

Por otro lado, burbujean «ingredientes» más personales: la muerte de su hermano David («cuando yo me había convertido en un hombre, él seguía siendo un niño de trece años»), su obsesión por avivar el amor de su madre, las novelas de aventuras...

Pero para crear a Peter Pan, en el hervor íntimo del caldero, comienzan a destacar con más relieve unos ingredientes nuevos: los hermanos Llewelyn Davies. Todos ellos, aunque sobre todo George.

En George, en tu trabajo previo, nunca te has centrado.

Y ahora que eres madre (y tú ya no la tienes), George se te aparece distinto: más vulnerable, más poderoso, un hechizo en sí mismo.

Quizá porque, para Barrie, fue el hijo imposible y, por eso mismo, eterno.

*Universidad de Yale. Biblioteca Beinecke de Manuscritos y Libros Raros.*
*Colección J. M. Barrie. Número GEN MSS 1400. Caja 74. Serie III.*
*Otros papeles.*
*Artículo: Llave de los jardines de Kensington.*
Una llave de unos diez centímetros, de latón oxidado. A un lado,
las iniciales JMB; al otro, una corona y el nombre del parque. No
pesa demasiado, pero su frío es antiguo. Sostienes la llave unos segundos, como si tu mano se pudiese fusionar con las otras manos
que, alguna vez, la han sujetado.

Barrie no fue especialmente feliz durante sus estudios en la Universidad de Edimburgo (de hecho, el comentario más recurren-
te en sus diarios de la época es «GRIND! GRIND! GRIND!» que
significa algo así como «¡ROLLO, ROLLO, ROLLO!»). Al terminar filología, volvió a Kirriemuir que, ese año, acumuló más
lluvias y penumbra que nunca. Ahí se dedicó a escribir columnas para varios periódicos con cierto éxito hasta que decidió
instalarse en Londres, como hacían los autores con futuro. Triun-
fó con algunas novelas en las que retrataba los antiguos modos
de las aldeas de Escocia y comenzó, también, una carrera de
dramaturgo con *Walker, London* (1892). Dos años después, ya
adinerado, se casó con la actriz Mary Ansell, y se mudaron a vivir al 133 de Gloucester Road, con un perro San Bernardo a
quien Barrie llamó Porthos, como el mosquetero más leal de la
novela de Alejandro Dumas. La casa estaba muy cerca de una de
las zonas verdes más hermosas de la ciudad: los jardines de Kensington.
En 1895, su hermana Jane Ann, aún soltera, murió de cáncer
(no has conseguido averiguar de qué tipo era) a los cuarenta y ocho
años, como tú ahora. A los dos días, la siguió su madre. Se las veló
en un mismo entierro. Por mucho que su esposa, Mary, le dijera
«James, ahora me tienes a mí», Barrie se sentía culpable —por qué
exactamente no le quedaba claro—, y solo pudo purgarse como
había hecho siempre: contándole a su madre una historia. Esta vez,
la suya propia. Al modo de las biografías de exploradores ilustres
que tanto le gustaban.

En *Margaret Ogilvy*, Barrie describió la risa que, en «la mayoría de nosotros envejece y se deteriora junto con el cuerpo, pero la suya se mantuvo alegre hasta el final, como si volviera a nacer cada mañana».

Rememoró cómo el pasado rugía en los oídos de su madre como el más grande de los océanos.

Confesó que si algún día vivía hasta esa edad en que «mi mente deba nublarse y el pasado regrese como las sombras de una noche sobre el camino desnudo del presente, no será, creo, mi juventud la que veré, sino la de ella. No a un niño aferrado a las faldas de su madre gritando: "espera a que sea un hombre y dormirás entre plumas", sino a una niña con un vestido púrpura y un delantal blanco, que se acerca hasta mí por los largos parques, canturreando para sí misma».

El libro, como se puede adivinar por este pasaje, era sentimental. Emotivo. Más que una biografía, un libro de memorias con tono elegíaco. En ciertos extractos, hasta un poco embarazoso. Tim Young, que comisarió una exposición sobre el autor en la biblioteca Beinecke, afirma que Barrie era el tipo de autor a quien sus contemporáneos modernistas (algo más jóvenes que él) habrían detestado. Para Young, ese estilo «emocionalmente manipulador habría sido anatema para alguien como Virginia Woolf o T. S. Eliot».

Este dato te sorprende, porque a ti te entusiasman los tres, cada uno con sus demasías y excentricidades, tan distintas pero tan —tan— apasionadas.

El caso es que Barrie se sentía frágil y borrascoso y aún en duelo cuando una tarde de 1897 paseaba con Porthos por los jardines de Kensington, fumando en su sempiterna pipa y tomando notas en uno de los cuadernos de tamaño bolsillo que solía llevar consigo. Se asustó al escuchar unos gritos de auxilio. Alzó la vista y enseguida se despreocupó: era el juego de tres niños vestidos iguales, con capas rojas y boinas a juego.

El mayor, con bucles y ojos vivaces, gritaba, encaramado a un árbol:

—¡El destino no se elige, se enfrenta! ¡Morir será una aventura formidable!

Te imaginas que Barrie lo miraría con perfecto asombro. Como si viese a un niño por primera vez o quizá reconociendo en él a la sombra del niño que hacía teatro en el lavadero de Kirriemuir.

Tosió, convulso (odiaba su tos, pero le encantaba fumar, como bien había contado en su libro *Lady Nicotina*).

—¡Eh, tú! —apeló el niño al escritor, con la arrogancia de las clases altas con las que Barrie, últimamente, se codeaba—, ¿qué miras?

—¿A un pirata? —contestó él, tímido.

—¡No, señor!

A Barrie le dio vergüenza ser reconocido como tal.

—¡A un náufrago! —dijo George.

El «señor» sonrió.

—¿Y qué haces, náufrago, en medio de un parque de Londres? ¿Huyes de una madrastra, como Blancanieves?

George lo miró con una ceja alzada.

—¡Yo no necesito espejos que me salven! —exclamó.

Y se bajó del árbol de un salto.


Barrie fue un joven victoriano que creció para convertirse en un hombre de la era eduardiana. Esta especie de *belle époque* británica aunó la última época dorada antes de los cataclismos de las guerras mundiales y el fin del Imperio británico: casi dos décadas de inocencia y hedonismo previas a lo que Eliot definiría como «panorama de futilidad y anarquía».

Durante la era victoriana, los niños habían protagonizado novelas, sí, pero casi siempre como adultos incipientes y no como niños *per se*, algo que empezó a cambiar con autores como Barrie y su *Peter Pan*, A. A. Milne y *Winnie the Pooh* o Frances Hodgson Burnett con *La Princesita* y *El jardín secreto*.

Según Jacqueline Rose en *The Case of Peter Pan*, en esta edad de oro de la literatura infantil se asumía ya de forma definitiva que los niños tenían hábitos, sensibilidades y necesidades distintas, que no podían ser educados, explotados ni castigados igual que los adultos, y que poseían derechos propios, independientes de los de sus padres.

Pero *Peter Pan*, además de todo esto —sostiene, a su vez, Jon Savage— fue también una obra profética porque —en línea con *El mago de Oz*, de L. Frank Baum— trataba de definir algo que estaba en el aire pero que aún no tenía nombre. Superada la frontera del siglo y la nueva concepción de la infancia (a la que se suma por entonces la invención de la adolescencia por parte de Hall), ya estaba en sus inicios la idea de que la juventud se definiría como etapa diferenciada de la vida. Y ambas obras «exploran las posibilidades de una sensibilidad (y si cabe, sociedad) basada en la promesa de la juventud, ya fuera transitoria o eterna».

Los años previos a la Primera Guerra Mundial en Inglaterra se han comparado con una «larga tarde de verano». Y así vivió Barrie también la época que rondó su cuarenta cumpleaños. Una larguísima tarde de verano, de cielo claro, calor sereno y aventuras pletóricas de islas desiertas, hadas y piratas.

*Universidad de Yale. Biblioteca Beinecke de Manuscritos y Libros Raros. Colección J. M. Barrie. Número IpB276B64. Caja NA. Serie I. [No disponible para investigación].*
*Artículo: The Boy Castaways of Black Lake Island, being a record of the terrible adventures of the Brothers Davies in the summer of 1901.*
Este artículo es tan valioso, y tan importante para la investigación generativa de Peter Pan, que el acceso no está permitido. Pides una cita con el director de la biblioteca y le suplicas que, por favor, por favor, por favor, te lo deje ver. Has venido de muy lejos, bla, bla, bla. Estás escribiendo un libro sobre la juventud, bla, bla, bla. Se mete en tu ficha y te comenta que ya lo viste en… 2013, hace diez años. Tú asientes.

—El libro no ha cambiado —continúa.

Te marcas un órdago:

—El libro no —dices—, pero yo sí.

Suspiras profundamente tratando de reflejar la pesadumbre que conlleva el paso del tiempo. (Qué ironía: entonces no tenías ni idea de que los *verdaderos* cambios estaban a punto de empezar). Tu dra-

matismo, al director, cómo no, le gusta. A la media hora, lo tienes
en tu mesa. Reposa en una caja entre algodones. Desprende un aroma intenso. Como a cajas de mudanza que sobreviven a la inundación
de un trastero. Sus tapas son de cuero rojo. THE BOY CASTAWAYS
en letras doradas. El dibujo de tres niños, con hachas en la mano,
unos pinos detrás. Las hojas de cartón tienen los rebordes tintados
con pan de oro. Las primeras están sueltas. Es un libro con textos
breves y fotografías, en blanco y negro, pegadas sobre las páginas.

A raíz de varios encuentros con George y sus hermanos, Jack y Peter, en los jardines de Kensington, Barrie pronto se introdujo en
su vida familiar, haciéndose íntimo amigo de los padres, Arthur y
Sylvia Llewelyn Davies, y ganándose, con sus ingeniosos juegos,
a los hijos.
    A finales de julio de 1901, e incapaz de soportar el tedio que
le suponía pasar el verano a solas con su mujer, se le ocurrió invitar
al matrimonio, a sus «mejores amigos» —que lo llamaban tío Jim—
y al bebé Michael, de un año, a Black Lake Cottage, una casa de
campo en el condado de Surrey.
    ¡Y cuántas aventuras y desventuras vivieron allí!
    Al poco de llegar, George lideró una expedición con Jack y
Peter por el lago. Una tormenta ficticia (o no tanto) los dejó varados en una isla que parecía desierta. Exhaustos, los hermanos menores se durmieron. George se subió a la copa de un árbol que
reconoció como un *Mangifera indica* debido a «sus hojas ojivales y
su fruta con forma de pepino». Ya iba al colegio Wilkinson's. Pronto iría al ilustre Eton. Y sabía de estas cosas.
    En la oscuridad, George escuchó rugidos, vislumbró sombras
de cocodrilos. Pero fue una tos, siniestra, espeluznante, la que lo
dejó helado. No durmió en toda la noche, aunque al amanecer dijo:
«Todo en orden, compañeros náufragos».
    Entonces, de repente…
    De nuevo, la tos.
    Los niños se adentraron en el bosque donde los árboles tem-
blaban al son del carraspeo rudo e interminable del pirata Swarthy,
siniestro señor de la isla, cuyas ropas —la verdad— correspondían

más a un escritor que a un corsario... y a quien los naúfragos dispararon sus flechas... hasta hacerle caer rendido.

Lo colgaron de un árbol, dejándolo a merced de los buitres.

Su cuerpo, enganchado, se balanceó hasta tornarse en el cadáver, no de un pirata, sino de un adulto cualquiera.

Muerto el enemigo, los aventureros subieron cabizbajos a una balsa. La aventura había terminado. Tocaba volver a casa y al colegio. («¡ROLLO, ROLLO, ROLLO!»).

Aquello que Barrie observaba instintivamente —la manera en que la fantasía transformaba el miedo en ficción— fue lo que décadas más tarde Erikson definiría, en su teoría psicosocial, como «edad del juego»: los años en que el niño ya tiene iniciativa propia y otorga simbolismo a sus actividades. Es el momento de las hipótesis, los disfraces, la creatividad desbordante, el juego de roles —¡soy *otro*! ¡Explorador, maga, heroína, visionario! ¡O todo junto!—.

Según rememoró Barrie, fue también en el verano de Black Lake cuando las hadas se instalaron en su imaginación. A la hora del crepúsculo, el pirata y los naúfragos subieron al monte con el bebé Michael. «Al reflejarse la luz de nuestras linternas entre las hojas, se fijó en un destello que se quedaba quieto por un instante. Agitó el pie con alegría a modo de saludo y así nació Campanilla».

Para Erikson, en esta etapa el niño asimila el mundo a través de los estímulos externos (el asombro ante lo que le rodea) y también a través de los internos (la imaginación que brota de su interior y que posee la extraña capacidad de ser controlada... o no).

En las distintas versiones de *Peter Pan*, Barrie demuestra ser un observador tan sagaz de la infancia como Erikson.

Los juegos de los niños fueron fotografiados por Barrie y, para dejar constancia de las «lecciones aprendidas durante la adversidad», encargó a una editorial que publicara dos ejemplares de la «foto-novela» *Los niños naúfragos de la isla de Black Lake*, uno de los cuales perdería Arthur, el padre de los intrépidos hermanos, en un tren.

El otro, lo tienes tú en las manos.

Te imaginas cuántas, cuantísimas veces lo ojearían los niños Llewelyn Davies.

George, seguro, se sentiría protagonista total.

Jack, celoso, porque todas las frases buenas estaban en boca de su hermano mayor.

Peter refunfuñaría al recordarlo porque se perdió un montón de aventuras mientras dormía la siesta.

Michael, el bebé, sale en una única foto, sentado en el carrito y agitando un pie. Cada vez que mira el álbum recuerda el empeño de su madre en ponerle el mismo sombrerito blanco de bandolera, durante los veranos de la infancia, para que no le diera el sol.

Pero todos fueron creciendo.

Poco a poco.

¡Y, a la vez, tan rápido!

Hasta que, un día, *Los niños náufragos* dejó de hacerles gracia y Barrie lo guardó en un cajón.

En la biografía póstuma de su madre, *Margaret Ogilvy*, Barrie escribió: «Nada de lo que sucede después de los doce años tiene demasiada importancia».

*Universidad de Yale. Biblioteca Beinecke de Manuscritos y Libros Raros. Colección J. M. Barrie. Número GEN MSS 1400. Caja 27. Artículo: Manuscrito «The Little White Bird».*
Dos tacos de páginas manuscritas en carpetas diferentes, fechadas el 30 de diciembre de 1901. La primera línea ya es siniestra y emocionante, cuando el narrador menciona al «niño que me llama padre» (aludiendo al deseo de Barrie de «apropiarse» de George).

El autor llevaba un tiempo tomando notas para una novela que pretendía coger la forma de una conversación entre un narrador maduro y un niño pequeño inspirado directamente en George, pero que llevaría el nombre del hermano muerto de Barrie, David. La idea evolucionó hacia una serie de historias basadas en las que inventaba para entretener a los hermanos Llewelyn Davies en el parque. Entre ellas, la de una criatura mitad pájaro mitad humano que una noche huyó por la ventana al escuchar lo que le deparaba el aburridísimo futuro como adulto. Un bebé perdido, un poco hada también, a quien bautizaron, casi al azar, como Peter (el tercero de los hermanos) y Pan (el caprichoso dios griego de la naturaleza): Peter Pan.

La novela se llamó *El pajarito blanco* y su tono sentimental era similar al de *Margaret Ogilvy*. Aquí, un hombre soltero de cuarenta y siete años, el Capitán W., entablaba amistad con el niño David y se obsesionaba con ejercer como una especie de «padre».

¿Y qué hacían los padres y las madres en el imaginario de Barrie?

Contar historias.

En esta, en un islote del lago del parque londinense, vivía la corneja Salomon Caw, sabia autoridad encargada de enviar a los bebés, que antes eran aves, al mundo humano. Con los pájaros convivían también las hadas y Peter Pan, un bebé de una semana, aunque «muy mayor; algo que no tiene la menor importancia, porque en realidad siempre tiene la misma edad».

Peter Pan se divertía muchísimo —un tiempo— hasta que empezaba a extrañar a su madre. Pero cuando regresaba a la ventana, estaba forjada con barrotes de hierro y ella abrazaba a otro bebé.

«Ay, Peter —se lamentaba el narrador de la novela—, nosotros que hemos cometido el mayor error de nuestras vidas, deberíamos actuar de manera muy distinta ante la segunda oportunidad. Pero Salomon tenía razón: para la mayoría, no hay segundas oportunidades. Cuando llegamos a la ventana, es la hora de cierre. Los barrotes se erigen de por vida».

Los capítulos sobre Peter Pan pronto opacaron al resto de la novela, y acabaron siendo publicados como libro independiente dedicado a «Sylvia y Arthur Llewelyn Davies y sus chicos (mis chicos)» con el título de *Peter Pan en los jardines de Kensington*.

En 1903, Barrie recibió una llave honorífica que abría la verja del parque y que, le rogaban, utilizara con discreción y nunca a «horas indecentes». No se puede saber si cumplió este requisito, pero sí que la icónica estatua de Peter Pan que se erige junto a la entrada de Bayswater Road apareció de repente —y para asombro de los paseantes— una mañana de verano.

La pusieron las hadas.

(El director de la biblioteca Beinecke te interrumpe. Te ha regañado por toquetear demasiado la llave de los jardines y hacerte fotos con ella. Por favor, no queremos que tus huellas dactilares se confundan con las de Barrie. *Oh, I'm very sorry.* Te da unos guantes de plástico).

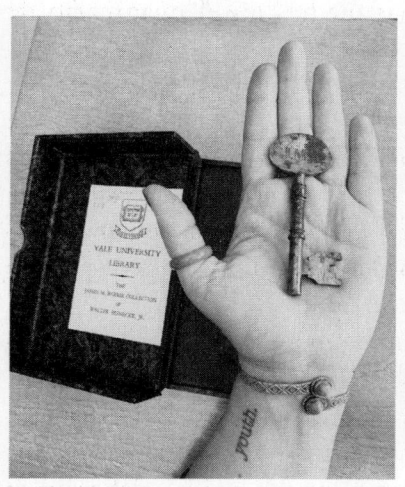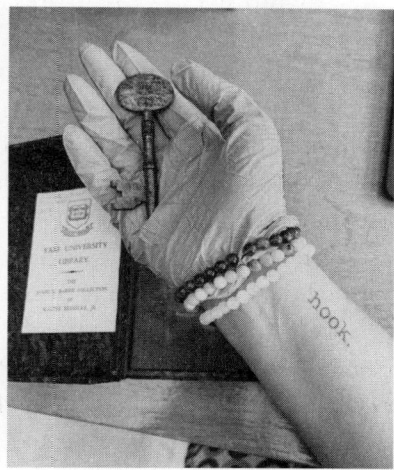

*Universidad de Yale. Biblioteca Beinecke de Manuscritos y Libros Raros. Colección J. M. Barrie. Número GEN MSS 1400. Caja 42. Series 2. Writings, 1876-1954.*
*Artículo: Manuscrito «Fairy Notes».*
Las notas feéricas son los apuntes que tomó Barrie para el borrador inicial de la obra de teatro que protagonizaría Peter Pan y que titularía *Anónimo: una obra.* La caligrafía es especialmente compleja de descifrar porque se trata de un escrito personal (en los manuscritos que pasan a imprenta se esmera más). Una lista de 466 ideas para una obra que no llegó a ser, pero que se parecía a la que luego fue. El gérmen.

Barrie comenzó a redactar estas notas tras asistir con los Llewelyn Davies a la representación de la pantomima *Bluebell in Fairyland*. Fascinado por las posibilidades de escribir su propia «obra de hadas», los apuntes dejan constancia de rasgos que ya presuponemos, como «el horror de crecer, idea principal de P». Pero, además, el chico aparece abocetado también —en un reverso siniestro— como el villano de la historia.

Por ejemplo:

19. ¿Peter es duende que incita a niños a no convertirse en adultos?
[...]
104. Villano intenta conseguir que niña le cuente cuento; ella se niega; él suplica, amenaza, la tortura etc. Ella cede a la tortura, narra un poco; se detiene, él entre lágrimas, etc. Luego la mata.
[...]
106. Quizá el demonio P. llega y asusta a todos sobre crecer, especialmente a los más pequeños; acelera reloj y les enseña cómo crecen; horrorizados.

Hasta que, alguna anotación después, este demonio se desdobla en:

347. Peter «joven orgulloso y presuntuoso»/Capitán Pirata «hombre oscuro y siniestro».

En esta última nota se alude al motivo literario del doble tenebroso, que Barrie conocía muy bien por sus juegos de infancia, intentando suplantar al hermano muerto. En el folclore escocés, se le llamaba *fetch*, aunque es más conocido por el término alemán *doppelgänger*.

Peter, recordemos, aparece una noche en la ventana de Wendy: ha perdido su sombra. Carl Gustav Jung, en *Psicología y Alquimia* (1944), llamaba así, «sombra», al lado oscuro de la personalidad, aquello que el «yo» reprime pero que permanece agazapado, listo para aflorar cuando la conciencia escapa al control. En las notas, este doble no tenía nombre. Pero en la obra teatral que se estrenaría en 1904, *Peter Pan o el niño que no quiso crecer*, se llamaría James, como el propio autor. Y llevaría el apodo Hook, aludiendo al garfio de hierro que sustituye a la mano derecha. Ese brazo lo devoró un cocodrilo que también se tragó su reloj, de manera que se le escucha cuando está cerca: tictac, tictac, tictac...

Así, la sombra jungiana cobra cuerpo: el *otro* que se esconde en la misma historia. Garfio no es solo el enemigo externo de Peter, sino su doble invertido, el adulto atrapado en la rigidez del tiempo. No es casual que en la obra, además, el actor que lo interpretaba era también el encargado de dar vida al señor Darling, el padre estricto y simplón de Wendy. Como si ambos, pirata y padre, fueran dos máscaras del mismo destino que Peter rehuye enfrentar, y que, sin embargo, lo sigue a cada paso.

A Garfio se le describe como un hombre cadavérico, de tez oscura, con una larga melena de rizos que, de cerca, parecen cirios negros. El azul de sus ojos es el de las nomeolvides y transmiten esa honda melancolía que, según Aristóteles, solo poseen los hombres «excepcionales». Obsesionado con la buena educación, en el colegio privado al que fue de niño se rumoreaba que tenía la sangre amarilla. Este colegio, por detalles que se adivinan en la obra de Barrie, era el elitista Eton, el mismo al que acabarían yendo los ahora cinco hermanos Llewelyn Davies.

Garfio vive atormentado por la presencia del indómito joven en la isla, y también por la bestia que le acecha con el tictac, tictac, tictac.

—Algún día —le recuerda Smee, su fiel compañero— al reloj se le acabará la cuerda y, entonces, os tendrá.

—Verdad —contesta el pirata—, tal es el miedo que me atormenta.

Sin embargo, en la obra de teatro, el cocodrilo no daba ningún miedo a los espectadores niños. Concebido desde una cualidad pantomímica, el animal resultaba grotesco y recibía constantes burlas. De manera que el tictac, tictac, tictac que para los adultos simbolizaba el peor de los tormentos, para los niños no era más que un chiste.

Desesperado, Garfio le pregunta a Peter: «Pan, ¿quién y qué eres?», y él contesta: «Soy juventud, soy alegría, soy un pajarillo recién salido del cascarón». Algo que remitía a la pregunta sobre la identidad y los estadios de la vida que también se hacía la niña victoriana por excelencia, *Alicia en el País de las Maravillas*: «¿Quién soy yo en el mundo? ¡Ah, ese es el gran rompecabezas!».

En la nota 300 de sus *Fairy Notes*, Barrie escribió con su letra ininteligible: «Niña podría llamarse Wendy».

*Peter Pan o el niño que no quiso crecer* se estrenó el 27 de diciembre de 1904 en el teatro londinense Duke of York para un público mayoritariamente adulto. Pronto se convirtió en un gran éxito que se repondría Navidad tras Navidad. Peter Pan, ya no un bebé, sino un muchacho de edad imprecisa —pero que se intuye era la de George Llewelyn Davies, unos doce años—, despertaba emociones intensas tanto en los niños, que lo veían como un igual, como en los adultos, en quienes resonaba el eco de su infancia perdida.

Las funciones matinales de la obra enseguida atrajeron a hordas de fanáticos que se ponían en primera fila para lanzar los besos simbólicos que se daban Peter y Wendy (dedales o bellotas), insultar al Capitán Garfio y repetir, emocionados: «¡Morir será una aventura formidable!».

*Peter Pan* fue tal fenómeno que en 1905 se estrenó también en Nueva York, y los hermanos Llewelyn Davies cobraron cierta notoriedad pública porque Barrie, en uno de sus gestos más célebres, juraba no recordar haber escrito la obra, presentándoles como los auténticos autores: «Supongo que siempre supe que hice a Peter al frotaros a los cinco violentamente, como los salvajes que hacen fuego con dos palos», escribió Barrie, siendo ya un hombre anciano. «Eso es todo lo que es, la chispa que me disteis».

Los niños que gritaban, felices, en el teatro «¡Morir será una aventura formidable!» serían después la generación de eduardianos arrastrados a la Gran Guerra. En esos años previos al conflicto bélico, José Ortega y Gassett abordó por primera vez la idea de que una generación no se reducía únicamente a un grupo de personas nacidas en un mismo espacio temporal, sino que también constituía una unidad histórica y de pensamiento, una sensibilidad colectiva.

Tanto Ortega como Karl Mannheim —quien expandió esta teoría en el periodo de entreguerras— coincidían en que la juventud era un momento clave en la adquisición de una identidad generacional propia, y subrayaban la importancia del conflicto implícito en las relaciones entre personas de diferentes grupos de edad.

Peter Pan, se especifica, «imita la voz del capitán con tanta perfección que incluso al propio autor le entra el vértigo de que, a veces, era realmente Garfio». Y cuando este finalmente consigue derrotar al pirata, en la obra de teatro, «el telón se eleva para mostrar a Peter como un Napoleón en su barco. No debe alzarse de nuevo, a no ser que sea para mostrar al muchacho paseándose por la popa con el sombrero de Garfio, sus cigarros y un pequeño gancho de hierro».

Peter se disfraza de Garfio, jugando a ser adulto y *cree* entender lo que supone.

Pero quizá la continuidad entre generaciones sea una utopía: la juventud puede resultar comprensible a un adulto; pero la juventud, por mucho que se esmere, jamás comprenderá lo que significa estar cautivo en la adultez.

*Universidad de Yale. Biblioteca Beinecke de Manuscritos y Libros Raros. Colección: Llewelyn Davies Family Papers. Número GEN MSS 554. Caja 7.*
*Artículo: Fotos varias familia Llewelyn Davies.*
Una colección de fotos tomadas entre 1912 y 1920. Es decir, una vez que ya habían fallecido los padres de los Llewelyn Davies. Arthur, de cáncer de lengua. Sylvia, de un carcinoma inoperable en el pecho, probablemente un cáncer de mama metástasico. Tenía cuarenta y cuatro años.

Tras la muerte de la madre, Barrie se convirtió en «tutor» de los cinco niños, como consecuencia de lo que se supone fue un fallo en la lectura del testamento. Hay quien dice que Sylvia escribió que sus chicos siempre contaran con «Jenny» (hermana de su niñera), pero muchos (Barrie incluido) leyeron «Jimmy». En cualquier caso, a otros parientes les pareció muy bien: el hombre era millonario y podría mantener el estatus económico de la familia, incluida su escolarización en el colegio Eton, como era deseo de la madre.

Has visto algunas de estas fotos en biografías del escritor. Pero nada más sacar la primera carpeta vives *in situ* el concepto del aura que perfila Walter Benjamin en *La obra de arte en la época de su reproductibilidad técnica*. Esa especie de cercanía fantasmagórica a los sujetos fotografiados convive con una distancia casi mágica: ¿quién iba a decirles a ellos que, un siglo después, habría una persona al otro lado del océano, viéndolos divertirse?

Porque eso es lo que hacen en todas las fotos.

Jóvenes con trajes blancos, celebrando su graduación de Eton.

Grupos posando durante las vacaciones de verano, frente a mansiones con hiedra en la fachada.

Niños en barca, con aparejos de pesca.

Gente practicando deportes varios: hípica, tenis, golf, cricket.

Una excursión a la montaña, aunque el cielo amenaza lluvia.

Cabecitas asomando de una piscina, las niñeras vigilantes, alrededor.

Hay también un par de fotos en fiestas de disfraces. En una, un joven disfrazado de fantasma asusta a una señora, vestida de reina mora. En otra, destacan las sonrisas exageradas de un grupo de piratas y soldados napoleónicos.

En la última foto, Barrie aparece de espaldas, con abrigo, mirando a otros divertirse. Esa mirada, detenida en los hermanos Llewelyn Davies, ha dado pie a lecturas encontradas. Algunos han querido ver en ella un deseo impropio, una pulsión pederasta. Pero tú, que conoces bien su obra, su correspondencia y sus diarios sabes que el tono de su escritura, y toda su figura, desmiente ese juicio. Más que un impulso carnal, lo que se adivina en Barrie es una

fascinación romántica —a veces inquietante— por la belleza inco-
rrupta de la juventud, por ese instante de esplendor que, después,
el tiempo destruye.

En general, el aura de las fotografías de la Caja 7 transmite un espíritu desenfadado, terroríficamente naíf, en línea con lo que
escribió Julian Grenfell, compañero del colegio de George: «Adoro la guerra, es como un pícnic gigante pero sin la insignificancia
de un pícnic».

Claro que no podían imaginar lo que estaba por venir.

Como la Batalle del Somme, de cinco meses de duración, con
más de un millón de bajas entre ambos bandos.

O el uso de armas químicas que se introducirían en municio-
nes como granadas o proyectiles de artillería, y entre las cuales se
encontraban agentes tóxicos como el fosgeno, que asfixiaba los
pulmones, y el gas mostaza, que quemaba la piel y la sembraba de
ampollas hinchadas de bilis amarilla.

Por supuesto, tampoco eran conscientes de la nostalgia. Una
palabra que inventó el aspirante a médico Johannes Hofer en 1688
para definir una patología que todavía no existía como tal, pero que
se acercaba al *mal du pays* en francés, es decir, a la añoranza específi-
ca que sentían los soldados en tierra extranjera. Según Hofer, la nostalgia provenía de un «síntoma inconcreto de un daño de la imaginación» que la acercaba a la melancolía. A principios del siglo xix,
Philippe Pinel, padre de la psiquiatría moderna, advirtió también del
parecido entre ambos padeceres: «Una especie de ilusión o encanto
que nos hace creer que se ha gozado de una felicidad suprema».

George Llewelyn Davies fue nombrado subteniente de la Guardia
Real y sirvió en Flandes, manteniendo una profusa relación epistolar con Barrie en la que, además de relatarle detalles del tiempo,
o del mundo en suspenso que suponía la guerra, le hablaba sobre
su *homesickness*.

La primera vez que estuviste en Yale le escribías postales a tu madre. Le contabas que no querías volver a casa nunca, de lo feliz que
estabas viviendo como una estudiante.

La segunda vez le escribes postales a tu hijo. Le cuentas que estás pasando un tiempo con Peter Pan, que le manda saludos y que pronto volverás a casa.

Al finalizar la Primera Guerra Mundial, y tras miles de personas hospitalizadas por sus efectos, se advirtió que el gas mostaza destruía el tejido linfático y la médula ósea. A partir de dicho descubrimiento, en la década de 1950, dos científicos de la Universidad de Yale desarrollaron la ciclofosfamida, un fármaco de quimioterapia que inauguró una nueva era de tratamiento contra el cáncer y que se utiliza, especialmente, para intentar curar tumores de mama.

O sea que ahora (aunque no ha ocurrido aún) volvemos al cáncer.

Quizá este fármaco podría haber curado a Sylvia y los niños Llewelyn Davies no habrían sido huérfanos, para quedar como «hijos» de Barrie.

Quizá.

En la quimioterapia, como en la guerra —escribe Anne Boyer en su libro de memorias *Desmorir*—, es recomendable que alguien te coja de la mano.

Durante los años de contienda, Barrie se vio obligado a suprimir la frase que había pronunciado George de niño en los jardines de Kensington —«¡Morir será una aventura formidable!»— y que ahora profetizaba el destino de tantos y tantos jóvenes británicos. El *zeitgeist* que oscureció, para siempre, a la generación eduardiana fue que los adultos los habían enviado a morir. Desde entonces, la juventud quedaría para siempre asociada a la pérdida.

En *Peter Pan* se tiende a pensar que el joven derrota al adulto en el duelo final. En realidad no es exactamente así. Lo que sucede es que James Garfio se lanza a las fauces del cocodrilo, «suicidándose», dispuesto a aceptar que el tictac, tictac, tictac le ha vencido. Las últimas palabras que murmura, caballeresco y melancólico, son *Floreat Etona*, lema de su colegio y el de los hermanos Llewelyn Davies.

En la misma caja de la biblioteca Beinecke donde están las fotos de la familia, hay una carta fechada el 3 de junio de 1912, donde Barrie escribe:

«Mi querido George, *Floreat Etona*».

Por mucho que intentas descifrar el resto, solo entiendes algunas palabras sueltas:

«Espero que...».

«Las matemáticas...».

«Las preposiciones...».

«Que se instale una nube en el cielo...».

Tras proclamar el *Floreat Etona* —una invocación que desea para el colegio una «¡larga y florecida vida!»—, el himno escolar continúa: *Floreat! Florebit!*

Que florezcan los que vendrán.

George Llewelyn Davies murió en combate, de un disparo en la cabeza, a los veintiún años.

# *H*omo fictus

Un día, me dijo M.: «Enfermaste de cáncer solo
para escribir sobre ello».

Annie Ernaux

«No hay mueble más trágico que una cama», escribió Anne Boyer en *Desmorir*. De un día para otro pasa de ser el lugar donde hacemos el amor al lugar donde quizá nos muramos. Es el refugio donde dormimos y, después, el abismo donde pensamos que nos volveremos locas. Tumbada en una cama, un día cualquiera, sin avisar, una descubre que se ha hecho mayor.

Diste una última clase antes de que el cáncer lo ocupase todo. No sabías cómo contárselo a tus alumnos, solo llevabas con ellos cuatro sesiones. Era una mañana luminosa de febrero; hacía tanto sol que su reflejo a través de las ventanas del aula os hacía entrecerrar los ojos. De hecho, la alumna que el primer día de clase te buscó en *Vogue*, y que se viste como tú a su edad, se puso gafas de sol.

Como no sabías, pues, cómo soltar la noticia, decidiste hablar de una de tus teorías favoritas. La que describe el escritor victoriano E. M. Forster en *Aspectos de la novela* para crear personajes y que, como todos los años, explicaste más o menos así:

—El mundo está habitado por dos especies humanas: los *Homo sapiens*, o personas reales, y los *Homo fictus*, o personajes de ficción. En la vida real, es imposible conocer a los demás en profundidad y apenas alcanzamos un grado de cercanía aceptable. Sin embargo, los personajes de ficción pueden ser entendidos por completo porque un escritor expone tanto su vida observable, o sea, sus acciones y la existencia espiritual que se deduce de ellas, como su vida secreta: las pasiones, los miedos, las fantasías, las comuniones, los pecados... Todo aquello que se oculta por pudor, prejuicio o cortesía.

Por eso, a veces, el *Homo fictus* parece más definido que el *Homo sapiens*: porque verdaderamente, como lectores, nos asomamos a su interior.

Los alumnos, interesados, asentían a tus palabras. El chico del corte de pelo *mohawk* tomaba notas en el móvil (esto lo tendrías que prohibir, pero ya para el curso que viene).

—En su búsqueda del *Homo fictus* —continuaste—, Forster reflexiona que la vida secreta de un personaje puede conocerse mediante su relación con tres oscuridades. ¿Cuáles creéis que son?

Las opciones brotaron, frenéticas: ¿El paso del tiempo? ¿La muerte? ¿El sexo? ¿La incertidumbre? ¿El futuro? ¿La memoria? ¿La sociedad? ¿El dinero?

Bien, bien. Más o menos.

—El ser humano (sea real o no) venía de la oscuridad de la inexistencia (el *nacimiento*) para que su vida entera consistiera en un deambular hacia una segunda oscuridad (la *muerte*) y, además, se pasaba un tercio de sus días sumido en una tercera (el *sueño*, o la fantasía que nos hace soñar despiertos).

—Pero —preguntó una chica seria, aplicada— no entiendo bien por qué el nacimiento se considera una oscuridad. O sea, ¿cómo aplicamos esto a un análisis de personaje?

—En el sentido —explicas— de que el contexto en que naces define tu historia entera, por mucho que luego intentes huir de ella.

Todos sonrieron, como si ahora lo viesen clarísimo, y alguno soltó un «aaah».

Como seguían atentos, aprovechaste el momento, así del tirón, y dijiste:

—Os voy a poner un ejemplo con una oscuridad personal mía —tragaste saliva—. Resulta que me acaban de diagnosticar un cáncer... y... esto tiene que ver con el nacimiento de Forster en el sentido de que uno, inevitablemente, carga con una herencia genética...

Te das cuenta de que igual lo has soltado de manera demasiado brusca.

—No os preocupéis... porque estaré bien —continuaste—, pero me llevará un tiempo largo, parece ser, y me temo que no podré continuar con las clases.

La mayoría miraron a otro lado que no fueras tú. Se hizo un silencio en el aula que, en este caso, solo la persona adulta podía rellenar.

—Por supuesto, me sustituirá el otro profesor de literatura —dijiste—. Y si tengo fuerzas para el verano, me comprometo a venir para valorar vuestros trabajos finales, ¿vale?

Te dio la sensación de que querían saber más detalles, pero no se atrevían a preguntar.

Estaban asustados.

—No os preocupéis —continuaste— está cogido a tiempo.

La alumna de *Vogue* levantó la mano:

—¿Y qué va a pasar con tu libro? —preguntó, refiriéndose a este libro.

Sí, a este en concreto.

A *Juvencolía*.

—Pues lo escribiré más tarde, no pasa nada —intentaste sonreír—. Podrá esperar.

Pero pensaste que igual ya no lo escribirías nunca.

Al terminar la clase, te abrazaron todos, uno por uno. A la alumna de *Vogue*, que ya se había quitado las gafas de sol, se le empañaron los ojos y, algo torpe, te pidió perdón.

Les avisaste, mientras salían por la puerta, que aún te debían un último ejercicio. Mandarías las instrucciones por e-mail. El aula se quedó vacía. Borraste las palabras de la pizarra: «oscuridad», «nacimiento», «sueño». No habías querido escribir «muerte».

La novela que nació durante tu primera estancia en Yale se llamó *La mano izquierda de Peter Pan*. Tu personaje David fue tu primera incursión en el *Homo fictus*. Dentro de su patetismo, el hombre (que se creía chico) quería despertar el interés de Moira como fuera. Para ello, le contaba que su madre estaba enferma de cáncer (mentira que seguro suscitaría su compasión), y además compartía el recuerdo de un viaje que habían hecho juntos madre e hijo al pueblo de Barrie.

Así lo escribiste:

Habían salido en coche, nada más llegar ella al aeropuerto, porque esa tarde se representaba «Peter Pan» en un parque del pequeño pueblo en el que había nacido Barrie, hijo de una familia muy humilde. La madre de David refunfuñó todo el viaje reprochándole que estaba obsesionado, que claramente padecía el síndrome de Peter Pan, cosa con la que él no estaba de acuerdo en absoluto. Puro interés académico. ¿Tan difícil era de comprender? [...] Se alojaron en el Hotel Hook, en la plaza principal, frente a la estatua de Peter Pan, y justo cuando llegaron a la función, comenzó a llover. Los otros espectadores, tan tranquilos, abrieron sus paraguas y siguieron viendo la obra. La madre de David dijo que ella, desde luego, no pensaba empaparse por ver a un «anormal con mallas verdes». Se fue al Hotel Hook y David se quedó solo, viendo cómo la luz de Campanilla se ahogaba bajo la tormenta. Decidieron quedarse un día más en el pueblo para que su madre pudiese ver la siguiente representación de *Peter Pan*. A David le hacía ilusión: era un plan muy especial. Pero volvió a llover, ella volvió a marcharse —aunque, esta vez, sí llevaba paraguas— y David se volvió a maldecir por haber hecho ese viaje —precisamente, ese— con ella.

Como apareció en tu novela, fue cómo recuerdas que os sucedió a vosotras, a ti y a tu madre en la realidad.

Bueno, no del todo.

Te faltó contar que cuando ella te reprochó tu manía con Peter Pan, tú le dijiste que ella se estaba volviendo igualita igualita que el Capitán Garfio. Como si fuera una maldición.

Para Forster, el *Homo fictus* se mueve entre tres oscuridades y también una luz: el amor, en el sentido más amplio de la palabra. Ya sea romántico, filial, erótico, fraternal, platónico o propio, en la ficción el amor actúa a la vez como impulso y como destino, un motivo por el que actuar y un objetivo al que dirigirse.

La editora de tu novela, fan declarada del género campus —y de sus conflictos académico-amorosos, como en *Stoner*, de John Williams— te llamó por teléfono una mañana de invierno. Tú estabas en una oficina de la Seguridad Social gestionando la baja de maternidad de autónomos. Te contó que llevaba unos días de pruebas médicas. La biopsia había detectado un cáncer de mama de tipo triple negativo y el «comité de tumores» había resuelto intervenir de inmediato: en una semana.

Se te congeló la sangre.

Saliste a la calle y perdiste tu turno.

—¿El comité de tumores? Nunca lo había oído —balbuceaste, como una idiota—. Parece el título de una novela, ¿no?

Ella se rio. De Paul Auster, podría ser. O de Jennifer Egan, en un momento dado.

—O algo más rollo distópico —dijiste tú—, en plan Ursula Le Guin.

—No te preocupes, ¿eh? —replicó con su voz eternamente cantarina—. Me curaré, seguro.

Quien te sustituirá a ti en las clases es su viudo.

El comité de tumores de tu hospital decidió que se te extirparía solo el pecho derecho, considerando que el otro no estaba en peligro ni tenía por qué correrlo si se efectuaba una mastectomía radical. Tú intentaste salvar tu pezón e hiciste mil preguntas al respecto, pero, según el comité, era un riesgo innecesario. El procedimiento consistía en, el día antes de la operación, identificar el ganglio centinela con un trazador radioactivo. Después, durante la cirugía, lo extraerían para analizar si las células cancerosas se estaban diseminando por el resto del cuerpo. En la misma intervención, operaría también el cirujano plástico para insertar la prótesis y hacer una reconstrucción mamaria inmediata, evitando así el trauma del hueco, del miembro amputado.

Te operarían a las ocho de la mañana del 8 de marzo, Día de la Mujer.

Le pediste a tu marido que te llevara un día y una noche a un hotel, para despedirte de tu cuerpo. Te hizo unas fotos en la bañera. Quitaste el tapón y te quedaste dentro. Miraste bien el agua hasta que se vació: no fuera a flotar por ahí un diente de búfalo, tan blanco como la nieve.

Tu imagen en esas fotos será el recuerdo que conserves de tu cuerpo, el «original». Te verás, en ellas, preciosa. Aunque nunca antes lo habías creído así.

Este es el e-mail que mandaste a tus alumnos para que desarrollaran un último ejercicio:

> Tal y como hablamos en clase, lo esencial para que un **Homo fictus** abra la puerta a su **vida secreta** es determinar su relación con:
> → **el nacimiento**
> → **la muerte**
> → **el sueño**
> → **el amor**
> Por favor, aplica el análisis de Forster a Clarissa Dalloway y Septimus Warren Smith, protagonistas de la novela *La señora Dalloway*, de Virginia Woolf. Dado que es una circunstancia especial, os pido por favor que me mandéis un audio (de cinco minutos máximo) con vuestra respuesta.

La mañana previa a la mastectomía fuiste con una de tus tías al trazado radioactivo del ganglio centinela. Te peinaste con dos trenzas y te pusiste una falda larga de colores, pendientes grandes y sombrero.

La chica de la recepción se dirigió a tu tía como si fuera ella la paciente y no tú. Ella explicó que ya había pasado por lo suyo, ya. En tu familia materna, además de tu madre, habían tenido cáncer de mama —con distintos grados de agresividad— tu abuela, tu bisabuela y varias de tus tías.

Al llegar tu turno, la enfermera te inyectó un líquido radioactivo (radioisótopo) cerca del pezón, donde estaban los tumores chiquititos que inundaban tu pecho. El iluminador, te explicó, tenía que extenderse por toda la zona para poder identificar luego, en la cámara gamma, la ubicación exacta del ganglio. Mientras tanto, la sangre tenía que entrar en movimiento, o sea que te recomendaban dar un paseo de unas dos horas.

Fuiste con tu tía de tiendas. Comprasteis camisas y vestidos abiertos, con botones, porque te habían advertido que después de la mastectomía no podrías levantar los brazos para vestirte.

Al regresar, te introdujeron, desnuda de cintura para arriba, en la cámara gamma. Pero el trazador radioactivo —te explicaron— no había funcionado, a veces sucedía. En este caso, entonces, lo que correspondía era que te manipularas tú el pecho, frotándotelo, para que la sustancia se extendiera bien... al menos durante una hora.

Te llevaron a una salita pequeña, de paredes vacías, donde tenías que tumbarte en una camilla y tocarte la teta.

Obedeciste, claro, qué ibas a hacer.

Se te ocurrió que, para pasar el rato, podrías escuchar los audios que te habían enviado tus alumnos hablando del *Homo fictus* en la novela de Virginia Woolf.

Por suerte, había cobertura.

Extracto de audio:

> La señora Dalloway, en torno a los cincuenta años, vive las crisis de Forster en toda su plenitud. Así que, aunque organiza la fiesta de las famosas flores de la primera línea de la novela —«La señora Dalloway dijo que compraría las flores ella misma»— y la fiesta es símbolo de vitalidad y tal..., una de las cosas que le preocupa, todo el rato, es cuánto falta para la oscuridad de la muerte... Además, el reencuentro con Peter Walsh, un amor del pasado, la hace reflexionar sobre sus sueños perdidos y la fugacidad del tiempo...

Un 6, como mucho.

Y ahí seguiste, frota que te frota.

Extracto de audio:

> Septimus es un joven veterano de la Primera Guerra Mundial que, de vuelta a casa, sufre un estrés postraumático terrible. Tiene alucinaciones constantes y le atormenta el fantasma de su compa-

ñero Evans, que murió en las trincheras. Pero es que, además, los médicos minimizan la fragilidad y el sufrimiento de Septimus, que tiene espíritu de poeta, y se ponen en plan que esto, a los que habéis luchado en la Gran Guerra, os pasa a todos y hay que superarlo y punto, o te metemos en el psiquiátrico...

Un 7.
A estas alturas, le estabas cogiendo una manía terrible a tu pecho enfermo. Puto ganglio centinela.

Extracto de audio:

A la señora Dalloway, el suicidio de Septimus Warren Smith, aunque no le conoce, la afecta profundamente. Y parece que hasta le admira por ello. A pesar de pertenecer a clases sociales tan diferentes, Septimus es como el *doppelgänger* o doble oscuro de Clarissa: ambos piensan en la muerte como aquello que verdaderamente aporta significado a la vida. Pero Septimus se atreve a suicidarse mientras que podríamos decir que... ¿Clarissa se atreve a vivir?

Un 7,5.
Cuando llegó el enfermero a buscarte, te entró un ataque de risa.

La noche antes de la cirugía, con una cruz en rotulador indicando la ubicación exacta del puto ganglio centinela, te fuiste a tomar un gin-tonic con tu marido en el bar de al lado de vuestra casa. Él te confesó que tenía miedo. Mucho. Su madre se había muerto de cáncer de mama cuando él tenía solo unos años más que vuestro hijo. Estaba bloqueado ante el espejo que la vida le devolvía, no sabía muy bien cómo debíais gestionarlo con el niño. Dijiste que, de momento, mejor no explicitarle nada y jugar mucho con él. No en balde, sabías muy bien que tanto Barrie como Erikson intuyeron que el juego era el lugar donde la infancia aprendía a sobrevivir al mundo adulto. En cualquier caso —opinaba él—, aunque no se lo contarais, se enteraría.

Le prometiste que a ti no te sucedería lo que a su madre, repitiéndole todas las estadísticas que os habían dado estos días: este tipo de cáncer se había vuelto tan común (se calculaba que una de cada ocho mujeres desarrollaría cáncer de mama a lo largo de su vida) que, en fase temprana, como la tuya, las tasas de supervivencia superaban el 85 o incluso el 90 por ciento.

Tú tenías miedo, muchísimo. Pero a la vez un extraño alivio. No ibas a poder trabajar «bien» durante un tiempo indefinido —según saliera la cosa— y, además de dejar las clases de la escuela y de otros sitios, no podrías ir a la radio, ni aceptar encargos de guion, aunque, a lo mejor —le diste una vuelta optimista—, ¿podrías aprovechar para escribir el libro? Hacía muy poco que habías recibido el dinero de la herencia de tu madre, como si apareciera justo ahora que ibas a necesitarlo (no podías evitar ponerte un poco cósmica al respecto). La idea era guardarlo para, algún día, pagar la entrada de una casa, pero ahora podría regalarte (así lo sentías, como un regalo suyo) tiempo.

Dadas las estadísticas tranquilizadoras, tú —en ese momento— no tenías miedo de morirte. Pero sí de otras cosas.

De perder tu pecho y sentirte una mujer mutilada, incompleta.

De ya no ser deseable (en el sentido amplio de la palabra).

De que pareciera que toda esa energía y fuerza —esa «juventud»— que tú desprendías era una falacia, porque en realidad eras perecedera y frágil, y todo tu estrés interno te había provocado un cáncer.

De que el puto ganglio centinela estuviera contaminado y entonces, seguro, seguro, necesitaras quimioterapia.

De que se te cayera el pelo porque tú siempre lo habías llevado larguísimo, como una sirena (eso le dijiste, sí: «como una sirena»).

De que la gente empezara a hablar de ti como «la que tiene cáncer».

De poder parar y permitirte el «lujo» de enfermar.

Pero lo que más miedo te daba en realidad era la culpa que te corroía por sentirte tan frívola y preocuparte por estas cosas cuando tantas otras mujeres, como tu editora, no habían corrido la suerte de un buen pronóstico.

El día de la operación, tumbada en la camilla, se te acercó el anestesista (en su gorro de quirófano, la lengua de los Rolling Stones). Te dijo que pensaras en algo hermoso para, un-dos-tres-cuatro-cinco-seis-siete-ocho-nueve-diez, caer profundamente dormida. Verías qué bien, que no te ibas a enterar de nada.

Te encontraste en una playa.

La más hermosa en la que habías estado nunca. Cayo Jutías, en Viñales, Cuba.

La arena blanquísima se escurría entre tus pies.

De espaldas, sentada en una esterilla, había una mujer con un sombrero de ala ancha, observando un mar tan azul que parecía imposible.

Te acercabas, el calor impregnando tu piel, y descubrías que era tu madre. Joven, guapa, con una piña colada en la mano.

—¿Qué tal? —le decías contenta—. ¡Que hace mucho que no te veo!

—Pues estupendamente, ¿cómo voy a estar, aquí? —te contestaba ella.

Cierto, pensaste tú. Y te sentaste a su lado, compartiendo la bebida, en paz. Pero el mar sonaba raro. No como si estuvierais las dos ahí, sino como si lo escucharais a través de una caracola.

Cuando despertaste, en la sala de reanimación, sentiste la prótesis bajo tu pecho —tu teta nueva— como la roca que Sísifo, castigado por los dioses, empujaba cada día cuesta arriba para, una vez alcanzada la cima, verla rodar hacia abajo. Y así, eternamente.

Pronto, ya en planta, te comunicaron que el ganglio no estaba contaminado. Esto era muy buena noticia porque significaba que el cáncer no se estaba extendiendo y que, por tu edad, entrarías en un «test genómico» que indicaría si finalmente necesitarías quimioterapia. Era muy probable que no.

Tu prima, que tiene tu misma edad, se quedó contigo las siete noches que dormiste en el hospital, los drenajes adheridos a tu cuerpo. Cenabais ensaladas envasadas en plástico, veíais *First Dates*, les deseabais el amor (y la pasión desaforada) a todos, hacíais listas de actores que os ponían y hablabais de cuando erais jóvenes.

Ya en casa, tu marido te regaló algunos ensayos de mujeres que habían escrito sobre el cáncer. Los clásicos, como los de Susan Sontag y Audre Lorde. Y otros más recientes, como los de Annie Ernaux, Suleika Jaouad o Anne Boyer. Os enamorasteis hablando de libros y sabía que tú, según la ocasión, tendías a ponerte temática.

La literatura, para ti, siempre ha sido un consuelo. Tu amiga, la de la dicción tan perfecta que parece hablar en verso, te dijo, en el funeral de tu madre, que si entendías tan bien a Virginia Woolf y a Sylvia Plath, ¿cómo no ibas también a comprender la tristeza de tu madre en sus últimos años? Volviste a leerlas y a empatizar con su depresión; nadie más podría haberte ayudado tanto.

Boyer escribía que la depresión era un trastorno del pasado; la ansiedad, del futuro y el trauma, del tiempo alterado.

Tú te sentías presa en ese tiempo alterado. Esta enfermedad no te correspondía a ti.

Encima ahora, que tenías un contrato para escribir un libro (¡joder!).

Estabas tan enfadada que dejaste de contestar a los mensajes con deseos de fuerza, energía y luz. Te agotaba sentirte tan rodeada de amor y, aún así, no tener ganas de hablar con nadie. Al final del día, te forzabas a devolver la llamada a tus amigos y, aunque sabías que querían escuchar que estabas bien, fuerte, les decías la verdad: o sea, todo lo contrario.

Cuando en el hospital te cambiaron la venda del pecho amputado y viste la prótesis por primera vez, lloraste tanto que el médico quiso remitirte a un psiquiatra especialista en este tipo de «trastornos». Le mandaste a la mierda. Lo mínimo era entristecerse, ¿no? Vamos, te parecía a ti. La enfermera, que entró a cambiarte la vía del brazo, quiso distraerte del llanto y te preguntó por el tatuaje de la muñeca derecha. Entre lágrimas, le explicaste que era «hook», por el Capitán Garfio, el pirata que perseguía a Peter Pan.

—Anda, mira tú —dijo ella—: una profecía.

Entonces, lloraste más.

En tus días de cama, mirabas Instagram. El ajeno, pero más el propio. Examinabas tu perfil, con todas tus fotos, como si estuvieras *stalkeando* a otra persona. Te preguntabas qué impresión causarían en alguien que de verdad te espiara (si es que eso fuera a pasar alguna vez, ahora que eras una persona enferma).

Dudabas si contar en redes lo que te estaba pasando. Muchas personas, tanto enfermas como supervivientes, lo hacían, seguidoras del lazo rosa, heroínas de fortaleza. ¿Por qué tú no te sentías así?

En tu *stalkeo* a ti misma, viste a «otra»: una persona ávida de performar juventud a toda costa (en lugar de mediana edad), de dar la sensación de que era «guay» (en oposición a ser un «rollo») y de presumir de llevar una vida «auténtica» (o más bien nada convencional).

«Evanescencia juvenil», lo llama el sociólogo Frank Furedi. Un afán romántico que contribuye al vaciado gradual de la identidad adulta y al halo de desesperación que nos asola cuando la juventud física o mental comienza a perderse.

El caso es que, antes del cáncer, tú te sentías con diez años menos de los que tenías. Y eso se reflejaba en la galería de fotos como una edad indeterminada, fantasmagórica, sin aura.

El *Homo instagramer* es también un *Homo fictus* pero este, en lugar de mostrar su vida secreta, muestra la vida que desea.

En sus *Diarios del cáncer*, Audre Lorde, que fue mastectomizada en Estados Unidos en los años setenta, escribía que su convalecencia se había visto invadida por varias ráfagas de duelos. Por su pecho perdido, por el paso del tiempo, por el privilegio del falso poder que le había conferido, anteriormente, ser joven y saludable.

Según ella, la medicina se agarraba a la nostalgia de las pacientes, para defender la «peligrosa fantasía de la reconstrucción». Y es que, después de una mastectomía, existían sentimientos de querer volver atrás y no perseverar en esta experiencia, fuera cual fuera la enseñanza que conllevara. Con esta «reafirmación estética», pensaba Lorde, lo que se daba a entender era que esas penas no importaban, puesto que una «falsa apariencia» de «mujer completa» debía paliarlas.

Nadie quería ser testigo de cómo un ejército de mujeres de un solo pecho iba invadiendo el universo.

En tu caso, no te arrepientes de la «fantasía» de no parecer amputada.

Mejor así.

La escritora, además, escribió en sus diarios sobre otro duelo: «El desgarro de separarme de mi pecho fue al menos tan profundo como el desgarro de separarme de mi madre. Pero lo superé una vez, y sé que puedo superarlo de nuevo». Leyendo el libro de Lorde, te preguntaste cómo podía ser que, prácticamente, se metiera en tu pensamiento.

Algo que descubrirás con el cáncer es que, hasta ahora, creías que solo a ti te ocurrían determinadas cosas. Tener cáncer de mama y sufrir lo que ya han sufrido otras mujeres, por un lado, te acompaña; pero, por otro, te hace sentir menos especial.

Cuando terminaste de escuchar los audios de tus alumnos, tocaba responderles. Pensaste que te vendría bien distraerte de las paredes de tu cuarto. Te levantaste a coger tu ejemplar de *La señora Dalloway*, agarrándote la teta nueva que aún no dejaba de pesar. En la primera página, con una letra redonda que ya no tenías, descubriste tu nombre y la fecha en que la leíste por primera vez, a principios de los noventa, cuando estabas en la universidad. Las marcas en lápiz pertenecían también a ese tiempo.

Encontraste un triple subrayado en: «hablaban del matrimonio como si se tratara de una catástrofe».

Os encantaba esta frase, a ti y a un amante tuno (bueno, filólogo y tuno, que se sacaba las copas gratis) con el que follabas, antes de caer la noche, en un banco junto a la biblioteca de Clásicas.

Te encendiste, de repente.

El frío de la madera bajo los muslos.

Qué raro, qué absurdo, sentir tu cuerpo tan vivo.

Una vez te encontraste al tuno por la calle. Tú ibas con el bebé en el carrito y él te miró decepcionado porque tú, sí, tú —como *todo el mundo*—, te habías casado y habías tenido un hijo.

Un día cualquiera, sin avisar, te has convertido en Clarissa Dalloway.

La alumna de *Vogue* te envió el audio mucho más tarde que el resto de sus compañeros y se disculpaba profusamente y esperaba que te encontraras bien o, al menos, lo mejor posible. La respuesta se pasaba con creces de los cinco minutos establecidos.

Extracto del audio:

> Lo que le pasa a la señora Dalloway, yo creo, es que quiere asirse todo el rato a la felicidad de aquel verano de juventud en que pudo haber aceptado la propuesta de matrimonio de Peter Walsh, pero dijo que no. En aquel entonces, Clarissa pensaba que ese verano era el principio de la felicidad. Pero ahora se daba cuenta de que la felicidad era ese verano y no lo que venía después...

Otro extracto:

> A pesar del tono melancólico del libro, me parece que acaba de manera muy luminosa. O sea, pasado el tiempo, ya ambos mayores, con cincuenta años, Peter entra en la habitación donde está ella y... piensa eso de «¿qué era aquel terror? ¿Qué era aquel éxtasis? ¿Qué es esto que me llena de tan extraordinaria excitación? Es Clarissa, dijo Peter. Sí, porque allí estaba». Y esto es precioso, ¿no? Tiene un montón de belleza. Me parece, no sé, que tiene esa cosa del anhelo, pero que también es como... ¿sublime, casi?

Extracto final:

> Bueno, pues eso. Y nada, que oye, que... mucha suerte con todo..., y con tu libro..., que, ahora que te ha pasado esto, supongo que lo contarás, ¿no?

A esta, un 10, pensaste.

O sea que ella también pensaba, lógico, que, dada la temática del libro, el enfoque debía cambiar.

Tumbada en la cama, insomne como en la noche mil de la condena del pobre Sísifo, y con tu niño —tan precioso, tan intacto— dormido al lado, pensaste en si deberías introducir el cáncer, de alguna manera, en la narrativa. Pero ¿te atreverías a convertirte en personaje? ¿Analizar tu relación con el nacimiento, la muerte, el sueño y, como el *Homo fictus*, desvelar los pasiones, miedos, fantasías, comuniones y pecados que componían tu vida secreta?

Escribió Forster en relación con este ser de ficción: «Nuestros personajes se quedan con nuestros sueños».

# Ibiza

Algo que puede decirse con cierta objetividad sobre la isla es que la gente va allí desde hace siglos en busca de algo. Personas aventureras, confundidas, esperanzadas, agotadas, insatisfechas, perdidas. [...] Parejas de clase media que no encaran bien la madurez y se escapan un fin de semana para tratar de atrapar una chispa de juventud y sentarse en ella y disecarla.

JOSÉ MORELLA

Quedaron en verano, en París. Él escribía una guía de viajes en un apartamento del Marais; ella, la verdad, solo tenía por delante las tediosas vacaciones familiares, ¿por qué no visitarle? No se quería reconocer a sí misma que el chico le encantaba. Era un poquito arrogante, vale. Pero: 1) era extranjero; 2) era guapo guapo, tan guapo como una estrella de cine; 3) follaba increíble; y 4) ella lo sentía/vivía/narraba como el novio novelesco que debía, sin duda, poblar las mejores páginas de su juventud. Y es que X, qué raro, sentía una ligera melancolía por una etapa que aún no había terminado, pero que ya comenzaba a extrañar.

Se levantó desnuda, sudorosa, y buscó el mando del ventilador de techo. El CD de la Velvet Underground con el plátano en la portada, de fondo. El *traveller*, tumbado en el colchón, las sábanas blancas hechas un burruño. Llevaban tantas, tantísimas horas en la cama que parecían náufragos en una isla con una sola montaña en medio.

Se habían encontrado por casualidad en Edimburgo, en el *Hogmanay* que daba la bienvenida al 2000, «la fiesta de Nochevieja más grande del mundo». Cerca de la medianoche, el *traveller* iba con una chica canadiense como él, también superguapa, pero más alta. X, por su parte, iba con sus amigas de la Complutense, a quienes había matraqueado tanto con su experiencia Erasmus que querían conocer la ciudad. Ellos dos no habían vuelto a verse ni a hablar desde su despedida un par de años antes. Ante el *shock* inicial, apenas intercambiaron un par de frases. ¿Qué tal? Bien, bien. ¡Qué casualidad! Muy fuerte, ¿no? Y qué haces con tu vida, ¿sigues viajando?

Yo siempre, aquí estoy, ¿y tú? Bueno, yo estudiando cine, ya ves. ¡Oh, cine! ¡Tú siempre tan interesante!

Para frustración de X, un coñazo total de charla. Para sus amigas, un tipo con pinta de estúpido. No lo queríamos para nada.

¡Eso!

Pero unos meses después, y muy inesperadamente, él la llamó por teléfono a su casa de Madrid. Lo había dejado con su novia. Y, a ver, encontrarse por casualidad en una fiesta de doscientas mil personas no podía ser otra cosa que una señal cósmica: el universo les pedía que se dieran una segunda oportunidad.

—Bueno, visto así... —dijo ella, desde su cuarto, aún con la decoración entre infantil y adolescente.

—Yo lo tengo clarísimo —dijo él, desde su apartamento de París.

Apartamento donde ahora el ventilador de techo aireaba sus cuerpos como la brisa sobre un mar en calma, justo antes de llegar a tierra.

Con aquello de que X estudiaba guion en una escuela de cine, el *traveller* se esmeró en llevarla a ver películas todas las tardes.

En el Luminor Hôtel de Ville vieron un documental recién estrenado: *Les glaneurs et la glaneuse* de Agnès Varda. En español, *Los espigadores y la espigadora*: el autorretrato visual de una mujer mayor —bueno, *vieja*— que, sin pudor ni vergüenzas, filmaba su pelo ralo, sus manos irreconocibles, mientras reflexionaba:

No, no. No es «¡oh, rabia!».
No, no. No es «¡oh, desesperación!».
Tampoco es «vejez, ¡mi enemiga!».
Podría incluso ser «vejez, ¡mi vieja amiga!».
Pero, aun así, mi pelo y mis manos me dicen, incesantemente, que el final se acerca.

Después, en la película, Varda recogerá un reloj sin manecillas de la basura y lo pondrá en la mesa del salón. Sin manos, no se ve el tiempo pasar.

El *traveller* había vendido a la editorial Hachette un proyecto de guías de viaje *ballardianas* que partían de una cita de la novela *Milenio negro* de J. G. Ballard: «El turismo es el gran somnífero; una estafa colosal que ofrece a la gente la peligrosa ilusión de que existe algo interesante en sus vidas». Así pues, estas guías no eran para turistas de fin de semana, sino para nómadas que confundían sus biografías con los caminos. A la editorial le pareció estupendo, pero insistió en llamarlas «guías apócrifas». Para el *traveller* esto supuso ¡un agravio, una exigencia cutre, un bajón semántico al lado de *ballardiana*! Pero aceptó la nueva nomenclatura y firmó el contrato.

X y el *traveller* fueron también a un ciclo en el cine Balzac titulado «Las revueltas juveniles de Mayo del 68: ¿mito, revolución o realidad?», donde el programa era el siguiente:

Lunes: *La Chinoise*, de Jean-Luc Godard.
Martes: *Lion's Love*, de Agnès Varda (de joven).
Miércoles: *Grandes tardes, pequeñas mañanas*, de William Klein.
Jueves: *Todo va bien*, del colectivo Dziga Vertov.
Viernes: *El fondo del aire es rojo*, de Chris Marker.

En los cinco días seguidos de proyecciones y coloquios, X se aburrió soberanamente. No obstante, fingió interés infinito, y en cada uno de los pases hizo —por supuesto— alguna pregunta inteligente y audaz.

Aunque en el imaginario colectivo, Mayo del 68 se erige como símbolo del despertar juvenil, lo cierto es que el siglo XX ya venía concibiendo la idea de juventud como sujeto político desde mucho antes. Así, después de la masacre de la Primera Guerra Mundial, los jóvenes dejaron de ser la categoría pasiva que oscilaba entre la infancia y la vida adulta para ganar visibilidad como fuerza movilizadora en las trincheras, las calles y la vida social.

En los años treinta, milicias juveniles combatían en la guerra civil española, y bandas obreras se agrupaban en Londres o Berlín, ya fuera bajo banderas comunistas o fascistas. El joven se convirtió entonces en una figura central, cargada de ideales pero también de instrumentalización: la Juventud Hitleriana reclutaba desde los catorce años y en España las Juventudes Socialistas aceptaban militantes hasta los treinta y cinco.

Según explica la historiadora Sandra Souto Kustrín, lo que se fragua en el periodo de entreguerras no es solo una administración de edades, sino algo mucho más complejo: una construcción histórica del joven como sujeto moldeable, políticamente eficaz y que, además, pronto asumirá un valor simbólico. Después de la Segunda Guerra Mundial, la juventud desarrolla una «sensibilidad colectiva» (en palabras de Ortega y Gasset) que abraza las utopías igualitarias. En paralelo a la contracultura estadounidense forjada por los beats y los hippies, las grandes revueltas estudiantiles de los años sesenta —París, México, Roma, Buenos Aires— dan forma definitiva a la conciencia generacional.

El joven protesta por un mundo que no logra entender al tiempo que crea otras músicas, otros lenguajes, otras estéticas y otros deseos para tratar de entenderlo.

Aprovechando una reunión de quien parecía estar convirtiéndose en su novio (bueno, a esto mejor no darle muchas vueltas), X fue al cementerio del Père-Lachaise para hacer —qué gusto, por favor— un poco de turismo convencional. ¿Era un cliché visitar la tumba de Jim Morrison? Desde luego. Pero cuánto se emocionó X al llegar al sepelio de cemento gris, discreto desde que robaron el busto de mármol que lo decoraba. Ahora solo había una placa negra con el nombre del cantante —James Douglas Morrison— y una insignia en griego: *kata ton daimona eautou,* «fiel a su propio demonio». También flores, o de tienda o arrancadas de parques, y fotografías de su época más efébica. X se preguntó si su antiguo novio, el chico de las patillas, habría venido aquí, luciendo su tatuaje de *I am the lizard king, I can do anything.* Pensaba en él, a veces. Bastantes veces. También en los e-mails del holandés novelista, que la habían enamorado más que el chico en cuestión.

No sabía por qué se había metido a estudiar cine. Aparte de una asignatura de Adaptación Literaria donde forcejeaba con una versión de *El barón rampante,* se sentía como una impostora, sin la menor idea de guion. Un chico de su clase, muy cinéfilo —de esos que iluminaba las madrugadas con películas— adaptaba, mientras, *Memorias del subsuelo* de Dostoievski. Cuando él leyó su texto, en voz alta, describiendo una escena explícita de cómo el hombre del subsuelo empotraba a la prostituta Liza contra la pared, ella se sintió entre incómoda y excitada. ¿No le daba vergüenza escribir así, de manera tan visceral? El caso es que lo único que ella deseaba, en todo momento, era leer. Leer e-mails, leer libros, leer carteles, pero solo leer. Fumó un cigarrillo despacio, leyendo las advertencias terribles del paquete y escuchando conversaciones entrecortadas; un chico con una guitarra rascando los primeros acordes de *Spanish Caravan*.

Mientras, en las oficinas de la editorial Hachette, el *traveller* hacía un *pitch* —en una sala enorme con vistas al río Sena— sobre su próxima guía: Ibiza. Su intención era contar la isla desde los ejes invisibles que sostenían su leyenda. Uno de ellos, por ejemplo, era el *new age*. ¿Sabían los editores que había surgido de la era de Acuario? La conjunción de Plutón y Urano con Virgo en 1966 había encendido el hippismo, las revueltas del mayo francés, la psicodelia... Pero Ibiza no era únicamente el *new age*, sino un mosaico de artistas, *sannyasins*, fugitivos, danzantes, perforados...

—¿Perforados? —preguntó la directora editorial, una mujer que todas las mañanas sentía una honda melancolía cuando se ponía su traje de chaqueta y zapatos de tacón, perfectos e impecables.

—O trepanados —matizó el *traveller*—. Es una historia fabulosa, pero tendrán que esperar a que escriba la guía si quieren conocerla...

X, por su parte, siguió recorriendo el cementerio del Père-Lachaise. Se detuvo frente a un bloque de mármol negro compartido por la familia Proust. Encima, varios *tickets* de metro, bellotas y, escrita a lápiz, una nota: «Marcel, avec vous je n'ai pas perdu mon temps» («Marcel, contigo no he perdido mi tiempo»).

Al igual que en su guía de París el *traveller* no había hablado de la tumba de Proust (ese cliché) pero sí de los lugares inesperados donde podía vivirse la auténtica esencia de *En busca del tiempo perdido*, Ibiza se concebiría como el *melting pot* que era la isla: un caldero lleno de excesos, libertades, pero sobre todo de historias, historias, ¡historias! Porque ¿para qué viajaba la gente si no era para después contar historias?

Hizo una pausa, inspiró hondo y pidió un vaso de agua. Se había apasionado de más hablando, quizá. La directora editorial le dio la enhorabuena. Le pagarían el doble que por su guía de París, y además de su billete y alojamiento en la isla cubrirían también los gastos de un acompañante.

—Iré con mi novia —dijo él, bien contento.

Porque al *traveller*, aunque iba de alternativo, lo que más le gustaba del mundo era presumir de tener pareja formal.

X, completamente ajena a este nuevo estatus de formalidad, se quedó mirando los besos rojos que se esparcían por el ángel con aire egipcio que coronaba la tumba de Oscar Wilde. Metió la mano en el bolso; no llevaba pintalabios porque se derretía con el calor. Vio a una chica con ojos oscurecidos, góticos, que también parecía hacer turismo sola. Se le ocurrió pedirle prestado.

—¿Y si me lo robas de la boca? —fue su respuesta.

En otra circunstancia, X, quizá, se habría escandalizado, pero le parecía fatal no dejarle un beso a Oscar Wilde. Su aliento cálido, con aroma a tabaco, se mezcló con el sabor a chicle de fresa de la chica.

X llamó a su madre por teléfono a la casa de Madrid. No había nadie, así que dejó un mensaje en el contestador explicando que, de momento, no volvía. Su amiga que trabajaba en París la había invitado a quedarse unas semanas más y, total, para irse a la playa con ella y las tías y los primos... Ya volveré a llamarte, ¡adiós!

No quiso contarle ni el (aparente) noviazgo con el *traveller* ni, mucho menos, el viaje a Ibiza. Tenía motivos obvios para mentir: 1) su madre quería estar con ella siempre, todo el rato, y X ya tenía veinticinco años; libertad, por favor; 2) a la mujer, hacía poco, una pitonisa le había profetizado que su hija se casaría con un extranjero y andaba estresadísima con dicha posibilidad; y 3) a X le jodían inmensamente las disquisiciones de su madre sobre los «mundos paralelos» o las otras vidas del extranjero que, en realidad, nunca eran la real, según ella.

¿Tanto costaba entender, pensaba X, que ella tenía su mundo propio, con sus propias reglas, que nada tenían que ver con su madre?

Y aparte... con la matraca californiana que solía dar la mujer, no era precisamente la más indicada para hablar sobre el tema. Ni que fuera ella una experta en fantasía.

La crítica literaria Maria Nikolajeva —que, a diferencia de otras, sí sabe de lo que habla— apunta que los mundos paralelos no dependen solo de su contenido mágico, sino también de su arquitectura narrativa: algunos son cerrados, con mapas y reglas propias, como la Tierra Media de *El señor de los anillos*. Otros son abiertos, ambiguos, donde lo fantástico aparece como una grieta en lo real, un paréntesis que tarde o temprano se cierra... y al regresar, todo parece igual pero *ya no lo es*. Como en *Peter Pan* o en *Alicia en el País de las Maravillas*.

O —según escribió el *traveller* en su introducción a la guía apócrifa— como también ocurría en Ibiza, que no era un destino cualquiera, sino un santuario de baile, trance y conciencia alterada.

A pesar de la grandilocuencia de un marco tan mítico, la editorial alojó al *traveller* con su «más uno» en un hotel del West End de San Antonio, la zona más masificada y *trashy*. Un lugar al que X, desde luego, jamás habría soñado viajar, y mucho menos visto el panorama de recepción, comedores y piscina, atiborrado de turistas ingleses de la tercera edad con animación incluida. Era el único hotel que aún tenía plazas libres.

Remojándose en la piscina de agua caldosa, X, en bikini, besando al *traveller*, se sintió como una proyección del deseo de las señoras entradas en carnes, con bañador de cuerpo entero.

Nico, la cantante de la Velvet Underground, se refugió en Ibiza para huir de los estragos y adicciones de la fama. En una entrevista a la radio inglesa, manifestó que la isla era mágica: un día había salido a pasear descalza y cuando, pasadas las horas, ya le quemaban los pies, encontró unas sandalias sin dueña, justo de su talla.

El islote de Es Vedrà, el monolito marino que se alza frente a Ibiza como un emblema, ha estado siempre envuelto en leyendas: centros de energía, sirenas, ovnis... Pero el rumor más persistente lo señala como el último vestigio visible de la Atlántida, aquella civilización avanzada que, según Platón, fue tragada por el mar como castigo por su soberbia «en un solo día y una noche terrible».

En los años sesenta, un grupo de hippies —exestudiantes de ingeniería— descubrieron una cantera de piedra arenisca que formaba piscinas y cuevas naturales. Se instalaron allí y llamaron a su hogar Atlantis en honor al sistema de irrigación tan sofisticado que, según la leyenda, ostentaba aquella sociedad perdida.

Cuando fueron a alquilar un coche, el *traveller* le pidió a X que eligiera el color. Ella se decantó por uno azul claro, en perfecta sintonía con el mar..., como... azul desolación (sí, sí, esto dijo, tal cual). Condujeron con la música a tope hasta la cala de Atlantis, un rincón donde no se veía tan bien la puesta de sol como desde otros puntos de la isla. Pero el chico se negaba a ir a lugares como el Café del Mar. Le parecía un «terrible turismo pseudoespiritual» congelar un atardecer en la memoria con la banda sonora de *Carros de fuego*.

Caminaron por un sendero de tierra hasta alcanzar la playa.

—Esto es otra cosa, ¿no? —dijo el *traveller*.

X observó el reflejo de la luz sobre las distintas tonalidades del azul de las aguas. Pensó en que tenía que llamar a su madre, a quien le chiflaba *Carros de fuego*, la película y la música. Y oye, qué quieres que te diga, normal. X tarareó para sí el tema de Vangelis: *chan-chan-chan-chan-chan*... Sonaba bastante acorde con el espectáculo sublime del esplendoroso sol cediendo su sitio a su hermana la luna.

—¿Lo sientes? —dijo el chico conmovido—. ¿Lo estás sintiendo?

—¿El qué? —contestó ella, con la melodía omnipresente aún en la cabeza.

—*Le feu du joie* —explicó él—. El fuego de la alegría.

X sintió entre vergüenza ajena y amor total. Examinó los ojos turquesa del chico, tan melancólicos, desalentados. ¿Qué clase de consuelo buscaba él en Ibiza?

Le pareció que aquellas palabras merecían un abrazo. Sus cuerpos, al pegarse, se estremecieron; la arena, aún tibia, brillaba sobre su piel húmeda.

De vuelta al coche, caminaron de la mano.

Se cuenta la historia de un chaval alemán que viajó a Ibiza con unos amigos. Tras unos días de nocturnidad y desenfreno, sin dormir y «sin soñar» —le especificó a su padre en una carta—, decidió no volver a casa. Había bebido de la «copa de la felicidad» y no podía soportar regresar a la ciudad de cemento con el trabajo gris que extenuaba, día tras día, su deseo. Algunos dicen que se quedó a vivir en una discoteca, otros que se fue a la montaña o que, a lo mejor, se unió a una comuna. De día robaba comida y por la noche los culos de las copas. Se lavaba en los baños de las discotecas. Se vestía con chaquetas olvidadas o con la ropa que la gente se quitaba en la playa. Vivía una existencia feérica —entre neones, sudor y sal— en el corazón más profundo de la isla. Dicen que a veces se le ve en Amnesia: es el chico rubio que baila solo.

En el año 2000 las llamadas «Siete Magníficas de Ibiza» eran Amnesia, Pachá, Privilege (antes Ku), Es Paradís, DC10, Café Mambo y Space. En esta última, los domingos se celebraba una fiesta matutina en la que la gente bailaba bajo los aviones que despegaban del aeropuerto cercano.

Claro que ir a cualquiera de estas discotecas habría sido una ofensa para el *traveller*. Él se quedaba trabajando en la habitación del hotel de San Antonio y ella... ¿Sería posible que empezara a aburrirse?

No, seguro que no.

Él escribía sobre los intelectuales que se refugiaron en la isla en los años treinta, como Walter Benjamin, que huía del ascenso del nazismo. O un nostálgico Albert Camus, que pretendía apaciguar su tuberculosis.

Ella bajó a la cabina de teléfonos del hotel para llamar a su madre. Esta cogió el teléfono, nerviosísima. No se podía creer que justo llamara X, ¡menos mal! Acababan de robarle en el portal de casa, ¿te lo puedes creer? Los ladrones —qué hijos de puta, de verdad— aprovechaban el mes de agosto para atacar a una pobre mujer sola. Pero ¿estás bien? Obviamente, no lo estaba: el monedero le daba igual, todo era reemplazable. Pero justo llevaba unos zapatos forrados de seda verde que había encargado para la boda de la prima. Carísimos. Ya ves tú, para qué querrán estos sinvergüenzas mis tacones... ¡Menos mal que X había llamado! Era una señal de algo, ¿no? Demasiada casualidad, que la llamara justo ahora... ¿Y cuándo pensaba volver de París? No se le ocurriría no aparecer en la boda, ¿no? Qué susto, chica... Y media hora más hablando de los zapatos robados.

En aquel momento, X lo achacó a una de sus habituales extravagancias y no le dio más vueltas.


Él escribía sobre los hippies que llegaban en el barco Plus Ultra desde Barcelona. Durante la travesía cantaban o tomaban absenta en el bar. Los payeses los llamaron *peluts* por sus pelos largos. Algunos recibían cada mes cheques familiares para sufragar su «libertad»: eran los llamados *hippie checks*, hippies con pasta. Después estaban los hippies más verdaderamente hippies, que alquilaban fincas en el campo u ocupaban casas abandonadas.

Aquella contracultura, nacida como rechazo al consumo y al orden establecido, acabó absorbida por el mismo sistema que pretendía combatir: mutó en un turbocapitalismo en el que la rebeldía se transformó en marca y el estilo de vida en ideología. Lo alternativo dejó de oponerse a la corriente dominante y aprendió a venderse dentro de él.

Esa noche, mientras compartían un porro en la cama, X le contó al chico que sus padres habían coqueteado con el movimiento hippie en la California de los años setenta. Al *traveller* le dio la risa.

—Claramente serían de los hippies ricachones. Y claramente «coqueteo» es la palabra exacta —dijo.

X se ofendió, lo llamó gilipollas, pero hizo el amor con él igualmente. La marihuana adormecía sus sentidos.

Él le pidió perdón: a ella la amaba para siempre. Fuesen quienes fuesen sus padres. Viniese de donde viniese. Y esto a X, bueno, bueno..., le gustó muchísimo.

En su estudio *Global Nomads*, sobre la contracultura *new age* en Ibiza, el antropólogo Anthony D'Andrea explora el concepto del «paraíso paradójico»: refugios que prometen vidas alternativas y acaban reproduciendo justo lo mismo que pretendían evitar.

Ibiza fue uno de esos lugares, el enclave ideal para el campamento base en Europa del culto de Bhagwan Rajneesh (luego Osho). Sus seguidores, los *sannyasins*, llevaban túnicas en tonos rojos o naranjas y un collar de 108 cuentas, símbolo de la totalidad del universo y de los deseos terrenales que se debían purificar. Para Osho, Occidente vivía en el «engaño» del «yo» aburguesado, fabricado por instituciones como la familia, la escuela, el trabajo o la nación. Su propuesta era romper esas ataduras y reencontrar al «yo» auténtico, esa «pureza de juventud» que el mundo adulto aún no había «adulterado».

Sugerente, ¿no?

O al menos así se lo parecería al *traveller* muchos años después cuando viajó a la sede principal de Osho en Pune, India, para recuperarse de una depresión que le asoló durante la mediana edad.

Pero esa es otra historia que se contará en su debido momento.

Porque ahora, ¡por fin! —piensa la directora editorial de Hachette en su casa en París, quitándose, de noche, el traje de chaqueta y los zapatos de tacón—, llega la historia de los perforados.

O trepanados.

La trepanación consiste en abrir un agujero en el cráneo. Antiguamente se creía que así escapaban los demonios responsables de la locura o la depresión. En la actualidad, solo se usa como acceso quirúrgico para extirpar tumores cerebrales.

Bart Huges, sin embargo, se perforó el cráneo por otras razones. Bibliotecario holandés, en los años sesenta importaba cannabis de Ibiza a Ámsterdam y estaba convencido de que la trepanación aumentaba el riego sanguíneo en el cerebro y recuperaba el flujo cerebral de la infancia, cuando el cráneo aún no se había cerrado del todo. Según relata José Morella en su novela *West End*, Huges creía que así se regresaba al estado espiritual de los ocho años: la neurosis se atenuaba, la angustia desaparecía, y uno recuperaba la capacidad de asombro de los niños sin perder la lucidez de los adultos.

En resumen: el estado perfecto. Un tercer ojo discreto, oculto por el pelo, como el que prometía aquel best seller fraudulento de Lobsang Rampa, el supuesto monje tibetano que en realidad era hijo de un fontanero inglés.

En una de esas noches en que el *traveller* seguía escribiendo, X se emborrachó con una señora cualquiera acodada en la barra del bar del hotel. Le entró la culpa. Para eso, podría estar bebiendo con su madre en Madrid o en alguna playa del sur. Cuando subió a la habitación, su novio (sí, había que reconocer que ya eran novios) se había quedado dormido con un libro de Camus sobre el regazo: *El mito de Sísifo*. Ella le besó en los labios como a una princesa dormida. Le jadeó en la oreja. Él se despertó. Ella le pidió que le susurrara «Camus» con su maravilloso francés, tan sexy: KA-MIU.

Por favor...

Cómo le ponía.

Se tumbó encima de él, aspirando su aroma a verano y sueño.

Vale que no quisiera ir a las discotecas, dijo X, pero ¿y a una rave?

Se tragaron unas pastillas de éxtasis y se montaron en el coche azul desolación. Pusieron a todo volumen el CD de la Velvet Underground con el plátano en la portada. *There she goes again [there she goes] she's out on the streets again [there she goes]*. X aceleró y el motor retumbó al ritmo de sus corazones desbocados.

Hubo un mes que estuviste en cama tras un accidente de coche. Pero no fue en Ibiza.

En aquella ocasión, te visitó un montón de gente a todas horas y la convalecencia fue como una fiesta. Tu amigo, el músico de jazz, de hecho, lo recuerda como un *highlight* total de vuestra juventud. Y lo fue.

Ahora, sin embargo, no quieres ver a nadie.

Cuando parece que estás mejor, sin tantos dolores, vas por fin a la revisión. No te apetece ir acompañada. Te dirán, seguro, que todo está bien, y que no necesitarás la quimioterapia.

Podrás reconquistar tu vida.

Mientras esperas a que llegue la hora de la consulta, te haces varios selfis en la puerta del hospital para enviarlos luego, cuando salgas. Eliges uno en el que tienes buenísimo aspecto y cuya reacción pretende ser «Quién diría por lo que está pasando, la pobre mujer».

La doctora te dice que la prótesis se ajusta bien, aunque te duela tanto. Pero los análisis muestran que la zona aún conserva rastros del tumor. Hay que volver a intervenir. Nada grave: una segunda operación de ampliación de márgenes. Es relativamente común. Así nos quedamos todos más tranquilos, dice.

No le mandas el selfi a nadie. Tiemblas. Te sientas en un banco de la calle. Respiras hondo. Llamas a tu marido, que comparte tu estupor.

En el quirófano, el anestesista (esta vez con un gorro con el logo de los Ramones) te dice que pienses en algo hermoso. Un-dos-tres-cuatro-cinco-seis-siete-ocho-nueve-diez...

Te ves dentro de un coche azul desolación recorriendo una carretera de montaña.

Las ventanas abiertas, el aire en tu cara.

Una urgencia en el estómago de bailar y bailar y bailar y bailar y bailar hasta caer al suelo. Como la reina del cuento que se miraba en el espejo, obligada a danzar con zapatos de hierro al rojo vivo, hasta caer muerta.

Vives la nueva convalecencia con ese vacío que se queda en el cuerpo después de una fiesta, cuando la música y las risas de los invitados se van apagando hasta contagiarse del silencio de la rutina.

La roca de Sísifo en tu pecho te comprime el corazón.

Le pides a tu marido que te traiga al hospital el *Dictionary of Obscure Sorrows*, un diccionario de penas sin nombre para las que su autor, John Koenig, inventa palabras.

Tú te sientes exactamente como en esta pena:

> *ghough* (onomatopeya de fauces hambrientas. Se pronuncia «jawkh», aspirando el aire con fuerza hacia dentro, como si te fueras a ahogar).
>
> Un lugar hueco en tu psique que jamás podrá llenarse; una avidez insaciable por más alimento, más elogios, más atención, más afecto, más alegría, más sexo, más dinero, más horas de sol, más años de tu vida; un estado de pánico ante la idea de que todo lo bueno te será arrebatado demasiado pronto y que te empuja a devorar el mundo antes de que este te devore a ti.

JAWKH-JAWKH-JAWKH-JAWKH-JAWKH-JAWKH-JAWKH-JAWKH.

Piensas que tu libro —sí, ese que no estás escribiendo— también podría inventar una palabra que defina este terreno ambiguo en el que te mueves. Durante las largas horas de hospital, tu cuerpo se consuela fantaseando con cómo será ese libro.

Y una de las historias que podrías contar en él sería esta:

Un hombre y una mujer, adeptos de Bart Huges, se instalaron en una cueva del norte de Ibiza. Los dos se agujerearon el cráneo con un taladro eléctrico y, según los registros médicos del hospital de Santa Eulalia, sus cicatrices se curaron en urgencias sin mayor complicación. Cada noche hacían el amor como si fuera la primera vez y cada día observaban la salida y la puesta del sol sin elucubraciones espirituales ni bandas sonoras ni *chill outs*.

Solo con el eterno asombro de los niños.

Cuando la directora editorial de Hachette terminó de leer esta historia, se sirvió una copa de vino y se echó a llorar.

Normal.

Tú también.

# Juvencolía

No entiende lo que lo separa de esos chicos que están en el jardín de al lado. También él ha sido joven. Y héroe. Lo han adorado, ha sido feliz y se ha sentido lleno de energía, y ahora se encuentra inmóvil en una cocina a oscuras, privado de sus purezas atléticas, de su impetuosidad, de su buena presencia: de todo lo que significa algo para él. Siente que las figuras del jardín cercano son los espectros de alguna fiesta del pasado en la que están ligados todos sus gustos y deseos, y de la que se ha visto cruelmente apartado. Se siente como un fantasma en la noche veraniega, enfermo de añoranza.

JOHN CHEEVER

Total, que entre historias y mundos y convalecencias, te inventas una palabra.

**juvencolía**

*n.* (del latín *iuventus* + griego *melancholía*)

1. Una tristeza suave que aparece al intuir que no eres la persona que tu juventud prometía.
2. El anhelo de volver a habitar tu cuerpo sin miedo, sin cicatrices, como si la piel no guardara memoria.
3. La obstinación de no dejar que el tiempo devore todo aquello que una vez te hizo arder.

Y hasta imaginas también un test de revista para identificar a los *juvencólicos*.

¿PADECE USTED DE JUVENCOLÍA?

Responda con sinceridad a cada afirmación según cuánto piense que le representa.

Nunca (1 punto)
Rara vez (2 puntos)
En ocasiones (3 puntos)
Con frecuencia (4 puntos)
Siempre (5 puntos)

1. Así, sin darle muchas vueltas, usted siempre afirmaría que cualquier tiempo pasado fue mejor.

2. Si le piden que cierre los ojos y visualice su «esencia» o «verdadero yo», reconoce a una persona apasionada, sana, atractiva y, por qué no (es su fantasía, al fin y al cabo), casi inmortal.

3. Camina usted por la calle y se fija en alguien que le resulta familiar. Se da cuenta de que le recuerda a una persona conocida pero *cuando era joven*, de manera que es una especie de cruce entre dimensiones temporales; imposible que fuera realmente quien usted pensaba.

4. En otro escenario, se encuentra con alguna cara de su pasado y piensa: «¡Cómo ha envejecido!» sin caer en la cuenta de que probablemente estén pensando lo mismo de usted.

5. Ve a gente joven (o ficciones con personajes jóvenes) y tiene sentimientos físicos (que le escalan por la tripa) de nostalgia o incluso recuerdos (quizá falsos) de cómo era sentirse así. Es decir, vive un duelo hacia cómo usted *era* capaz de sentirse (y, se entiende, ya no).

6. Una situación como la siguiente le deprime: recuerda al actor Val Kilmer interpretando el papel de Jim Morrison en *The Doors* de Oliver Stone (1991) y, aunque a Morrison no se le vio envejecer, sí ha observado el progresivo declive, cáncer de garganta y deterioro físico de Kilmer con la misma estupefacción que ver marchitarse a una flor en *fast-forward*.

7. Casi todo lo que se asocia habitualmente con el mundo adulto (responsabilidades, hijos, achaques, hipotecas, enfermedades, pérdida de deseo) le parece tan aburrido y tedioso que se pegaría un tiro.

8. La cultura actual moldea profundamente nuestra experiencia del tiempo y del cuerpo, generando un desfase entre la edad crono-

lógica (la biográfica) y la edad subjetiva (cómo se percibe uno a sí mismo). Diría que, como le pasa a la mayoría de las personas a partir de los cuarenta, ¿se siente unos diez años más joven que su edad real?

9. Si le diesen la oportunidad de ser joven de nuevo, diría que sí de inmediato, sin pensar en lo que perdería durante ese viaje en el tiempo y sin necesariamente saber «lo que ya sé» (se trata de volver al sufrimiento o a la pureza de entonces, o a cómo quiera usted llamarlo).

10. De poder elegir un paraíso *post mortem*, le encantaría algo como San Junípero, el episodio de la serie *Black Mirror* donde la eternidad trascurre en bares de la costa californiana, siempre joven y con la banda sonora de la propia juventud de cada uno.

11. Con la edad se ha vuelto usted sentimental: abraza más a la gente, les dice cuánto los quiere y se descubre más «moñas» que nunca, atrapado por un repentino afán de «amor mundi», esa actitud existencial que, como decía Hannah Arendt, nos hace reconciliarnos con el mundo de alrededor.

12. Se desvela algunas (muchas) noches y fantasea con escapar de la grisura y «adultez» de sus días y huir a un mundo paralelo donde nadie le obligue a crecer.

13. Su relación con la libido es como la de un escritor ante la página en blanco: a veces se bloquea, otras se desfoga con furia, pero nunca puede dejar de pensar en ella. ¿Qué escribiría usted en esa página en blanco? La libido es uno de los mayores misterios del cuerpo, del alma, de la vida entera.

14. A pesar de la edad que tiene y de algunas opiniones generalizadas, cree ¡que aún le queda muchísimo por vivir! (Y en sus propias carnes, no en proyección hacia las ajenas).

15. En una fiesta en la que hay un grupo de gente más joven, usted no se queda lejos, observándolos, como un «fantasma en la noche veraniega», sino que siente auténtico asombro por la soberanía del paso del tiempo: algo que afecta a todo ser humano por igual y que, sin embargo, todos sentimos de manera muy íntima.

Sume sus respuestas y obtendrá los resultados del test.

Entre 15 y 30 puntos: ENHORABUENA.
Usted acepta los años que tiene y sabe encajar las responsabilidades y dolores que conlleva la vida adulta. No es fácil abrazar la edad con semejante serenidad. ¿Cuál es su secreto?

Entre 31 y 50 puntos: NI LO UNO NI LO OTRO.
En su caso, el conflicto es evidente: ¿es usted joven o viejo? Parece situarse en un punto intermedio. Unas veces se muestra jovial y ligero; otras, el peso del mundo adulto se le echa encima y, en ocasiones, incluso consigue vivir en una dulce ajenidad.

Entre 51 y 75 puntos: JUVENCÓLICO/A PERDIDO/A.
Se niega a hacerse mayor «del todo» y, a menudo —aunque no siempre—, vive preso de un desencanto suave, entre el anhelo y una resaca melancólica por la juventud perdida. Pero conviene preguntarse: ¿es eso necesariamente negativo? ¿No le insufla acaso más ganas de vivir? ¿No debería la juvencolía entenderse como un acto de perplejidad o resistencia ante el paso del tiempo? ¿Y si lo verdaderamente inmaduro fuera renunciar del todo a la posibilidad de sentirse joven? Tal vez no se trate de ser joven para siempre, sino de habitar un estado juvencólico: no perder de vista quienes fuimos. ¿Acaso no es eso también una forma de rebeldía, con lo que nos gusta?

# Klondike

Las cadenas de oro te unían a los grandes mitos
y cuentos de hadas [...]; al gran peso del mundo,
aunque fueran más ligeras que una pluma.

ANNE LAMOTT

Es bien conocido que, en el arte de la persuasión, primero hay que ganarse al auditorio y después manejarlo al antojo de quien corresponda. Luella Day lo sabía mejor que nadie porque, como antigua médica, había comunicado muy malas noticias y, como buscadora de oro, se las había tenido que ingeniar con farsantes, mentirosos y gente de toda calaña imaginable para, finalmente, salirse con la suya.

Al poco de llegar al pueblo, ya acogía a las señoras de Saint Augustine los martes y jueves en el salón de su casa. Con la creciente confianza que dan los círculos femeninos (y su oficio, claro), había ido enterándose poco a poco de los achaques correspondientes de cada una. La dueña de la sastrería no podía tomar alimentos de color rojo —tomates, pimientos, guindillas, fresas— porque percibía que le hinchaban en exceso. La mexicana tenía migrañas y se pasaba los días en cama salvo los martes y jueves cuando, insólitamente, solía encontrarse mejor. Y la pobre Emily, a quien Luella había mal juzgado de primeras como constreñida, tenía un hueco en el pectoral que rellenaba con algodones en el sujetador y que, en sus ratos de intimidad, se quitaba para poder «respirar». Luella lo había sospechado al fijarse en su extraña postura, algo deformada en la parte superior de la espalda, síntoma de la mastectomía radical de Halsted. Hacía apenas cinco años —en 1895, aproximadamente— había empezado a practicarse en el hospital de Chicago donde antes trabajaba. Era un procedimiento terrible, muy agresivo, que presumía de arrancar pecho, músculos y ganglios axilares y, con ello, zafarse del cáncer, ¡ZAS!, de cuajo. Y también, de paso, apagar la dignidad de las mujeres, que no solían tener ni voz ni voto en esta barbarie.

—En fin, queridas, qué les voy a contar que no sepan....
—y Emily sonrió, sintiéndose comprendida.

De todas las mentiras que Luella había contado en su vida, una era que había dejado la medicina porque no podía soportar el canon masculino que ahora, ella, sufría en sus carnes. Las turbulencias de su climaterio no eran en absoluto prioridad para la medicina patriarcal. Claro que, a sus cuarenta años (que se suponía eran treinta), las mantenía en absoluto secreto, dado que, supuestamente, seguía en edad fértil y su marido, Edward, buenas ganas tenía de demostrarlo.

El caso es que se encontraba ella en plena fase de cuestionamiento hacia el sistema —continuó con las señoras—, cuando su secretaria le enseñó un artículo del periódico sobre los recientes hallazgos de oro en el Klondike.

Ambas lo miraron fascinadas y la chica, conocedora del espíritu de su jefa, le dijo:

—¿Por qué no emprendes viaje hacia allá? Seguro que puedes ejercer la medicina de la manera que quieras, y a lo mejor hasta te llenas los bolsillos, ¿no?

Luella no se lo pensó dos veces.

Según la crónica de viajes que escribió después, su respuesta fue:

—Sí, *iré* al Klondike; sí, *atenderé* a los enfermos; y sí, *haré* una fortuna.

Cuando Luella llegó a Saint Augustine, hizo temblar a la población —y hasta al mismísimo paisaje— con sus chismes del Klondike. Y más o menos sonarían así, porque así fue, más o menos, como ella misma los contó en su libro *La tragedia del Klondike*:

El oro, desde tiempos de los Aztecas, es una enfermedad para la que nunca habrá remedio. Por eso se dice que hay quien se contagia de la «fiebre» del oro. Yo la conocí bien desde niña porque mi padre la sufrió en California, allá por los años setenta. ¿Y quién me iba a decir a mí que acabaría siguiendo sus pasos en el Klondike, en otoño de 1898?

Cuando la fiebre estalló y los periódicos comenzaron a hablar del Yukón —ese vasto territorio del noroeste, entre Alaska y Canadá—, el granjero soltó el arado, el mecánico abandonó sus herramientas, el empresario cerró la oficina y todos giraron su cara hacia la nieve, como cuando la visión del amado nubla la mente y arrasa con lo demás.

Cruzar el continente no era tarea fácil, solo se atrevían los más valientes o los que ya no soportaban el hartazgo de su vida. Yo no sabría decir a qué grupo pertenecía. Mis decisiones siempre habían sido así: impetuosas. ¿Se imaginan ustedes cuánto excitan los terrores de lo desconocido y lo indescifrable? Pues la lujuria del oro, como otras que yo conozco bien, es una llama imposible de apagar.

Cogí un tren a San Francisco. Vagones llenos, sobre todo de hombres hablando de lo mismo: el nuevo El Dorado, la tercera gran fiebre del siglo. Desde las ventanillas vimos el Golden Gate Park, un parque recién construido, la esperanza verde entre tanta ambición. Por suerte una paciente del hospital que me tenía en gran estima me proporcionó una carta de recomendación para un familiar que se dirigía al Yukón a instalar una línea telefónica con otros tres hombres. Gracias a estas personas cultivadas me salvé de lidiar con los más broncos.

Zarpamos el 5 de febrero en el Umatilla.

Podría contarles más de estos hombres, pero, señoras, honestamente, carecían de todo interés. Como nuestros maridos. O al menos, el mío.

[Aquí, el auditorio rio, claro está].

Habitar ese barco era como instalarse a vivir en las heladoras catacumbas de París. A los dos días llegamos a Victoria, en la Columbia Británica. Desde allí, muchos tendríamos que atravesar el paso de Chilcoot a pie. Ya habían muerto tantos en esa travesía que las autoridades daban un hatillo de racionamiento: beicon, harina, judías, tomates enlatados. Nada demasiado epicúreo, pero lo justo para nutrirse sin añadir peso al equipaje.

Una vez que llegamos a puerto, descubrimos que el barco para el que teníamos pasajes nos había dejado varados. El siguiente, el Clara Nevada, regresaba del Klondike y debía salir en tres días. Pero no llegaba. Ahí esperaban las madres, esposas y amantes de los mineros que regresarían, Dios mediante, con sus tesoros. Cada amanecer, aparecía más gente.

Un marinero con parche de pirata, apodado Black Jack, subía tres veces al día a una loma cercana para escudriñar el horizonte. Pero nada. Mientras, el muelle hervía de hombres que forzaban la vista como náufragos en un desierto. Un día, apareció por fin un barco a lo lejos. Pero Black Jack negó con la cabeza: «Ese no es el Clara Nevada». Al parecer, el barco, y todo su oro —fruto del sufrimiento de tantos y tantos hombres—, se había hundido. No quedó rastro: ni supervivientes, ni tripulantes, ni pasajeros. Un agujero negro en el agua.

Tuvimos que esperar diez días más hasta que llegó otro barco. El deseo de alcanzar las minas de oro es, creedme, la pasión más fuerte que pueda sentir un ser vivo. La espera, nunca mejor dicho, se volvió desesperante. Vestíamos con ropa de viaje que se ensuciaba. Las mujeres llevábamos, como mucho, seis conjuntos, y nos negábamos a estrenarlos aún. Los hombres jugaban a las cartas, apostando el poco dinero que tenían. Nosotras hablábamos sin parar, soñando con la futura fortuna que nos había sacado de nuestra casa, de nuestra otra vida. Compartir ese anhelo nos unía: ya fueras médica como yo, o bailarina de cancán con una peluca en el baúl que no te hacía parecer ni joven ni vieja, o «entretenedora» de buscadores, allí éramos todas como niñas pequeñas, llenas de sueños.

Aunque sueños sin dormir, eso sí, porque dormir, ni una pizca. Las noches eran negras, y el puerto parecía pintado con brochazos de sombras, como en un cuadro de Rembrandt.

Por fin llegó el Islander. Subimos unas setecientas personas, además de cien caballos y sesenta bueyes. También había provisiones por doquier, ochocientos bultos de equipaje y novecientas toneladas de carga. Llevábamos de todo: trineos para los perros, picos, palas, hachas, bandejas para cribar oro, raquetas de nieve… ¿Saben cómo se criba el oro? El buscador echa una pala de tierra en la batea, la mete en un cubo con agua y la sacude varias veces. Primero desaparece el barro, luego la grava… y al final lo único que queda en el fondo son las pepitas.

El oro no se deja arrastrar.

Se aferra al fondo.

Como algunas pasiones.

Se podría escribir un libro entero sobre la gente que conocí en el Islander. Los más fascinantes eran los buscadores ya veteranos, curtidos por el reflejo del sol en la nieve. Contaban historias del 49, del terror de quienes perecieron en Death Valley. Yo conté la historia de mi padre, que buscó oro hasta que se le quebraron los huesos. Había también primerizos: profesores universitarios, banqueros arruinados, abogados, empresarios. Y otras mujeres. Me hice amiga de una señoritinga inglesa que iba en primera clase y no paraba de quejarse. Del mareo, de las galernas. Decía que aquello era una estafa. Lógico, porque a ratos lo parecía.

Pero nada fue tan dramático como quedarnos sin agua.

El capitán nos tranquilizó. Haríamos una parada en un poblado indígena llamado Bella Bella, ya solo a cuarenta millas de nuestro destino. Pero no llegaríamos hasta el amanecer. Las reservas de cerveza y vino menguaban con rapidez. Algunos hasta bebieron salsa Worcestershire, de la tremenda sed que tenían.

Esa noche —y les prometí que hablaría de él— fue cuando vi a Marshall Bond por primera vez. Su mirada indómita dominaba la cubierta: la postura erguida, los brazos elocuentes, su arrogancia curtida en tormentas.

¿Se imaginan cómo sería un hombre que personificara la aventura, sin más? Pues ese era Marshall. Se sostenía en pie en cubierta, contando una leyenda del poblado. Según él, años atrás, un barco como el nuestro había atracado en Bella Bella. De noche. Todos dormían. Un grupo de nativos subió a bordo y mató a la tripulación para saquearlos. Decían que hasta los ojos les habían robado.

Y la voz de Marshall sonaba tan temeraria como un barco a la deriva.

Esa madrugada, y nosotros sin agua, el cielo nos regaló una tormenta. Los relámpagos eran tan terribles como hermosos. Algunos se escondieron en sus literas. El viento, al suspirar, parecía cantar un réquiem por los muertos de la leyenda. La maleza, cubierta de hielo y nieve, asumía formas grotescas, como en un sueño febril.

A la luz de los rayos, Marshall parecía mitad cadáver, mitad héroe.

Y yo ya solo podía mirarle a él.

*Universidad de Yale. Biblioteca Beinecke de Manuscritos y Libros Raros. Colección Marshall Bond. Número WAMSS S-2358. Caja 3. Carpeta 73. Artículo: Diarios del Klondike 1897-1898.*
Del tamaño de tu mano, un cuadernito de tapas color burdeos. En la primera página, a lápiz, el nombre: Marshall Bond. La letra es inclinada pero pulcra. Transmite una mente ordenada. Con apenas pocas frases consigue narrar el frenesí y aburrimiento del buscador de oro prototípico.

El diario es de 1898, pero Marshall tacha los días de la semana y, debajo, escribe el siguiente, o sea que seguramente fuera un cuaderno caduco, del año anterior.

A ti te fascina leer ese gesto tan íntimo y extraño que supone la escritura «privada»: tantísimas personas a lo largo de la experiencia humana que han sentido la necesidad de contar su historia, aunque sea para sí mismas, en unas páginas en blanco.

Y este hombre —treintañero entonces— te cae bien nada más leer un par de páginas.

Cada día apunta la temperatura exacta, que hiela, del exterior.

Habla de «pasárselo en grande».

Cuenta que «el fonógrafo fue un verdadero deleite y nos transportó, a miles de kilómetros, lejos del Klondike».

Comparte anécdotas de un montón de amigos y cenas y de salir a bailar en el Yukón y ver a las chicas del cancán con sus melenas exuberantes.

Salpicado entre las palabras, siempre: oro, oro, oro, oro, oro, oro, oro, ¡ORO!

Y un montón de frases sobre la nieve.

Que si la nieve sobrevuela el horizonte.

Que si el viento peina la nieve como si fuera un presagio.

Que si siente que los ojos le van a estallar, tan blanca es la nieve.

El domingo 10 de enero, Marshall tacha «domingo» y escribe «lunes». Continúa, con trazo firme, a lápiz:

> 4 grados bajo cero. Cielo despejado. No bajé al centro hasta por la tarde. No conseguí encontrar a Harper. Cené con LU [en mayúsculas]. Frank Carrall apareció por ahí. Sopa, caviar, aceitunas, ternera, espárragos, cerezas en conserva. Harper llegó más tarde. Nos entregamos a los salones de baile y después nos fuimos a casa. [Aquí hay tres palabras ininteligibles, pero jurarías que pone] Luella me removió.

Marshall no escribe nada más para ese día.

Luella estaba tumbada junto a Edward en la cama cuando oyó el trote de caballos acercarse a su finca. El climaterio le impedía dormir, susurrándole a cada hora el tormento de la edad. Durante las noches, sin que su marido lo notara, solía levantarse, vagar por la casa, dedicarse a los placeres solitarios en el lavabo, escribir sobre sus días de aventurera en el Klondike y repasar mentalmente cada paso del golpe maestro que, llegado el momento, pensaba dar.

Su gran carta pendiente.

Bajó al porche, con un batín de seda.

Se le detuvo momentáneamente el corazón cuando adivinó la silueta del cochero, aunque ya le esperaba: ¡Marshall, por fin! Se metió en la casa rápido. Apenas tuvo tiempo de secarse las pequeñas perlas de sudor de la cara. ¿La vería él tan vieja como se sentía ella, en la soledad de la noche sin espejo? Se peinó deprisa, trenzándose el cabello de lado, como cuando se conocieron.

Marshall parecía llevar muchos días de viaje. Estaba guapo, como siempre. Con la piel tiznada del sol invernal, el cuerpo fuerte de quienes no conocen la fatiga. Cuando la rodeó con sus brazos, Luella exhaló, como si el tacto de este hombre justificase, en un segundo, toda su existencia, y también la pieza que le faltaba a su estrategia. Él se carcajeó como solo podían hacerlo los hombres del oro: con la jocosidad de quien ha visto lo indecible.

¿Por qué se sorprendía tanto de verle? Había respondido de inmediato a la carta que ella le envió, diciendo que vendría en persona a atender «tan urgente cuestión». ¿No había llegado el correo o qué? Luella negó con la cabeza. Él pidió algo de beber y, ¿agua para el caballo, por favor?

Se sentaron en el jardín y tomaron Bourbon. Él tenía pensado quedarse unos días, si podía ser, porque aún le quedaba un larguísimo trayecto por delante, hasta California.

—Días, o meses… —suplicó ella, con una sonrisa.

Aparte: ¿podría Luella almacenarle, en el desván que seguro acogería esta casa tan grande, unos arcones con documentos y objetos personales? Archivos, mapas, cartas, recuerdos, *memorabilia* en general. Como un salero de plata que era una pieza antigua, de principios del siglo XIX, y que llevaba el grabado de una antepasada suya, por parte de madre.

Claro que sí, asintió Luella.

—¿Y qué aventura te espera ahora, que me quieres dejar todo aquí? —no pudo evitar preguntar.

—Me cansé de ser explorador, amiga Lu. —Luella detestaba que la llamara así, «amiga»—. El oro y el frío y los salones de baile ya no me entusiasman…

Hacía poco más de un mes —continuó Marshall—, había visto una obra de teatro, en Nueva York, que le había hecho plantearse si quizá era hora de sentar cabeza. Vivir con impredecibilidad y rebeldía estaba muy bien, pero ¿acaso no se debía, a esta edad, llevar una vida más adulta, manteniendo el mismo espíritu de antaño? El dilema de la protagonista de la obra, una chica que abría las ventanas por las noches y se llamaba Wendy, le había dado mucho que pensar.

Marshall hizo una pausa de esas que suelen anunciar tragedias.

—Me voy a casar.

Luella era una mujer casada, o sea que podría parecer un ataque de vanidad que a su cuerpo lo invadiera una ventisca. En realidad daba igual: su deseo formaba parte del plan.

—Entonces, qué —dijo él—, ¿me vas a contar qué haces en este rincón tan sin sentido del mundo, Lu?

Ella tuvo ganas de soltarle que los hombres de estas tierras, impresionados por las fundas de sus dientes, la llamaban, más bien, Diamond Lil'. Se levantó del sillón y escuchó las hojas oscilantes de las palmeras. Mañana, ¡ojalá!, haría más fresco.

—Te escribí —contestó Luella— porque creo haber tenido la mejor idea de mi vida.

Marshall alzó las cejas.

—¿Mejor que tus... «fiestas» del hospital?

Solo Marshall sabía la verdad acerca de por qué Luella había tenido que dejar la medicina.

—Chiiist... —le calló.

Ella cogió su mano y le llevó hacia una zona del jardín cobijada bajo un magnolio gigante, precioso, con hojas oscuras y acariciantes de terciopelo marrón. Los botines de Luella taconearon en el suelo, entre la hierba recién segada.

—En el Klondike, en aquel sueño febril de cuando me intentaron envenenar y tú me salvaste, vi esta casa —explicó.

—Amiga Lu... —dijo Marshall, incrédulo.

—Escucha, escucha a la tierra.

Luella siguió taconeando y avanzó con sus pasos mientras contaba: uno-dos-tres-cuatro-cinco... Quince piedras de largo y trece de ancho.

Caminando por su jardín, creía haber descubierto una cruz construida sobre el terreno con un material extraño, como de conchas.

—Traje a un historiador. Es de un material que se llama coquina y parece que *podría* datar de principios del siglo XVI, de cuando llegó aquí Ponce de León.

Lo guio, a pocos metros de distancia, hasta unos matorrales. Luella los apartó con las manos hasta descubrir un manantial diminuto que brotaba sobre un recipiente de mármol.

—Y tú sabes que él buscaba la fuente de la eterna juventud, ¿verdad? —Luella miró a Marshall con expectación—. Pues esta agua *podría* remontarse a las primeras tribus indígenas que poblaron Florida unos tres siglos antes de Cristo, los timucua...

—Pero este mármol lo has puesto tú, ¿no?

Luella asintió.

—Se nota demasiado tu mano. Hay que quitarlo y...

Una lucecita titiló sobre el césped. Debía de ser el candelabro de Edward desde la ventana del dormitorio; seguramente los estaba observando. Luella alejó a Marshall del punto de luz y respiró sobre su cuello. Eso siempre le había excitado y, según él, le «removía» desde el primer día que se acostaron, hacía tiempo ya, el 10 de enero de 1898.

Solo por tener marido, Luella no pensaba privarse del inmenso gozo que le proporcionaba volver a sentir deseo erótico por alguien que además encajaba como un guante en su estrategia de persuasión. La sombra de «Lu», en el césped, no parecía delatar la vejez que la atenazaba por dentro. El olor terroso y cálido de la piel de Marshall, como a oro recién excavado.

# Libido

¿Cómo pasas el rato? me preguntó. Leyendo, sobre todo, contesté. No podía decirle que, en realidad, la mayor parte del tiempo me quedaba
mirando las paredes vacías fijamente, o drogán-
dome hasta lo más profundo de mi corazón.
Y, luego, un día, cuando por fin descubrí que
podía volver a masturbarme, haciéndome el amor
a mí misma durante horas.

AUDRE LORDE

Véase la pregunta 13 del test «¿Padece usted de juvencolía?», p. 156.

# Midorexia

Una persona es tan joven como su columna vertebral.

JOSEPH PILATES

Vale. Ahora respira hondo.

No es para tanto.

Lo evitaste con todas tus fuerzas pero sabías que podría suceder.

Llegó el momento en que tú —sí, tú— te has convertido en un cliché de mediana edad. Atención a las estampas que se suceden tan veloces como el tornado que llevó a Dorothy desde Kansas hasta el maravilloso mundo de Oz...

Trabajas de *freelance* y acumulas trabajos, demasiados, pero nunca dices «no» por si de repente faltara. Conclusión: estrés, estrés, estrés, estrés, estrés.

Vas a cenas, reuniones; tienes charlas banales con gente a quien de vez en cuando preguntas: «Oye, ¿y tú cuántos años me echas?».

—Estás estupenda estupenda. Nadie diría la edad que tienes.

—¡Ay, muchas gracias! —dices tú.

Pero, vaya, que bebes vino a mansalva, como las «señoras» de las series americanas.

Y la presbicia, joder, lo que cuesta disimularla...

Planes de pensiones. Gastos. Seguros de hogar, de salud, de vida.

Marido. O sea, ¿marido? ¿En serio?

Entonces ¿nos compramos una casa o qué? Claramente, alquilar es tirar el dinero.

Hijos. Solo uno. *¿Y no vas a tener más?*

Coche de color neutro. Llevar al niño al colegio, a las extraescolares (¡tiene que hacer deporte!), a las fiestas, de viaje. *Mamá, ¿falta mucho? ¿Cuánto falta? ¡Me aburro!*

Ir a un parque temático, a varios parques temáticos, a *todos* los parques temáticos.

Ah, y resort con pulsera. *Están fenomenal, ¿eh?*

Fantasías que asaltan desde el olvido, todas sin cumplir.

Tatuajes, aros en las orejas, grupo de teatro amateur, clases de batería...

¡Ay, lo que podrías haber sido! No tienes tiempo. *¡Para quedar contigo hacen falta meses de antelación!* ¿En qué momento se convirtió tu vida en una agenda imposible?

Hacer testamento.

Conversaciones sobre divorcios, infidelidades, giros vitales.

Tener envidia de los divorciados, de los infieles y de los que giran y giran y giran.

Dejar de fumar. Dejar de beber.

Hablar de dejar de fumar. Hablar de dejar de beber.

Será pronto.

Ocultar la resaca. ¿Cuándo dejó de tener gracia fardar del superplán de anoche, y entre semana? Pero menudo fiestón, ¿eh? ¡Como los de antes!

Dormir poco, dormir mal, no dormir. Sin el glamur del insomnio, el tormento, la resaca de la nocturnidad... Fatiga pura y dura. Estar cansada, siempre, todo el rato, con dolor de cuerpo, los ojos caídos, la frente y sus surcos.

¿Botox? No, no, tú no eres de esa clase de personas. ¿O sí?

Admitir que, vale, no estás *igualita* que en tus fotos del pasado, aunque lleves la misma ropa que hace veinte años (fondo de armario, fundamental).

Melena larguísima, tratamientos anticaída.

Mirarte las manos. No reconocer tus manos. Disfrazarlas con manicuras perfectas. De colores extravagantes, que queda joven.

Regodearte en cuando la vida era de otra manera.

O al menos así la recuerdas: de otra manera.

Achaques.

¡Quieres vivir, quieres reírte, quieres follar! Pero, un momento, ¿follar con el mismo?

*¿Seguro?*

Conversaciones sobre los achaques.

¿Cómo te sientan el gluten, la lactosa? ¿Haces ejercicio? *(¡Tienes que hacer ejercicio!)*

Ah, y el bolso no lo sueltas, no vaya a ser que te lo roben.

Más lamentos: ¿adónde se va el tiempo? ¿Por qué ya nadie me mira, por qué me traspasan con la mirada? ¿Soy invisible, no existo?

Te llaman insistentemente de un número desconocido hasta que coges: ¿No ha pensado usted en añadir a su póliza una cobertura de defunción, no ser una carga para quien le corresponda ocuparse del ataúd, el tanatorio, las flores, si cabe? Así evitamos las molestias a sus seres queridos.

Se te ponen los pelos de punta.

A estas alturas no te queda otra que aferrarte a eso que los suplementos dominicales llaman «midorexia». Como ya es imposible parecer joven, al menos puedes aspirar a una edad indeterminada durante el resto de tu vida.

O sea…

¿Quién te iba a decir a ti que acabarías sintiendo una especie de anorexia por la mediana edad?

Muy fuerte.

Para el psicólogo evolutivo Erikson, en la adolescencia o primera juventud se experimentan dos sensaciones opuestas: la euforia de sentirse invencible y, al mismo tiempo, una soledad feroz. De esa colisión entre el exceso y el desamparo nace la «crisis de identidad», el momento en que uno se ve obligado a responder una pregunta que lo trastoca todo: «¿Quién soy? ¿Quién quiero ser?».

Este enigma se amortigua con los años, pero vuelve insistente, como un conjuro, hacia la mitad del ciclo vital.

O la letra M en el abecedario: justo en el centro.

Una y otra vez.

Una y otra vez.

¿Quién soy, quién quiero ser? ¿Joven o vieja, niño u hombre, chica o mujer?

En los años ochenta, este retorno de la crisis de identidad «adolescente» se convirtió en un estereotipo cultural: el adulto-Peter Pan, atrapado en la paradoja de querer ser joven para siempre.

Pero ahora ese tópico necesita reformularse. El síndrome de Peter Pan que popularizó Dan Kiley ya no es un fenómeno masculino ni un chiste de coches deportivos y amantes veinteañeras, sino una heterocronía o desfase vital mucho más complejo: vivir con un pie en la juventud que se resiste a desaparecer y con otro en las obligaciones adultas que pesan como una losa.

Si tuvieras que inventarte un catálogo de crisis de la mediana edad para un suplemento dominical, la reformulación sonaría a algo como lo que sigue.

## Crisis Peter Pan 2.0

En honor al personaje de J. M. Barrie y a las chicas perdidas que deberían haber estado en Nunca Jamás, pero no llegaron. Les ocurre a hombres y mujeres que, pasada la mitad de la vida, sienten que han seguido el mapa establecido pero han llegado al sitio erróneo, como si su verdadero camino no hubiese empezado del todo y no fueran más que meros espectadores de sus propias decisiones: la carrera, la ciudad, la pareja, el sofá… Quienes atraviesan esta crisis sienten que no encajan en el modelo tradicional de madurez. Y no por torpeza afectiva, como sugería Kiley, sino por pura *juvencolía*: la negativa a renunciar a la fuerza simbólica de la juventud, con sus promesas y fugacidad. Quizá ya tengan todo aquello que se supone necesario para ser «felices». Pero entonces ¿por qué este vacío? Esta crisis se vive entre la evasión, la melancolía y la euforia. A veces como en un estado de *stand-by*, donde nada cuaja ni parece *real*; otras, con el ímpetu urgente de volver a empezar: como sea, donde sea.

Si consideramos la Peter Pan 2.0 como «crisis fundacional», podríamos decir que de ella se desprenden todas las demás subcrisis que la pueden acompañar. Es el molde primigenio, la madre de todas las variantes.

Hay una, sin embargo, que te persigue más que las otras, y de la que hablas cada curso a tus alumnos (menos este, que no puedes darles clase). Les mencionas «La canción de amor de J. Alfred Prufrock», ese poema que T. S. Eliot escribió en 1910, a los veintiséis años. Sí, veintiséis. Un dato desquiciante porque quizá sea una de las mejores obras que se han escrito sobre envejecer. Claro que en realidad el poema no trata sobre el hecho de hacerse viejo, sino del miedo a crecer sin *haber sido*. Para ti es el retrato perfecto de la heterocronía emocional: la melancolía anticipada de quienes, aún jóvenes, temen no vivir del todo.

Sueles contar que Prufrock vive en una espiral de duda e inhibición que lo paraliza ante cualquier gesto amoroso o vital. Dice: «Y claro que habrá tiempo de preguntarse "¿Me atrevo?" y "¿Me atrevo?"». Ha medido su vida con «cucharillas de café», atrapado en la frivolidad, y rodeado de la repetición constante, como se percibe en uno de los *leitmotiv* del poema: «Las mujeres vienen y van hablando de Miguel Ángel».

El murmullo de una fiesta a la que no se pertenece del todo, pero que se ha de soportar.

Curso tras curso tras curso te invade la misma sensación de que, por mucho que insistas, a tus alumnos ni les gusta el poema ni logran entenderlo. Pero tú lo sigues intentando igual, y curso tras curso tras curso algo se te quiebra por dentro al leer en voz alta algunos de los versos finales:

> *Envejezco, envejezco.*
> *Tengo que llevar vueltas en los bajos de los pantalones. […]*
> *Me pondré pantalones blancos de franela, y pasearé por la playa.*
> *He oído a las sirenas cantándose unas a otras. No creo que me canten a mí.*

Después añades —aunque sospechas que a ellos, veinteañeros, les trae sin cuidado— que esta disección de la vida desperdiciada, a pesar del deseo voraz del personaje se encarna en la «crisis Prufrock», la primera variante de crisis de la mediana edad de tu catálogo «dominical». Tras ella, como ecos de la misma encrucijada, se despliegan las otras formas de midorexia.

## CRISIS PRUFROCK

En honor al poema de T. S. Eliot. Aquí no hay promesas de volver a empezar, sino la conciencia amarga de que ya es demasiado tarde. Le ocurre a quien siente una punzada en el corazón al darse cuenta de que su vida no le entusiasma, pero las oportunidades ya pasaron de largo. Su tiempo se ha diluido en insignificancia, cucharillas de café y decisiones aplazadas. Intenta pertenecer a algo, hablar con los demás, acudir a actos sociales, divertirse. Fingir que está conforme con su estatus, con su vida. A veces, en cenas con amigos o parientes más jóvenes, saca el móvil y enseña fotos de su juventud, como si eso fuera a iluminar —o quizá a dignificar— al «viejo» que se va apropiando de su persona. Pero de nada sirve. Debajo de una capa de aparente conformidad llora un corazón ardiente que lamenta no haberse atrevido cuando aún podía.

## CRISIS *ME AND THE FARMER*

En honor a la canción de los Housemartins. Suele darse en personas urbanas que fantasean, de repente, con la necesidad compulsiva de «volver a lo esencial». Unos lo proyectan en la tierra: cultivar huertos, criar gallinas, gansos o cerdos, y escapar a una aldea para vivir sin gastos excesivos ni tráfico *absurdo*. Otros trasladan esta ansiedad a la mesa y sustituyen lo carnal o improvisado por experiencias gastronómicas. En ambos casos se trata de huir del tedio adulto a través de rituales orgánicos y *delicatessen*. Lo que late debajo, no obstante, es el mismo vacío. A veces se descubre entre la leña húmeda de una chimenea que no prende; otras, en el baño del restaurante Michelín de turno, donde uno se mira en el espejo con acidez de estómago y extraña aquellos días de interrail en los que un bocadillo sabía mejor que cualquier menú degustación.

## CRISIS *MUJERES QUE CORREN CON LOS LOBOS*

En honor al libro homónimo de Clarissa Pinkola Estés, tratado de mitología feminista y autoayuda junguiana que invita a reconectar con la «fémina salvaje interior». Afecta a personas que se hartan de cuidar y que, literalmente, echan a correr. Maratones, medias maratones, viajes para correr maratones. Entrenar a las seis de la mañana, *playlists* de «¡tú puedes!», sudor, esfuerzo... Se trata de salir corriendo de casa, del trabajo, de la vida —con lobos o sin ellos, da igual—, pero con el objetivo de acallar ese deseo latente que grita desde las entrañas: «¡huye!». Esta manada no siempre la forman *runners*: pueden ser triatletas, crossfiteros o fanáticos del gimnasio convencidos de que sudar hasta la extenuación equivale a estar *mejor*.

## CRISIS OSHO

En honor al gurú que predicaba el desapego del deseo y la iluminación como vías hacia el verdadero yo. La padecen quienes, al borde del colapso vital, deciden que la única salida es volcarse en la espiritualidad y/o «elevar la conciencia». En otras palabras: sustituir la angustia por la mística. Suele empezar con engancharse al yoga o a pilates y pronto deriva en (a) retiros católicos tipo colegio de monjas; (b) ceremonias de ayahuasca, regresiones a vidas pasadas o constelaciones familiares; (c) fiestas con eme, éxtasis o microdosis que prometen una vibra hedonista y auténtica. La iluminación recién estrenada suele asociarse con el anhelo de tener una vida mejor, más pura, más digna de ser narrada. Hasta que, al día siguiente, aparece una resaca leve o una tristeza posdrogas que lo empaña todo. Pero ¿qué importa eso? Ya tienes un «nuevo yo» del que hablar, con cierta emoción, en todas las cenas.

## CRISIS *EL CARTERO SIEMPRE LLAMA DOS VECES*

En honor a la novela erótica de James M. Cain y a todas las películas en las que dos desconocidos se convierten en amantes —así, como quien no quiere la cosa— para tener el mejor sexo de sus vidas. Asola, generalmente, a personas comprometidas que, en plena mediana edad, sienten que su cuerpo está desaprovechado. No muerto, ni marchito, sino *infrautilizado*. Se preguntan: ¿es que mi pareja no es consciente de toda la pasión que me desborda por dentro? ¿Nadie volverá a desearme nunca como si se le fuera la vida en ello? ¿En *esto* se ha convertido mi vida sexual? Arranca con un perfil de Tinder o derivados (aplicaciones que no existían en tu época y que ojalá). Luego un chat entre amable y subido de tono. Fotos guarras, porno casero. Quizá una cita. O varias. Una copa. O demasiadas. Un hotel por horas. Orgasmos que ya dabas por perdidos. (Por favor, dame más). Alguien que te mira como si no fueras la persona de todos los días. Una espiral de súbito erotismo donde te vuelves irresistible, puro deseo. Y tú... pues, oye, te lo crees.

## CRISIS SEÑOR DARLING

En honor al padre de Wendy, el personaje de *Peter Pan* que encarna al adulto que nadie querría ser: aburrido, mediocre, sin magia alguna. Los afectados suelen pronunciar frases del tipo «yo antes tenía una vida» o «no recuerdo cuando fue la última vez que fui al cine» o «en fin, es lo que toca». Se quejan de que los hijos les han anulado. No duermen, no piensan, no rinden, no follan. Se preguntan por qué todo el mundo dice disfrútalos ahora, ¡pasa tan rápido! El señor Darling no puede más. Pero luego, efectivamente, *tempus fugit*, el tiempo pasa tan, pero tan rápido que ahora, cada vez que se acerca al que fue el cuarto de los niños, echa de menos las risas infantiles, los gritos de «¡papá!», el deseo ferviente de que les hiciera caso. Los niños crecen. Él también. El nido quedó vacío y en realidad todo ese tiempo, que era *suyo* también, pasó y se perdió.

Ahora, cuando escucha a alguien quejarse de que ya no tiene vida, piensa que no tiene ni idea de qué hacer con la suya.

Una vez vistas estas seis variantes, es bastante posible que uno comparta rasgos de todas ellas y padezca, pues, una versión combinada.

Pero aún queda otra crisis. Una que no se combate con maratones ni cenas con maridaje ni escapadas al campo ni *sexting* con desconocidos.

Queda la séptima crisis. La tuya.

Según el doctor Ángel Durántez Prados, autor del libro *Joven a los 100*, la primera fase del ciclo vital dura aproximadamente hasta los cuarenta años: esta es, para él, la «juventud» o «vida libre de enfermedad». Hasta entonces, los estrógenos, la progesterona, la testosterona y la melatonina se mantienen en niveles estables, pero después sufren una caída brusca y ganan protagonismo la insulina y el cortisol, hormonas responsables del estrés que se vincula con enfermedades relacionadas con el envejecimiento, como algunos tipos de cáncer.

No sabes muy bien cómo denominar a la crisis de la mediana edad enferma. Se te ocurre utilizar el título de una película que le encantaba a tu madre y con la que lloraba siempre, muchísimo, por la temática y porque la había visto por primera vez de joven, en California (qué pesada, de verdad).

## Crisis Love Story

En honor a la película de 1970 en la que una chica guapísima moría de cáncer mientras el amor de su vida le juraba que «amar es no tener que decir nunca lo siento». (Por cierto, hay que joderse con la heroína romántica: ni el cáncer ni la muerte inminente lograban borrar su halo de perfección femenina). La sufren personas que creían estar presas en alguna de las crisis anteriores... y, de repente, ya no. Tú creías que, de salud, te encontrabas bien, más o menos, pero para curarte ahora vas a tener que encontrarte muy pero que muy mal. Tu cuerpo sufre estragos parecidos a los de los adolescentes cuando dejan atrás el cuerpo infantil y se sienten monstruosos. El tiempo se torna tan lento como un reloj sin manecillas. En todas partes recomiendan, para el cáncer, remedios varios. Los que cuestan dinero: homeopatía, acupuntura, masajes, pilates... Y el que no, te lo repiten tus tías que también pasaron por esto: ten paciencia, ¿no ves que estamos estupendas? ¿Nos identificas a nosotras, ahora, con el cáncer?

Pero a ti es otra pregunta la que te machaca la cabeza.

Insistente, como un conjuro.

Una y otra vez.

Una y otra vez.

¿Quién soy? ¿Quién fui? ¿Quién querré ser después?

Mientras escribes la letra M del abecedario recuerdas una anécdota que cuenta Anne Lamott en *Pájaro a pájaro*. De niña, su madre le daba las cadenas de oro que tenía enredadas dentro de un cajón para que la ayudara a desenredarlas. En ese gesto se concentraba el peso del mundo femenino: la herencia, el adorno, la carga. Brillaban, pero pesaban. Para Lamott, las mujeres nos ayudamos las unas a las otras a recordar quiénes somos; a veces basta con que una se siente a tu lado y te diga que no estás loca.

Tus amigas hacen exactamente eso: entenderán cualquier locura que te pueda entrar.

Dice la serbia: rómpete lo que necesites y deja de intentar quedar bien por una vez en tu vida.

Dice tu compañera de la radio, que escribe autoficción: toma nota de todo, no te vayas a olvidar y luego quieras contarlo.

Dice la alternativa de COU, que desde hace poco vive con una enfermedad crónica: bienvenida a otro tipo de normalidad.

Dice tu mejor amiga del colegio: es que no sé cómo consolarte, pero estoy aquí.

Dice la realizadora rockera: eres una fuerza de la naturaleza, cuánto te quiero.

Mientras las escuchas, comprendes algo que hasta ahora no habías visto con claridad: esta última crisis se llama *Love Story* porque, en general, has medido tu vida con *cucharillas de romance*. Has tenido el poder —como narradora— de elegir una trama amorosa u otra, de marcar los puntos de giro, de ser la protagonista de la película. Pero ahora, en la M, en esta crisis, pierdes el control. La muerte de tu madre, tu propia maternidad y ahora tu salud te obligan a contar la historia desde otro lugar.

Lo que antes podía ser argumento ya no tiene sentido. Lo que parecía sostenerte, se desmorona. Es un derrumbe simbólico que siembra el caos en tu rutina, tu pensamiento y también en la escritura. Porque tú, desde luego, no tenías ninguna intención de hablar del cáncer en este libro.

Menuda puta mierda. De verdad te lo digo.

¿Y si mandaras el abecedario a tomar por culo a partir de la M?

¿Y si empezaran a suceder cosas raras?

Bueno, mejor no.

Mejor vas a pilates y te lo piensas.


En el vestuario, como en «La canción de amor de J. Alfred Prufrock», las mujeres vienen y van. Pero no hablan de Miguel Ángel, como en el poema de Eliot. Te miran. Te compadecen. Te comentan.


Las señoras de pilates vienen y van.

*Dicen*:

Pues oye, tienes un aspecto fantástico.

Qué mérito, hija, venir aquí con la que llevas encima.

El pilates te va a sentar fenomenal fenomenal.

Tengo una amiga que se encerró en casa, la pobre, y no salía más que para ir al tratamiento de la vergüenza que le daba que la vieran.

Tampoco pasa nada: te ponen otro pecho y que todo sea eso.

¿Te quedaste sin pezón? A mi hermana se lo tatuaron que era una maravilla, ni se notaba. Te paso el contacto.

Camina muchísimo, muchísimo: que te dé el aire.

Sois unas campeonas todas. Unas guerreras.

Menuda plaga, hija mía, menuda plaga. Tiene que haber algo en el aire, la comida…

¡Arriba ese ánimo! ¡Alegra esa cara!
Será una lección de vida, lo verás todo de otra manera.
Ten fuerza. Todo va a salir bien.

Respiras hondo y sonríes, tratando de ser educada. Y entonces parpadeas incrédula. Porque te das cuenta de que entre las señoras de pilates, que vienen y van, también estás tú.
    Sí, tú.

# Nunca Jamás

*Pero entonces la reina se vio manchas marrones en la mano*
*y cuatro pelos encima del labio,*
*así que condenó a Blancanieves*
*a que la mataran a hachazos.*

ANNE SEXTON

La primera vez que Jamie pensó en la isla de Nunca Jamás fue a los trece años, la edad de su hermano muerto. Estaba haciendo la maleta para ir a la escuela superior y encontró un mapa que había dibujado, de pequeño, imaginándose la búsqueda de un tesoro. Ahora se le ocurre que este tesoro podría esconderse en una isla que se bambolea entre las olas, y no ser algo concreto —como un cofre—, sino una especie de grial que todo el mundo deseara...

Mientras Jamie prepara el equipaje y piensa en islas desiertas, la madre, Margaret Ogilvy, solo vislumbra tragedias. ¿Y si en la Academia Dumfries le ocurre algo terrible, como a su otro hijo, David? Está a punto de detenerlo: ¡es un mentiroso, prometió que nunca se marcharía de su lado! Pero, por otro lado, ¿cómo le va a reprochar que crezca? La mujer se esfuerza por guardar todo su miedo en el fondo de un cajón.

En Dumfries, Jamie espera que su vida se torne tan apasionante como la de los protagonistas de las novelas escolares de A. R. Hope. Y la cosa empieza bien. En el imponente vestíbulo de la Academia, un chico se le presenta como Dare Devil Dick. Ah, contesta Jamie, feliz: entonces, eres un pirata. El pirata es hijo de un juez y viven en Moat Brae, una casa con jardines boscosos que desembocan en un río con patos, pero que los chicos se imaginan que son flamencos. Los pobrecitos, tan rosas y hermosos, han llegado directamente desde ¡Asia! ocultos en el camarote de una terrible embarcación corsaria.

Dare Devil Dick y Jamie jugarán a una «odisea diaria» que supondrá «la génesis de esa obra vil que es *Peter Pan*». Felices, *amigos*, se esconden en cuevas, fingen que las manzanas del jardín son cocos, frotan palos para (intentar) hacer fuego...

Lo único que no harán nunca es patinar sobre hielo.

Juntos van también al teatro a ver una obra de Shakespeare por primera vez, *Macbeth*. Jamie se queda tan embelesado que espera al actor principal en la calle. Le cuenta que viene de un pueblo cercano al verdadero castillo del personaje y que, cuando lo visitó, de niño, juraría haber oído fantasmas. El actor le sugiere que monte un club de teatro.

En su libro de texto de griego, entre versículos de Homero y Hesíodo que tarda cuarenta mil horas en descifrar, el aspirante a escritor practica su firma. Una es su nombre completo, con la caligrafía diáfana obligatoria: James Matthew Barrie. No le gusta nada, así, tan entero. Otra: James Barrie, a secas, y subrayado. En otra solo pone sus iniciales, en mayúsculas: J. M. B. No sabe cuál le convence más. Querría simplemente firmar Jamie, como en las cartas que escribe a su casa.

En un margen dibuja a lápiz un edificio que bien podría ser el colegio en llamas.

Al final del bachillerato hacen una fotografía de la clase. Jamie se coloca en un lateral, para que no se le vea mucho. Cuando la exhiben en el vestíbulo, se mira a sí mismo con atención. Ya tiene diecisiete años, pero mide poco más de metro y medio, es delgado, sin apenas vello en el rostro, y la voz no le ha cambiado. Sigue siendo suave y discreta, la misma que cuando jugaba a hablar la lengua de las hadas. ¿Cómo puede ser que las demás personas de la foto parezcan hombres y él solo un niño?

Esta angustia le acompañará toda la vida.

La sensación de sentirse fuera de la edad de uno, explica el profesor Robert Pogue Harrison en *Juvenescence. A Cultural History of Our Age*, tiene que ver con la neotenia (del griego *neo-*, «joven», «nuevo», y *teinein*, «extenderse»). En biología, este término designa la persistencia de rasgos juveniles en un organismo adulto, ya sea en comparación con sus ancestros o con especies emparentadas. Aplicado a los humanos, podría decirse que, si a una edad similar parecemos más jóvenes que nuestros padres, o incluso que nuestros coetáneos, es que estamos tocados por esa misma condición: la neotenia.

Más allá del aspecto físico, lo interesante es pensar en la neotenia como una categoría psíquica. O sea, el desarrollo extendido o *perpetuado* que no abandona la vida infantil del todo, sino que la arrastra, la preserva y la transforma. Según Harrison, si el juego que caracteriza la niñez no persistiera en la psique adulta, no existirían ni dioses, ni culturas, ni contaríamos, cada uno de nosotros, nuestra propia historia. Tampoco habría «complejos de Edipo, amores apasionados, poesía [...], todo lo cual debe su impulso al asombro de un niño ante los fenómenos de la vida». Todo aquello que deseamos de forma más vehemente —que se nos tenga en cuenta y que alguien nos quiera— es de naturaleza esencialmente infantil.

El «deseo de ser deseado», asegura el profesor, es quizá la forma más pura de permanecer joven. Y ningún personaje literario lo expresa mejor que Peter Pan: quiere ser amado sin tener que crecer, y todos le desean precisamente por eso.

Como escribió John Berger: «Ser deseado es, quizá, lo más cerca que puede estar una persona de sentirse inmortal».

El 29 de diciembre de 1877 se estrenaba en el salón de actos de la Academia Dumfries *Bandelero el bandido*, escrita (tras pensárselo varias veces) por Mr. James Barrie. Diez años después de la muerte de David, los aplausos de la madre resuenan en los oídos de Jamie como una canción largamente olvidada. Margaret ya no abrazará nunca un traje de bautizo. Lo mira. Lo ve. Solo a *él*.

El reverendo de la Iglesia presbiteriana de la comarca escribe una carta al periódico local, indignado ante la inmoralidad de *Bandelero el bandido*. «¡Qué pecado y maldad! —escribe—. ¡Cuánto es el vicio que nos rodea!». Considera que la función es «irreligiosa, frívola e imprudente» y que aquellos que la disfrutan son «basura social». Hay que dar gracias a Dios, concluye, de que los jóvenes que han puesto en pie esta atrocidad pronto irán a la universidad a «estudiar cosas serias».

Jamie, al leerlo, siente pánico.

Y no por la crítica tan feroz a su obra. Sino porque él no quiere ir a la universidad a estudiar cosas serias.

Esa noche no consigue dormir, atrapado en una convulsa duermevela. Se le aparece, bajo los párpados, una isla náufraga y boscosa como los jardines de Moat Brae. La isla parece latir, viva. La pueblan una banda de niños que no quieren crecer y se dedican solo a jugar. El líder tiene algo de mágico, de fantasmal, una pose siempre insolente, los brazos en jarras. Y acontecen cosas terroríficas, de lo más inmorales: como que un pirata adulto desee matar a un niño, solamente porque ese niño, tan estúpido, proyecta la sombra de su juventud perdida.

Jamie se despierta, náufrago en su propio sudor.

Siente una tremenda excitación ante el mundo que acaba de vislumbrar y al mismo tiempo le invade un desasosiego oscuro.

Como si fuera una encrucijada entre lo que Freud llamaría, años más tarde, el Eros y el Tánatos.

En *Más allá del principio del placer* (1920), Freud sostenía que la psique humana se compone de dos pulsiones fundamentales: la libido o Eros —como el dios griego del amor— que, aparte de la sexualidad, representa también el impulso vital, las ganas de conservar la existencia; y el Tánatos, la fuerza opuesta que tiende a la desaparición, el retorno a un estado sin deseo ni conflicto, la pulsión que anhela el silencio frente al caos de lo vivo.

Tánatos, afirma Pierre Grimal en su *Diccionario de mitología clásica*, no posee un mito propio dentro del corpus griego.

Así que habría que inventarlo.

Por ejemplo:

Cada tarde, Artemisa, después de cazar, se bañaba en un arroyo junto a sus ninfas. Era una diosa áspera, consagrada a la virginidad. A Eros le encantaba provocarla. Se acercaba con flirteos y sonrisas y ella le espantaba con sus flechas mortíferas.

Un día, cansado del juego, Eros decidió lanzarle uno de sus infalibles dardos de enamoramiento. Artemisa lo esquivó, de manera que se clavó en Ninfea. Esta sintió, por primera vez, una palpitación en los genitales y el deseo irrefrenable de perderse en otro cuerpo; pero también una culpa feroz: ¡había jurado ser virgen, fiel a su diosa!

Nadó, sin parar, hasta que el arroyo desembocó en mar abierto. El agotamiento se apropió de sus pulmones. Y justo cuando Eros estaba a punto de salvarla, un espíritu alado, oscuro como la noche, Tánatos, bajó del cielo y se la llevó.

Ninfea murió ahogada y Artemisa, en lugar de castigarla, la transformó en el primer nenúfar: flor que flota sobre el agua, símbolo de pureza y —según dicen— capaz de enfriar la pasión.

En esta fábula, Ninfea, vencida por el deseo y la culpa, condensa el desgarro entre lo normativo y la agitación interior: el mismo conflicto que los discursos modernos acabarían proyectando sobre los cuerpos infantiles. A partir del siglo XIX, con la llegada de la biología moderna y la sociedad industrial, se trazó un umbral preciso para marcar el fin de la niñez: los doce años o la pubertad. Desde entonces, al nuevo niño prepúber se le apartaría de los ámbitos adultos de la vida social, y sobre todo de cualquier experiencia que tuviera que ver con el sexo.

El filósofo Jaime Cuenca señala que esta represión fue decisiva para construir la infancia como una ficción somática; es decir, en un cuerpo controlado, domesticado para salvaguardar la idea de inocencia. El hogar burgués se reorganiza —como ya había advertido Foucault— para separar a personas por edades y sexos. Surge así el cuarto de los niños o el cuarto de jugar: espacios de confinamiento donde se custodiaban no solo los cuerpos, sino también los deseos.

La cruzada contra el erotismo infantil encontró uno de sus hitos más delirantes en *Onania, o el abyecto vicio de la autopolución*, un panfleto anónimo del siglo XVIII que describía la masturbación como una «enfermedad con las más perversas consecuencias físicas y morales, una plaga omnipresente que amenazaba con aniquilar a las generaciones más jóvenes y cuyos terroríficos efectos habían pasado desapercibidos».

Así pues, hasta que en el siglo XX la psicología reinterpretó la sexualidad infantil, el único remedio contra la masturbación era la vigilancia continua de las conductas cotidianas de los niños, de las camas donde dormían y de las personas con quienes jugaban.

Desde esta perspectiva, la primera aparición de Peter en la cabeza de Wendy se distingue claramente como la de un ente tentador (o Eros). Al menos así es cómo lo percibe su madre, según escribe Barrie en *Peter y Wendy*:

> La señora Darling supo de Peter por primera vez mientras estaba ordenando las cabezas de sus hijos. Toda buena madre tiene la costumbre por las noches, cuando sus hijos duermen, de hurgar en sus cabezas y ordenar las cosas para la mañana siguiente. [...] Se parece bastante a ordenar cajones. [...] Cuando te despiertas por la mañana, las travesuras y ardores malévolos han quedado bien plegados y colocados al fondo de tu cabeza y arriba, estupendamente aireados, se extienden tus pensamientos más bonitos, listos para que te los pongas. [...] De vez en cuando, la señora Darling, al viajar por las cabezas de sus hijos, se encontraba con cosas que no entendía, y, entre ellas, seguramente la más desconcertante fue la palabra «Peter». No sabía que hubiera un Peter y, a pesar de ello, estaba aquí y allá en las cabezas de John y Michael, mientras que la de Wendy empezaba a tenerlo garabateado por todas partes.

Según la psicología evolutiva, a partir de los doce años los niños comienzan a sufrir la pérdida de la identidad infantil. En ese trance se enfrentan a las debacles del deseo y la sexualidad; descubren que sus padres no son los seres idealizados que hasta ahora creían; y comprenden que ya no son amados solamente por el mero hecho de existir. Es el momento en que la infancia se vuelve una ficción que empieza a disolverse, un territorio del que ya no pueden formar parte. Ahora no basta con jugar; se espera que realicen tareas y sean productivos e independientes. Es decir, ya no se les quiere solo por *quienes son*, sino por *en quienes se están convirtiendo*.

O sea, en criaturas expulsadas del cuarto de jugar que de pronto se deslumbran ante los hechizos de la isla de Nunca Jamás.

Lo primero que destaca del mapa de este país imaginado es su dirección: «La segunda a la derecha y todo recto hasta el amanecer». Un itinerario que remite, primero, a un punto concreto de posibilidad —un simple desvío—, pero que enseguida promete lo inalcanzable: avanzar todo recto hasta un amanecer que nunca se agota. Como si en lugar de un camino fuera el carro de la Aurora, el que conduce la infatigable Eos para devolvernos, cada jornada, al origen de otro día más.

Según la clasificación de mundos narrativos de Maria Nikolajeva, Nunca Jamás pertenece a los «mundos abiertos»: aquellos que no obedecen a unas normas fijas, sino a una lógica cambiante, moldeada por la imaginación de los niños. Un espacio que, leído desde hoy, puede verse también como ámbito del caprichoso y a veces paradójico deseo infantil.

Así pues, aunque su dirección siempre es la misma, la geografía varía. El Nunca Jamás de los hermanos de Wendy se distingue porque el de John «tenía una laguna con unos flamencos que la sobrevolaban […], mientras que Michael, que era muy pequeño, tenía un flamenco con lagunas que lo sobrevolaban».

En el Nunca Jamás de Wendy, sin embargo, ya sabemos qué predomina.

Peter. Peter. Peter. Peter. Peter. Peter. Peter. Peter. Peter. Peter. Peter. Peter.

El Eros.

Peter Pan es una figura erótica en el sentido amplio de la palabra. No envejece nunca. Es bellísimo, carismático y vive envuelto en el hedonismo. No es consciente de atraer a todas las figuras femeninas que tiene a su alrededor pero, como buen narcisista, le encanta. Wendy, por su parte, encarna otra dimensión del Eros: ella posee un impulso sexual que se le niega y que acaba sustituyendo por el cuidado de Peter y los niños perdidos, sumidos en un eterno presente de juegos y diversión.

La amenaza del Tánatos, sin embargo, sobrevuela la isla. El mayor vínculo que posee el Capitán Garfio con Peter es su obsesión por matarle, aunque para los demás no suponga más que un juego: «¡Morir será una aventura formidable!».

Campanilla, por su parte, está concebida como una criatura intensamente sexy y contradictoria. Oscila entre el deseo furioso y la pulsión destructiva. Siente unos celos tan terribles hacia Wendy que intenta que los niños perdidos la maten. Y cuando no consigue ser amada, elige la autodestrucción y se bebe el veneno de Peter antes de que él lo haga. Al final, no muere porque todos los niños del mundo (y algunos adultos) claman al cielo que creen en las hadas.

—¡Yo creo en las hadas! ¡Yo creo, sí creo!

Pero ese gesto de sacrificio, hermoso pero suicida, la sitúa por completo bajo el influjo tanático.

La isla, además, tiene también algo de limbo. El niño —medio feérico, medio humano— aparece vestido con hojas de otoño y telarañas, ropa que evoca a la vez el bosque y la tumba. Peter es tan intangible como un fantasma. Él, los niños perdidos y los hermanos Darling habitan una casita subterránea, que recuerda a los túmulos funerarios donde antaño se creía que vivían las hadas. Y la «familia feliz» de Wendy sobrevive con comidas imaginarias, sin conocer ninguna otra.

En algunas versiones de su personaje —pero no en todas—, Peter advierte: «Nadie debe tocarme jamás».

Algo que no resulta extraño, ya que su apellido de dios griego lo coloca más cerca de los inmortales que de los mortales. En la mitología, Pan fue un fauno que amó a Selene, la luna, hermana de Eos. Como ella, se burló del envejecimiento de Títono, aquel héroe troyano a quien olvidaron conceder la juventud eterna…

Y cuánto, cuantísimo extrañaba Eos jadearle en la oreja a su amante… preguntarle qué opinaba de las libélulas al verlas pasar…

¿O eran hadas?

Enfrascado en un eterno *carpe diem*, Peter Pan actúa como símbolo de un amor doloroso, nunca correspondido. El que existe entre nuestro yo adulto, teñido de Tánatos, y nuestro yo joven, teñido de Eros.

Como escribió Barrie sobre la isla que vislumbró bajo sus párpados: «En estas costas mágicas, los niños vienen en sus coracles y los dejan varados para jugar para siempre. Nosotros también hemos estado allí; aún podemos oír el ruido del oleaje, aunque no podremos volver a desembarcar».

*Universidad de Yale. Biblioteca Beinecke de Manuscritos y Libros Raros. Colección J. M. Barrie. Número GEN MSS 554. Caja 11. Papeles de la familia Llewelyn Davies.*
*Artículo: Carta de George Llewelyn Davies a J. M. Barrie, escrita desde Flandes y fechada el 14 de marzo de 1915.*
Hace un rato has colgado en Instagram las fotos de las firmas que el autor practicaba, de niño, en los márgenes de sus libros de texto. James Matthew Barrie/James Barrie/J. M. B.

Ahora, en la sala acristalada de la biblioteca Beinecke, tu mano titubea al sacar el sobre de la caja. Más en esta ocasión, porque el artículo es tan delicado —te insiste el director— que solo puede manipularse con pinzas.

La carta está escrita a lápiz, con una letra elegante y floreada que enlaza el final de algunas palabras con otras.

Es la última carta que George envió a Barrie desde la Gran Guerra.

Lees:

Querido tío Jim:

Acabo de recibir tu carta sobre el tío Guy. Dices que no te ha hecho pensar más en el peligro que corro. Pero yo sé que sí. Intenta no dejarte llevar por eso. Tengo todo el cuidado conmigo mismo que se pueda tener. Y si tiene que detenerse en mí una bala, ¿por qué tendría que ser en un órgano vital? Mantén la cabeza alta, tío Jim, y recuerda qué buena experiencia es esta para un tipo que antes ha sido bastante perezoso. Me sentiré muy orgulloso cuando vuelva a casa y te lo cuente todo. Nuestra cena en el Savoy será grandiosa. Qué triste lo del tío Guy. Me pregunto cómo lo mataron. Al ser coronel, me imagino que su batallón iniciaría el ataque. Pobre tía Gwen. Esta guerra es un espectáculo atroz.

El suelo comienza a secarse y el clima va mejorando. Pronto llegará la primavera y los pájaros anidarán en la línea de fuego. Los gatos son las únicas otras criaturas que se ven por ahí. Me pregunto qué nos traerá la primavera en esta parte del frente. Algo un poco distinto de nuestra rutina de cuarenta y ocho horas en las trincheras, digo yo. Querido tío Jim, tienes que seguir manteniendo el coraje bien alto. Te escribiré cada vez que salga a la acción. Volveremos en unos días.

Con afecto,

GEORGE

Cuando el director de la biblioteca sale a comer y no te mira con sus ojos de águila, sacas fotos de la carta. Te imaginas las manos de Barrie, tan temblorosas al leerla que derrama el café, delatando para siempre el papel.

Al final del texto de George emerge la letra de Barrie, en tinta: «Esta es la última carta, y fue escrita un par de horas antes de su muerte. Sé que lo mataron antes de que yo la recibiera».

Barrie tenía cincuenta y cinco años cuando murió su hijo imposible, el niño que había supuesto su mayor inspiración.

¿Cómo reaccionaría al recibir la noticia?, te preguntas, tocando las manchas del café. ¿Qué haría?

Quizá se saltó las reglas de no utilizar la llave de los jardines de Kensington de madrugada y caminó, en la oscuridad, hasta el árbol donde vio por primera vez a George subido en una rama y le habló del cuento de *Blancanieves*.

Ese relato, en el que la belleza marchita de una reina adulta condenaba a una niña resplandeciente, resonaría años después en la cabeza del autor al inventar a Peter Pan y Garfio: el mismo pulso entre juventud y vejez, deseo y pérdida.

El Eros y el Tánatos.

Claro que esas dos fuerzas —piensas— no habitan solo en las fábulas. Y su confrontación en la vida real quizá no tendría por qué ser necesariamente destructiva. En determinadas circunstancias, podría incluso dar lugar a una lucha fértil por la supervivencia. Por ejemplo, en el contexto de una enfermedad grave, el Tánatos podría manifestarse como negación, rabia o fatiga existencial mientras que el Eros se obstinaría en buscar razones para vivir, aferrándose a cualquier destello de belleza.

En el caso de tu cáncer, las dos pulsiones laten con el mismo frenesí que la isla de Nunca Jamás en medio de un océano inventado. Allí donde, como decía Robert Pogue Harrison, se preserva el corazón de la infancia, neoténico y deseante.

Considerando lo común que es la enfermedad, el tremendo cambio espiritual que provoca, los asombrosos territorios desconocidos que se descubren cuando las luces de la salud disminuyen… los páramos y desiertos del alma… resulta en verdad extraño que la enfermedad no haya ocupado su lugar con el amor, la guerra y los celos entre los principales temas de la literatura.

VIRGINIA WOOLF

«Ñé» es lo que escribes en los márgenes de los trabajos de tus alumnos cuando un párrafo no te acaba de convencer.

Su significado es ambiguo. Lo escribes cuando no ofreces una corrección concreta. Puede ser que el texto te parezca enrevesado o cursi o redundante o farragoso, pero tampoco está mal del todo. Es un «casi casi, pero no».

Te pasa ahora con tu cuerpo. Desde fuera la apariencia es decente. No está mal del todo, pero tampoco está bien. ÑÉ.

Tras recuperarte de la mastectomía y de la ampliación de márgenes, la oncóloga envía tus muestras a laboratorio para llevar a cabo dos test: el genético y el genómico.

El test genético analiza el ADN de una persona para detectar cambios o mutaciones en sus genes, con el fin de evaluar el riesgo de ciertas enfermedades —como algunos cánceres hereditarios— o alteraciones genéticas que puedan transmitirse a su descendencia.

Sorprendentemente, tu resultado da negativo. Te imaginas que si tu madre viviera, estaría contenta, aliviada, porque de alguna manera tu enfermedad no habría sido su «culpa». Pero la doctora te dice que, aunque haya salido así, claramente en tu caso (se pone a leer el informe), con madre, abuela, bisabuela y cuatro tías maternas, algo pasa en tu familia con el cáncer de mama.

Eso, la verdad, ya lo podías sospechar tú.

El test genómico, por su parte, analiza la actividad de un grupo de genes en un tejido canceroso ya diagnosticado. Se utiliza sobre todo en cánceres de mama, próstata o colon para predecir su comportamiento y determinar si la paciente necesita o no quimioterapia preventiva después de una operación. Es decir, sirve para valorar si un tratamiento tan agresivo valdrá la pena una vez que el cáncer, en teoría, se ha eliminado del cuerpo.

La oncóloga te cita para comunicarte los resultados del test genómico. A tu marido y a ti os pone nerviosos rellenar los silencios de las salas de espera con cháchara intrascendente, así que él ha traído una revista, la *Rockdelux*.

A tu alrededor ves a varias mujeres que se tapan la cabeza con un pañuelo. Una chica con mechas californianas, más o menos de tu edad —crees— charla con otra. Te preguntas quién acompaña a quién. Tú hoy te has vuelto a hacer las dos trenzas que, por algún motivo, sientes que te protegen. Como si fueran un escudo de «juventud invencible» o algo así.

Sale el numerito en pantalla.

—«Nuestro» turno —dice tu marido.

Por lo general, te enfadas muchísimo cuando él dice que el cáncer es «nuestro» —se lo has reprochado un montón de veces—. «Es tuyo, ¡coño!». Pero es que a él le rompe los esquemas que seas tú quien lo sufra. Es como si, por azar, le hubieses, de alguna manera, abandonado. Y ahora que tú estás enferma, busca a tientas cómo recuperarte.

Joder, claro que es suyo también. Y cuantísimo odias que tenga que ser así.

Él deja la revista olvidada en la silla. Te coge de la mano para entrar.

En la consulta te explican que tu devenir es ambiguo. Sacas un «índice de recurrencia» de 24 sobre 100 en el Oncotype y este se interpreta en dos rangos: uno para mujeres menores de cincuenta años y otro para mayores. Tú estás a punto de cumplir cuarenta y nueve. Si el resultado hubiera sido superior a 26, se calcularía que la quimioterapia te aportaría un beneficio del 15 por ciento. Pero con un 24, y siendo menor de cincuenta, se supone que no lo hay.

Suspiras con uno de los alivios más profundos que recuerdas.

Lo que ocurre —continúa la doctora— es que, con tu edad, tanto ella como el comité de tumores consideran que vale la pena hacerla. Ahora mismo la «recidiva a distancia a los nueve años» es de un 10 por ciento. Con quimioterapia, se reduciría al 6 por ciento. Serían «solamente» entre cuatro y seis sesiones, cada veintiún días, y merece la pena minimizar el riesgo de recurrencia. Así nos quedamos todos más tranquilos.

Tú no consigues enterarte de lo que está diciendo.

Le das vueltas a que una novela titulada *Recidiva* la podría escribir... ¿Jenny Offill? ¿Emmanuel Carrère?...

La mujer utiliza un tono condescendiente, insoportable. Desde que te han declarado enferma, hay quien te habla como si volvieras a ser una niña.

Tú lo tienes clarísimo: no la vas a hacer.

La doctora te dice que lo pienses.

Te da otra cita para dentro de tres semanas.

Tú le dices que no tienes nada en qué pensar.

Bueno, ya veremos, dice ella.

Tu marido se estudia el informe con meticulosidad, comprueba todas las estadísticas. Al estar tu resultado en una especie de limbo, la decisión depende también de cómo puedas gestionar tú el riesgo de que la enfermedad vuelva o no vuelva. Los porcentajes son números falsos que dependen de demasiados factores. En nuestra sociedad, ahora mismo, aferrarse a lo que recomiendan los protocolos médicos es equivalente a sentirse a salvo.

Tú no quieres pasar por un tratamiento tan agresivo sin justificación clara.

No acabas de entender la lógica de la medicina preventiva.

No estás segura de devastar más tu cuerpo, solo «por si acaso».

Llamas a todo el mundo a contárselo. Te sientes poderosa. En control, otra vez, de tu destino. A algunos les parece bien, a otros peor. Pero tú no estás pidiendo opiniones.

Se acabó el infierno.

Irás a las revisiones y te tomarás la pastilla hormonal el tiempo que haga falta.

Y punto.

Retomarás tu vida.

Tu padrino te invita a cenar a un restaurante; viene tu tía también. Es un sitio de pescado. Habláis de lo espectacular que está la merluza aquí, de la farmacia de su nuera, donde tu padrino te ha abierto una cuenta y has probado varios remedios de homeopatía.

Entonces, llegan los postres, que a ti, la verdad, no te apetecen.

Dice él:

—Tienes que hacer la quimioterapia, por favor.

Respondes tú:

—Es mi vida y ya está decidido: no tengo ni la menor duda.

Sales a la calle a fumar.

Dice él:

—¿Por qué no haces caso a tus mayores?

Respondes tú:

—Porque yo ya soy mayor, tío.

Dice él:

—¿Y por qué fumas?

Te arranca la colilla de la mano y la apaga en un cenicero plateado junto a la puerta.

Otro tío tuyo, el ginecólogo con quien tuviste a tu hijo, te escribe un wasap para ir a tomar una caña. Es domingo. Te cita en una terraza del parque del Retiro. Hace sol, y al caminar aún te sujetas el pecho nuevo, ajeno a tu cuerpo.

Dice él:

—Imagínate.

Respondes tú:

—Me imagino. Pero dime qué me imagino.

Dice él:

—Imagínate que dentro de un año te hacen un escáner en el hospital. Te encuentran una mancha en el hígado. O en el páncreas. Si sigues fumando, igual en el pulmón. Hay diseminaciones de ese tumor por otras partes de tu cuerpo. Tienes una metástasis y es demasiado tarde... Pero si te hubieras sometido a la quimioterapia ahora, no sería una hipótesis posible. Si estuviera aquí tu madre, te pediría que lo hicieras. ¿Tu editora no murió de un cáncer de mama? Piénsalo un segundo: ¿qué necesidad tiene la doctora de obligarte a ti a hacer nada? ¿Qué más le da a ella?

Tus ojos se llenan de lágrimas y se te corta la voz. Bebes un trago de cerveza.

Respondes tú:

—¿Y el pelo? ¿Y si deja de funcionarme el pensamiento? ¿Y si se me va la cabeza y empiezo a pensar cosas raras? ¿Y si no me sale el libro que tengo que escribir?

Dice él:

—Tú eres gilipollas.

Con diecisiete años conociste a una mujer —la madre de tu primer novio— que tenía una casa maravillosa a pie de playa pero que no dormía por las noches, obsesionada con que un posible tsunami arrasara la urbanización. Tú demostraste cierta extrañeza al respecto y ella te habló de la «ola del miedo adulto». Temores de todas clases que surgían solamente por hacerte mayor.

Esa ola te traga entera.

Tienes miedo a someterte a la quimioterapia.

Pero, ahora, también tienes miedo a no hacerla.

Haces acopio del fragor de tu orgullo y lo guardas en un cajón.

El día del primer ciclo y antes de pasarte a la sala, una enfermera te lee una lista con los posibles efectos secundarios del tratamiento. Fiebre. Escalofríos. Sarpullido. Hinchazón de piernas. Ritmo cardiaco acelerado. Pérdida de conciencia. Coloración amarillenta de la piel. Náuseas y vómitos. Llagas en la boca. Alteraciones en el ciclo menstrual o menopausia inducida. Uñas frágiles o con cambios de color. Diarrea. Alopecia.

El pelo se te caerá el día dieciséis del ciclo.

La enfermera mira un calendario de mesa y cuenta hasta llegar a la fecha. Señala los números: uno, dos, tres, cuatro, cinco, seis, siete, ocho, nueve, diez, once, doce, trece, catorce, quince... El pelo se te caerá justo el día después de tu cuarenta y nueve cumpleaños.

A ti te parece imposible esta precisión. Se lo discutes. Le dices que conoces gente que ha pasado por la quimioterapia y no se le ha caído. Ella niega con la cabeza. Con esta se te caerá, seguro. Lo tienes muy largo, mejor ve cortándotelo ya y te evitas el trauma de verlo caer. También, yo que tú, me iba haciendo el *microblading* de las cejas que, si no, la cara queda muy extraña. Y cómprate una peluca, las hacen tan increíbles que ni se notan.

—Pero ¿y si a mí no se me cae? Habrá excepciones, ¿no? ¿Igual yo soy una de esas?

—Mejor vete haciendo a la idea, ¿vale?

Ah, que se te olvidaba que tú no eres especial, claro. Ni lo suficientemente valiente. Ni mucho menos, aventurera.

Casi, casi, pero no. Como un párrafo que no te acaba de convencer. ÑÉ. ÑÉ. ÑÉ.

Las señoras de pilates vienen y van.
*Dicen:*
Todo pasa.
Un amanecer no dura toda la mañana.
Todo pasa.
Un aguacero no dura todo el día.
Todo pasa.
Ni una puesta de sol toda la noche.
Todo pasa.
¿Qué cambia siempre?
Tierra... cielo... trueno... montaña... agua... viento... fuego... lago...
Estos cambian.

¿Y si estos no perduran?
¿Perduran las visiones del hombre?
¿Sus ilusiones?
Acepta las cosas como vienen.
Todo pasa.

Alucinas con que estas mujeres conozcan el poema atribuido a Lao-
Tse en la versión psicodélica de Timothy Leary. Lo imprimes y lo
cuelgas en la pared de tu habitación.

O sho

¿Posible argumento? Una mujer se sube al autobús.
Supón que te inventas una historia de amor…
y no viene nadie.

LORRIE MOORE

Mi querida y bella X:

Te escribo a esta dirección de mail que no sé si aún conservas. Miro por la ventana y veo un jardín de buganvillas y bambúes acariciados por el eco de un manantial. A lo lejos, se adivina el sonido distante de un motor, el único rastro de vida real que percibo en estos días. Te estarás preguntando por qué te escribo. Yo tampoco lo tengo claro. Quizá ni siquiera llegues a leerme.

Estoy en Pune, en la India, en el Osho International Meditation Resort. Si recuerdas tan bien como yo nuestro tiempo en Ibiza, quizá te suene un epígrafe en mi guía de viajes dedicado a este gurú *new age* que, entre otras cosas, sostenía que el control que creemos tener sobre la vida es pura ilusión. Una de tantas que necesitamos para existir.

Supe por primera vez de este sitio cuando en Hachette, la editorial francesa, me contaron que su directora lo había dejado todo para «encontrarse a sí misma». Hablaban de ella con compasión, como si hubiera perdido la cabeza. La última vez que nos vimos, ¿qué teníamos? ¿Veinticinco años? ¿Veintiséis? Esto nos habría parecido un cliché horroroso de crisis de la mediana edad, ¿no te parece? Pero ahora te diría que entiendo muy bien por qué la mujer necesitaba conectar con su Ajna, el chakra del tercer ojo que yo también creo haber encontrado aquí.

Pero espera, que me explico. Verás…

Tú supiste que me casé con mi novia anterior (y posterior) a ti. Lo que no supiste fue lo que vino después. Pero seguro que te lo puedes imaginar, ¿no? Recorrimos el mundo con mis guías apócrifas. Escribí Bali, el Outback australiano, Estambul, California… El estilo de vida que yo siempre había soñado. O sea: imprevisible. Decidimos tener un hijo y seguir igual. Pero cuando ella se quedó embarazada, se sintió más segura volviendo a Montreal para el seguimiento médico. Y después… ya nunca salimos de ahí. Compramos una casa cerca de sus padres y de los míos. Pensamos que cuando el niño, y después el otro niño, creciera, volveríamos a «nuestra vida». Pero nuestra vida ya era esa. Dejé de viajar, dejé de escribir, ahora soy programador informático y los fines de semana nos vamos a la montaña.

¿Se puede decir que sentía todavía deseo o que era feliz? Claro que sí. La era del narcisismo provoca que necesitemos más y más cosas para alcanzar un grado de satisfacción que luego se acrecienta… porque después necesitamos otras. Y después más. Mi vida estaba camuflada de trabajo, gimnasio, organizar a los hijos, tener alguna cita ocasional con mi mujer —un sexo correcto y sin ansias—, quedar de vez en cuando con los amigos y pensar que me divertía. Pero un día me sentí enfermo. Nada grave, gripe. Necesité meterme en la cama. No acompañé a mi mujer a un evento que para ella era importante. Cuando regresó estuvo reprochándome mi ausencia durante horas.

Y yo la miré y pensé: pero si tú eres el espejo de mi fracaso. Pero si tú, hija de puta, me has privado de ser quien soy.

Nos escupimos una sarta de espantos de esos que luego tratan de olvidarse. Y bajé a dormir al cuarto que utilizamos de trastero. Ahí están las cajas con las cosas que guardé de mis viajes. Mi *memorabilia*: postales, entradas de museos, *tickets* de restaurantes, fotos aleatorias de cámara analógica. Por ejemplo, una tuya en un cementerio con unas flores en la boca. ¿Por qué tenías flores en la boca? ¿Te las quitaría yo luego con un beso? Estabas tan, tan preciosa con las margaritas entre los labios. Te habría comido entera.

Aparte, también estaban los libros de la época. Como *El mito de Sísifo* que leía en Ibiza cuando, de repente, te dio por dejarme —así como así— y tuve que ir a buscarte a Madrid. Para Camus, el mortal castigado por los dioses a subir la roca era el símbolo del hombre moderno, ¿te acuerdas? Condenado a repetir tareas sin sentido pero descubriendo cierto gozo, e incluso dignidad, en ello.

Tú y yo no queríamos bajo ningún concepto ser Sísifo.

El gozo para nosotros estaría en otras cosas.

Entonces encontré otro libro que me regalaste tú para mi primer viaje a la India: *La espuma de los días* de Boris Vian. La edición del nenúfar en la portada. Lo abrí por una página cualquiera y me encontré con una frase que tú habías subrayado en lápiz cuando lo estudiaste: «Aprendo cosas y amo a Chloé».

No sé si fue porque oí tu voz pronunciando esas palabras o porque el mundo nos trae señales cósmicas justo cuando las necesitamos. Pero esa frase fue el detonante de que hoy esté aquí.

Yo ya no aprendía cosas.

Ni tampoco amaba a nadie, en realidad. Ni siquiera a mí mismo.

La rutina en el Ashram es estricta para que toda nuestra energía se focalice en soltar el ego y renacer. A las seis de la mañana, meditación dinámica. Gente de todo el mundo, la mayoría por encima de los treinta, con tormentos de mil colores en los ojos. En rupias, no es mucho el dinero que cuesta tratarse aquí.

Primero, nos quitamos el collar con las 108 cuentas de las pasiones terrenales y lo guardamos en un cajón. Adiós al deseo de control, los celos, la codicia, el odio hacia los demás, el autoengaño. Adiós a las sombras de la mente. Adiós a las banalidades que te componen. La meditación empieza con una respiración caótica (parecida a la de un sexo desbocado) que nos lleva a la catarsis personal de cada día: llorar, gritar, reír. O hay quien se acurruca y se balancea como los locos. Una mujer taiwanesa canta en voz bajita en una esquina. No sé si es una nana o un réquiem, pero te eriza la piel.

En estos días he llorado más que en toda mi vida.

Después, la jornada se reparte entre yoga o tai chi, terapias de distintos tipos, talleres y conversación.

Y me doy cuenta de que las cosas que quiero aprender están aquí.

Nos dicen los mentores que la edad, en Occidente, funciona como un mecanismo disciplinario que nos encierra en la jaula del deber. Y por eso hay que tratar de liberarse de ella. En la tradición yóguica no se cumplen años, sino que se atraviesan umbrales. A nuestros cuarenta (tú los habrás cumplido ya también), se abre el Ajna o tercer ojo. Está justo entre las cejas y es donde se coloca la «visión más allá de lo visible». Lo que nosotros llamaríamos «crisis de la mediana edad», Osho lo llama apertura. No se trata de ver más, sino de ver desde otro prisma: darse cuenta de que el teatro que has sostenido toda tu vida, esperando aplausos, llega a su fin.

El vacío gigantesco —inenarrable, en realidad, aunque trato de hacerlo— de la gripe, la bronca con mi mujer y el encuentro con los libros… fue mi Ajna abriéndose hacia una grieta que ya no se puede cerrar.

Se supone que cuando complete mi estancia aquí, llegará un momento en que esté preparado, para el resto de mi vida, a abrazar el Sahasrara, el chacra de la madurez que emerge, dicen, entre los cincuenta y cinco y los sesenta años. Es una especie de disolución, como si uno dejara (por fin) de preguntarse «¿quién soy?», y simplemente se dedicara a ser. Sin exigencias, sin miedos, sin tener que hacer teatro de nada.

Algunas tardes floto en la piscina, boca arriba, y me parece escuchar el sonido de mi propia eternidad.

Hace dos noches se celebró en el Ashram la Gran Fiesta del Encuentro con la Luz. Es un rito que dura cuarenta y ocho horas para quien las aguante. Se supone que no hay drogas, pero un americano nos regaló varias microdosis de LSD. Teníamos que colocarnos por parejas y hacer un juego pregunta-respuesta. Diez minutos en los que se trata de «examinar» al otro, y así sucesivamente. Cuando repites una y otra vez una y otra vez una y otra vez quién quieres ser ahora —o más bien, quién eres ahora—, al final lo integras. Te lo crees. El objetivo es llegar a ese momento cuando ya no hay pasado, ni futuro, ni lazos terrenales, ni morales aprendidas, solo el «yo» presente. Lo repito —me repito— con unas cuarenta personas hasta que ya, en plena madrugada, me toca con la mujer taiwanesa que canta. Nos miramos a los ojos. Empiezo a recitarle mi mantra, pero ella se acerca a mi oído. Me susurra su canto atávico y después, me chupa. Me lame con un gesto sexual, húmedo, inesperado. Ella no me atrae pero todo mi cuerpo despierta. Me crece un calor asfixiante en la garganta, un deseo tan extremo que me siento como a punto de descomponerme en cientos de átomos. Como si mis pies se elevaran del suelo hasta otra dimensión. Entonces, en pleno frenesí, la mujer taiwanesa me empuja. Me caigo. Ella me patalea. Me defiendo como puedo, como un niño atacado. Me levanto, luchamos en una especie de danza violenta y agotadora. Ella es fuerte, puede conmigo, me vence. Me vuelve a empujar. Pero justo en ese segundo en el aire antes de caerme al suelo brota de mi corazón una carcajada inmensa, infinita, que suena tan libre como si llevara encarcelada años... Y sale por fin.

He despertado al verdadero yo que andaba buscando, y esta es mi epifanía, mi iluminación:

Soy un viajante.

No sé cuánto tiempo más me quedaré en Pune.

No sé si regresaré a casa con mi mujer y mis hijos.

Tampoco sé si te volveré a ver.

Pero sí sé que quiero aprender cosas y amar a Chloé.

Y mi Chloé eres tú.


X leyó el e-mail del *traveller* en el lobby de un hotel Hilton de Viena que la agencia de viajes había prometido como «lujoso», pero que en realidad era tirando a «básico» y, como había comentado su madre nada más llegar: «cero-glamur». Por favor, ¡si ni siquiera había una lámpara de lágrimas de cristal!

Estaban las dos en un tour organizado y acababan de llegar a la ciudad imperial. Pero les habían dado un cuarto con cama de matrimonio y X hacía cola en la recepción para intentar cambiarla a dos individuales mientras su madre, con los demás turistas, arrasaba la cena bufé.

Releyó el e-mail del *traveller* mientras esperaba. ¿Iba en serio? ¿Era una locura? ¿Un llanto desesperado? No tenía sentido que la escribiera ahora, que ella tenía marido, otra vida y un tour apasionante con su madre por las Joyas del Danubio. ¿Pretendería él retomar algo, a estas alturas? Qué raro... Hacía alrededor de quince años que apenas sabía de él, salvo por algún post ocasional en redes sociales. Si lo pensaba, tanto tiempo después, no era capaz de recordar qué había sucedido exactamente entre ellos. Fueron a una rave en Ibiza y él, puesto de éxtasis, le había pedido matrimonio. Ella se agobió y volvió a Madrid. Él apareció allí, para recuperarla, un par de meses después. Se emborracharon de pacharán, su madre los echó de casa, pasaron una semana encerrados en una pensión cerca del museo Reina Sofía. Y después, cuando él se marchó y se dieron cuenta de que, sí, estaban enamorados, ella le dijo que se pensaría lo de casarse... Pero al poco, y sin haber tomado ella aún la decisión —tan grave, tan determinante—, él se casó con otra.

X no lo lamentó en exceso en el momento (o eso recordaba). Quedarse con este chico quizá habría sido complicado (como bien demostraba su carta), pero sí era cierto que, en ocasiones (quizá en muchas ocasiones), no había podido evitar pensar: ¿qué habría sido de mi vida si me hubiese casado con él?

El recepcionista le comunicó a X que, sintiéndolo mucho, no tenían habitaciones con dos camas. Su madre, en cambio, lo celebraría seguro: le encantaba dormir con X, juntitas, como cuando era pequeña. La mujer tenía ataques fuertes de nostalgia, como la obsesión por viajar a Viena porque, cuando vino de niña con sus padres, se quedó con la pena de no visitar el palacio de Schönbrunn, donde había vivido Sissi, emperatriz. De hecho, el viaje había sido regalo de X por su sesenta y cinco cumpleaños, de tanta matraca que había dado.

No veía bien a su madre últimamente. Sospechaba que lo que había empezado, hacía años, como un remedio para estar un poco más «tranquila», se había convertido en un cóctel diario (y demasiado frecuente) de ansiolíticos y benzodiacepinas. Lo sospechaba pero no la había interrogado al respecto tampoco. Prefería no decir nada e intentar, en la medida de lo posible, que su madre estuviera contenta. Así, a lo mejor, la silente amenaza de las benzo se disipaba.

En el comedor, la madre les daba charla a los compañeros del tour: una pareja cincuentona con tres chavales; un señor con bigote y su hermana, que se acababa de salir de monja y quería ver mundo; dos solterones que bebían como si no hubiera un mañana. En fin, pensó X. Para glamur el del *traveller*, que persistía en su recuerdo como el mejor personaje que habitaba los confines de su imaginación. Una cosa estaba clara: de haberle dicho que sí, en este plan semicutre de Joyas del Danubio seguro que no estaría.

La habitación, como el resto del hotel, era poco elegante para —como decía la madre— ser un Hilton. Por no haber, no había ni cuadros de paisajes austriacos en las paredes y la ventana daba a un patio interior. Las maletas reposaban abiertas en un sofá sin gracia alguna. La madre sacó el conjunto para el día siguiente y lo colgó en el armario. Un vestido floreado, una chaqueta y un fular. Le hacía ilusión ir elegante a ver a Sissi. Se metió en el baño a lavarse los dientes y a hacerle el reporte a la hija: el escalope del bufé estaba pasable, pero la supuesta tarta Sacher, una porquería. Eso no era Sacher ni nada por el estilo. Cuando vino con sus padres a Viena de niña… ¡Ah! ¡Qué tarta! ¡Qué maravilla! ¡Nunca había vuelto a tomar una tarta como aquella!

X la escuchaba de fondo mientras buscaba el pijama en la maleta.

Hoy —continuó la madre—, les había contado a los compañeros del tour la historia de cuando de joven, en California, había ido a Disneyland y les habían dado, a su padre y a ella, una suite de lujo en un Hilton en condiciones.

—Pero, Mami, eso te lo has inventado… —refunfuñó X—, no nos quedamos a dormir en ningún…

—Y tú qué sabes, que no te acuerdas. Chica, que estábamos de un muermo… No son mentiras: son historias, charlar. Lo que es dar conversación de toda la vida. Cosa que tú, por cierto, no haces. Que eres muy antipática.

La madre salió del baño con un camisón azul largo que a X, de siempre, le había parecido imponible, como de anciana. Pero, claro, ahora su madre ya era una mujer mayor. Podía permitírselo.

—¿A ti no te parece que al señor del bigote le gusto? —sonrió coqueta.

216

X suspiró. Al parecer, se había dejado su pijama en el hotel anterior de Praga, así que se quedó en bragas y camiseta.

La madre sacó el móvil y posó junto a la hija. Hizo un selfi y empezó a teclear el teléfono para mandarle un mensaje a su otro hijo: «Qué ilusión: mañana, por fin, conoceré el palacio de...».

X se quejó:

—¡Esa foto no, por favor!

—Ay, qué más te da, de verdad... —Y siguió tecleando—: «Mañana por fin conoceré el palacio de Sissi, emperatriz».

X odiaba esa película. Y, de niña, la habría visto por lo menos cien veces porque a su madre le encantaba alquilarla en el videoclub. Se metió en la cama. La mujer, antes de seguirla, dobló la ropa que la hija había dejado tirada encima de la maleta. Hacía muchísimo que no iban de viaje juntas, por lo menos desde que X se había ennoviado y después casado con el cinéfilo, que eran varios años ya.

X apagó la luz. Pero la madre volvió a encenderla y se quedó mirándola.

—Oye, tienes un tipazo, tú. Le tendrás contento a tu marido, ¿no?

—Mami, ¿en serio?

—Estás buenísima, sí, sí, sí.

X volvió a darle al interruptor y se dio la vuelta. Cuantísimo le gustaría estar ahora en la India en un Ashram o donde fuera —pensó— y no metida en la cama con su madre y esta clase de conversación.

—Oye... —continuó la madre—, ¿tú te has lavado los dientes?

No, no se los había lavado. X se levantó, con el resorte de niña obediente. En el lavabo, estaba el neceser rosa de su madre abierto. Metió la mano buscando dentífrico y se encontró con un frasquito de cristal vacío con una etiqueta decimonónica gastada. Se la había regalado ella hacía siglos, souvenir de un verano de adolescente en un campamento.

—¡Pero todavía tienes esto, Mami! —exclamó, mientras trataba de descifrar el texto en inglés prácticamente borrado.

TÓNICO PARA LA JUVENTUD ETERNA.
FÓRMULA ORIGINAL DE LA DOCTORA LUELLA DAY.
COMPUESTO ELABORADO A PARTIR DE... LA FUENTE...
PONCE DE LEÓN
REMEDIO INFALIBLE CONTRA...

—¡Claro! —contestó la madre desde el cuarto—. Lo llevo siempre. ¿Por qué te crees, si no, que sigo tan estupenda, y que el señor del bigote me mira cómo me mira?

X pensó: ¡pero si el frasco está vacío! ¡Pero si el señor no te mira! En fin, las cosas de su madre.

Se quedó observándose en el espejo. ¿Qué pensaría el *traveller* de ella si la viese ahora? ¿Le gustaría todavía, con este rostro de «mujer» que se le estaba poniendo? Se estiró la cara y se colocó el pelo por delante. En realidad seguía más o menos igual que siempre, ¿no?

Desde el cuarto, la madre seguía hablando:

—¿Y tú, con el cinéfilo qué tal?

X se lavó los dientes despacio.

—¿Desde que os habéis casado cómo va el *mambo*?

O sea, para no creer. X hizo como que no la oía, el grifo de agua abierto.

—Todo cambia con la rutina —siguió la madre—, por eso te pregunto. Y el sexo es fundamental, ¿eh? Más de lo que se piensa.

X salió del baño, insuflándose de paciencia.

—Ya sé que el sexo es «fundamental». Fin de la conversación, ¿vale? Buenas noches.

—¿Tú sabes el tiempo que llevo yo sin que nadie me toque? Qué lástima, de verdad...

X volvió a apagar la luz.

La madre se quedó boca arriba, mirando el techo.

La hija se movió en la cama, tratando de encontrar una postura. Lo cierto era que el e-mail le había removido más de la cuenta y no sabía muy bien por qué. Estaba claro que para ella no suponía ningún cambio. No iba a hacer nada al respecto. Pero ¿qué sería de su vida si...?

—Oye, Mami, ¿tú te acuerdas de mi exnovio canadiense, el que conocí de Erasmus y luego vino a Madrid a verme?

—Sí, claro, el sinvergüenza que me hacía ojitos. ¿Por?

—No, por nada.

X se dio la vuelta.

«Ojitos». Había que joderse.

Aunque era verdad que el *traveller* había demostrado ser un imbécil al romper la promesa de la espera hasta que ella hubiera tomado su decisión. El sexo con él siempre había sido como de novela erótica, pero era un intenso y un falso y un flipado *new age*... Qué epifanía, ni qué iluminación... Anda ya...

—Oye, hija. —Casi se sobresaltó con la interrupción de la madre—. ¿Tú alguna vez piensas en Sissi?

—¿Cómo?

—¿Alguna vez piensas en Sissi, emperatriz?

X se rio. ¿Qué se podía contestar a eso? ¡Claro que sí! ¡Para nada estaba dedicándole espacio mental al imbécil del *traveller*! ¡Solo pensaba en Sissi! ¡Día y noche! ¡Mañana y tarde! ¡No hacía otra cosa que pensar en la actriz Romy Schneider con su mirada cursi y su melena larguísima y espectacular, adornada con estrellas!

—¿Te acuerdas bien de todo lo que le pasó? —continuó la madre.

X no se acordaba, no. Pero que no se preocupara de eso, que ya las ilustraría la guía mañana en la excursión.

—Chiiist, a saber qué dice la inculta esa.

Y X, a pesar de sus ironías (que con su madre nunca funcionaban), no pudo evitar que la mujer le relatara la historia de Sissi —de cabo a rabo— igual que cuando le contaba cuentos de niña:

—Sissi era hija de los duques de Baviera. Pero vivían lejos de la corte, y ella se crio en el campo, a orillas de un lago, entre caballos y libros. La chica no tenía ni idea de protocolo, ni de los modales de la alta sociedad. Solo lo que había leído en las novelas. En eso de los libros, se parecía un poco a ti. O a la ti de antes, claro, porque ¿cómo puede ser que no te hayas traído ningún libro al viaje? El caso es que cuando tenía dieciséis años acompañó a su madre y a su hermana mayor a la residencia de verano de la familia real austriaca. La madre quería colocar a su primogénita con el futuro emperador. Pero Francisco José vio a Sissi y se volvió loco de amor. Y se casaron, claro. Lo de Francisco José fue un poco como lo tuyo con el cinéfilo, que te enamoró locamente con lo listísimo y talentosísimo que era y etcétera. Pero es que luego, la vida es muy complicada, hija. ¿Tú crees que a Sissi no le costó adaptarse a la etiqueta de Viena? Lo pasó fatal con su suegra, la archiduquesa, que era una bruja, al parecer. Pero se mantuvo constante. Gracias a ella, que era tan guapa y tan buena, el pueblo acabó apoyando a Francisco José. Y este se lo agradeció profundamente hasta el fin de sus días. ¿Me entiendes?

X negó con la cabeza. ¿Qué era lo que se suponía que tenía que entender? Porque no, no entendía nada.

La madre continuó:

—El amor ese, la pasión desaforada, se pasa. Pero el agradecimiento de Francisco José también era amor. Un amor igual de puro, e incluso mucho más maravilloso, te diría yo.

La hija suspiró pesadamente. La madre se quedó pensativa (como regodeándose en ese amor tan puro y maravilloso) hasta que se levantó. Tenía que ir al baño. Se tropezó, descalza, en la oscuridad. X encendió la luz. Se cruzó de brazos en la cama. Volvió a suspirar. Era su madre. Era mayor. Estaba contenta con el viaje Praga-Viena-Budapest. ¡Paciencia, paciencia, paciencia! Sabía que le correspondía tener mucha, pero que mucha paciencia, pero a veces le resultaba imposible.

—Verás que algún día les contarás a tus hijos —voceó la madre desde el baño— que una vez estuviste con la abuela en Viena, en el palacio de Sissi. Aunque me da a mí que el primero será un chico…

Ajá. O sea que eso era. La madre salió del baño y volvió a meterse en la cama. La luz, de nuevo apagada.

—Mira, igual el cinéfilo ahora no quiere…

—O yo no quiero…

—¡Qué tontería! Si de niña querías muchísimo a todos tus muñecos, sobre todo al osito cantarín, o sea que ahora no te hagas la pasota. A tu marido le pasará como a Francisco José. Él, al principio, tampoco estaba por la labor de ponerse a procrear, pero, claro, no le quedaba otra... La archiduquesa le obligó. Y a Sissi, que se sentía muy sola en la corte, pues le pareció bien. Pobrecita mía. Estaba como loco con las niñas, Francisco José. Y cuando nació su hijo, el heredero, ya imagínate. La felicidad absoluta. Es algo que les pasa a los hombres. Lo de los genes, dejar estela en el mundo. Parece que es cosa nuestra, pero qué va. Ahora que eres mayor te puedo contar lo que no salía en las películas. Que lo que pasó luego fue tristísimo, porque el único chico se suicidó a los treinta. Por una novia medio loca que tenía. Una pena horrorosa. La pobre Sissi. Decían las malas lenguas que la novia era hija ilegítima de Francisco José. Y de ahí el suicidio. ¡Qué barbaridad y qué mala gente! En fin, da igual. El caso es que, aunque pasen cosas horribles en la vida, hay que tener hijos... Y no solo por pensar que tenerlos te va a atar a tu pareja, que esa es la mentira más gorda que he escuchado jamás, sino por ti. Porque todas necesitamos un espejo donde reconocernos.

A X le salió del alma contestar como si aún fuera una joven rebelde enfadada con el mundo y sobre todo, con su madre:

—Joder, pues para acabar como tú... —Se arrepintió de inmediato—. O como Sissi... —intentó suavizar.

—Vosotros —siguió la madre— sois lo mejor de mi vida. ¿Tú te imaginas qué habría sido de mí si no os llego a tener a ti y a tu hermano? —Se le empañaron los ojos—. Seguramente nada.

Este se parecía mucho al ataque prototípico de nostalgia que la mujer exponía en los últimos tiempos. Pero X, esta vez en concreto, supo con una claridad casi cruel que quizá no fuera del todo cierto. Más que un deseo cumplido, el destino de su madre había sido más asumido que propio.

Aunque ¿no le pasaba esto, en realidad, a todo el mundo, de alguna manera u otra?

A la mujer, ahora frágil —como anciana, de repente—, le temblaron las facciones. Temerosa de pronto, volvió a levantarse. No se había tomado las pastillas.

—Mami, si ya te estabas durmiendo. No te hacen falta. ¿Cuántas has tomado hoy?

—Ninguna —mintió ella.

—Te he visto. Una en el desayuno, antes de salir de Praga. Otra en el autobús. Otra en la comida. Dos, si no han sido más, cuando te metiste en el baño nada más llegar al hotel…

La madre no lo negó, pero esta vez fue ella quien encendió la lamparita de noche.

—Mira, niña… ¿Tú sabes lo que nos va a contar la guía en la excursión, mañana? —dijo, indignada—. Que Sissi era una mimada y una gilipollas, y Francisco José un hijo de puta y un cabrón. Pero es que a mí me gusta más mi versión de la historia. ¿Pasa algo?

—Pero, Mami…

—¿Pasa algo? —repitió.

—No…

—Pues déjame, ¿vale?

La mujer sacó tres pastillas del neceser rosa del baño y se las tragó, aliviada. Después se tumbó al lado de X y se acurrucó junto a ella.

—¿Me das la mano?

X, sin rechistar, se la dio. Ambas cerraron los ojos y el sonido de sus respiraciones se coordinó como una canción de nana.

—Hija… —susurró la madre—, ¿tú crees que, en el palacio, habrá un café bonito, donde haya una lámpara con lágrimas de cristal y una tarta Sacher de las ricas, ricas?

—Seguro.

La mujer pareció quedarse tranquila. Se le movieron las piernas con un espasmo repentino, como si su cuerpo hubiese rozado el vacío para enseguida recuperar el equilibrio.

X, en cambio, aún dio varias vueltas en la cama. En el pasillo, una pareja ebria de risas forcejeaba con la puerta de la habitación de al lado. A través de las paredes se adivinaban los jadeos de la chica, la urgencia de los besos de él.

Cogió el móvil de la mesilla y, en la oscuridad del dormitorio, volvió a leer el e-mail del *traveller*. Realmente le parecía un halago que alguien, tan lejos, pensara que quizá ella era la salvación de su vida prototípica y gris. ¿Y si lo mandaba todo a la mierda y empezaba de nuevo, a su lado? ¿Se atrevería?

—Mami —susurró, por si acaso seguía despierta—, ¿quieres que juguemos al abecedario hasta quedarnos dormidas?

Pero la madre no contestó.

Así que X empezó a jugar ella sola, en su cabeza…. A de Austria, B de Baviera, C de Caballo, D de Duquesa, E de… Erasmus…

Mi querido y hermoso *traveller*:

No creo que me eches de menos a mí en concreto.

Creo que te echas de menos a ti mismo cuando estabas conmigo, joven como eras.

Yo sí aprendo cosas.

Y amo a Chloé.

Pero mi Chloé —y mira que lo siento, joder— no eres tú.

# Pelo… o ¿Punk?

El pelo importa. Es nuestra gloria y nuestra condena, nuestra historia, nuestra sexualidad, nuestra fe, nuestra vanidad, nuestra alegría y nuestra mortalidad. Al fin y al cabo, en eso consiste todo: en lo largo o lo corto del asunto.

ELIZABETH BENEDICT

Tú solo puedes pensar en la profecía de tus días.

El pelo se te caerá el día dieciséis...

Elaboras una especie de altar para atraer la buena suerte. En el centro, un regalo que te hizo tu madre cuando te visitó, de Erasmus, en Escocia: un hada protectora en un bote de cristal.

Uno...

Dos...

Tres...

Cuatro...

Cinco...

Las señoras de pilates vienen y van.

*Dicen:*

El pelo es lo de menos. Luego crece.

Lo que importa es curarse, claro. Pero tú te sorprendes al descubrirte tan «superficial»: solo piensas en el pelo. Todo el rato. En que de verdad se te caiga. En ser una mujer calva. Y eso que se supone que eres una persona inteligente, no vives de tu imagen, tu atractivo no radica en tu melena... ¿O a lo mejor sí?

Estás segura de que su ausencia va a arrancar tu identidad y tu belleza de cuajo.

Enteritas.

¡ZAS!

El pelo ha sido, históricamente, uno de los mecanismos de control más persistentes sobre el cuerpo de las mujeres: marcador de obediencia, virtud, deseo o transgresión. En el siglo xix, la melena encarnaba el ideal de lo femenino. El arte, en pinturas como las de las damas prerrafaelitas, y la literatura, con la emergencia del género novelístico, consolidaron la idea de que el cabello largo era sinónimo de belleza y de poder erótico. Como muestra de amor, era habitual que las jóvenes entregaran un mechón a sus pretendientes, para que estos lo guardaran en un relicario y suspiraran por la escasa posibilidad de volver a tocarlo.

O, bueno, igual sí... La esperanza es lo último que se pierde.

Llevar el pelo suelto quedaba reservado al ámbito privado —el dormitorio— o se vinculaba a las mujeres de «mala reputación». A las díscolas —reclusas en cárceles, reformatorios o manicomios— se las castigaba rapándoles la cabeza, como si así se pudiera domar su «vanidad». En *Los miserables* (1862) de Victor Hugo, Fantine no tenía más remedio que vender su larga melena rubia a cambio de «¡Diez francos por mi pelo!» y su cráneo desnudo se convertía en emblema de su degradación moral. En otro gesto literario memorable, Jo March, protagonista de *Mujercitas* (1868) de Louise May Alcott, también cortaba y vendía su cabello para ayudar a su familia. Aun siendo decisión propia, Jo lloraba desconsolada por la pérdida de «su único orgullo», como si con cada mechón se despidiera de la niña que fue.

Cuando de adolescente leíste *Mujercitas* sufriste con el mismo desgarro que Jo March al verse tan distinta de pronto. Pensaste en cuánto tardaría en reconocerse.

Ahora, en el futuro de tu adolescencia, te preguntas cómo te sentirás tú.

En los archivos que se conservan de la doctora Luella Day, de su temporada de médica en Chicago, el pelo también aparece como insignia. Era obligatorio llevarlo recogido bajo una cofia azul que marcaba su estatus algo más alto que el de las enfermeras. Recatada, impecable. Todos los días.

Todos, salvo los viernes.

Los viernes, Luella se quitaba la cofia, deshacía ligeramente el moño prieto y, al caer una luz oblicua por las ventanas, se escabullía sigilosa hacia el ala este del hospital. Ese pabellón albergaba a las enfermas terminales: mujeres con cánceres avanzados, sometidas primero a cirugías devastadoras y calmadas después con arsénico, o morfina. La tintura de láudano era lo último. Bajo su efecto, en esta sala, ya no se hablaba de curación, sino de disipar la angustia hasta que llegara el final.

Podría decirse que el pasillo que olía a lejía y resignación apenas lo cruzaba nadie más. Luella, al principio, se ofreció a charlar con ellas y entretenerlas, pero al percibir que muchas no tenían ganas de hablar enseguida se entregó a otro arte más íntimo: el de contar historias. Mitos griegos, leyendas de antiguos conquistadores, cuentos indígenas, relatos de su infancia al lado de un padre buscador de oro...

Aunque lo que escuchaban estas mujeres con más deleite eran sus aventuras amorosas. Y cuando a Luella se le acabaron los amoríos de verdad, empezó a inventarse otros nuevos, más apasionantes, cada vez más fogosos. A la contadora de historias no se le ocurría mejor cura que lograr que las enfermas suplicaran saber más y más y más, con la respiración acelerada, como si estuvieran a punto del orgasmo.

Leyó novelas eróticas que sirvieron para afilar su imaginación. Las conseguía por otras doctoras que se movían en círculos progresistas como el de Hull House, un espacio que promovía la emancipación e igualdad de las mujeres frente a los hombres en sanidad, educación, derechos laborales y, por supuesto, en el acceso a determinadas lecturas. Luella se sumergió en las páginas de *Juliette o la prosperidad del vicio*, *Fanny Hill*, *La Venus de las pieles*... Le excitaron la osadía y el desenfreno que recorrían sus páginas. Pero buscaba algo en ellas que no encontraba. A pesar de que eran mujeres poderosas, su sexualidad siempre estaba orientada a complacer a los hombres. E incluso cuando alguna se masturbaba era solo para proporcionarles a ellos placer *voyeur*. La pregunta le ardía: ¿y si el placer femenino no tuviera que pasar —como todo lo demás— por la aprobación masculina?

A Luella, pues, se le ocurrió comenzar a narrar historias en las que ella, supuestamente, había dominado a su antojo tanto el deseo de los hombres como el suyo propio. Y los ojos ansiosos de las pacientes le transmitieron un mensaje claro. Se suponía que a estas mujeres, privadas de su salud, también se les había arrebatado el deseo. Pero no era cierto: seguía ahí, agazapado, esperando su ocasión. Porque si para algo tenían tiempo era para desear y ser deseadas. Los fuegos más intensos venían de dentro y el secreto estaba en reconocerlos, no en apagarlos.

Fue entonces cuando empezaron las que, luego, Luella y Marshall —en una noche de pasión en el Klondike— bautizaron como las Fiestas de Onán. Ceremonias libres y clandestinas, celebradas con la devoción infantil de un juego prohibido.

Había reglas, por supuesto: 1) las fantasías se compartían en voz alta y nadie podía juzgar la fantasía de otra; 2) fingir placer estaba prohibido; 3) cada mujer tenía derecho a acabar como quisiera, dando alas a su imaginación o entregándose a sus propias manos.

Lo importante era que el deseo no resuelto ya no se sufría en soledad. El deseo, ahora, se tornaba colectivo.

Claro que, al abrir alguien una puerta antes de tiempo, las autoridades médicas pusieron fin a semejante escándalo y a la carrera de Luella en el hospital. La acusaron de toda clase de inmoralidades que en otros tiempos le habrían costado la hoguera. Ella prometió escribir a sus «devotas» y salió con la cabeza bien alta y la cofia en la mano. Pero pronto, señalada como loca y falta de escrúpulos, tuvo que huir de la ciudad, desaparecer lo más lejos posible, empezar otra vida.

Por eso, la versión del viaje al Klondike que les había contado a las señoras de Saint Augustine —aquella en la que su secretaria la había animado a unirse a la fiebre del oro— era una fabulación. Pero ¿qué importaba eso si la historia era tan buena?

Con Marshall Bond en Saint Augustine, Luella se sentía capaz de otra gesta a la altura de sus «Fiestas». Le anunció a su esposo que el buscador del Klondike se quedaría una temporada con ellos. Necesitaba su ayuda para el nuevo negocio que tenía en mente. Si a Edward no le gustó, no lo dijo. Pasaba demasiado tiempo fuera de casa entre su trabajo de prestamista en el banco y las apuestas con los compañeros, baraja en mano, como para interesarse por «intrigas domésticas».

Cada día, Luella y Marshall recorrían juntos el gigantesco jardín, revisando rincones, midiendo distancias y eligiendo el escenario para la cruz de coquina y la fuente que prometería la juventud eterna a quien bebiese de sus aguas. Sabían que solo con armar una buena fábula fundacional no bastaba: había que dar pruebas, aunque fueran inventadas, que parecieran hallazgos accidentales.

A Marshall se le ocurrió que, durante una noche de tormenta, podían serrar el precioso magnolio de hojas aterciopeladas y contar que…

—… al levantarlo el jardinero, guiado por el bramido de los truenos, había destapado una extraña cruz….

Que, curiosamente…

—… tenía justo la medida de quince piedras por trece —susurró Luella—: una cifra que, para quien conociera la historia local, evocaba el año, 1513, en que Ponce de León había llegado a estas tierras…

—Y que, por supuesto —añadió Marshall—, no podía ser casualidad, ¿no?

El plan incluía una segunda «sorpresa»: al excavar un poco más en torno a la cruz, dirían, habían descubierto, oculto entre la frondosidad de una vegetación asilvestrada durante siglos, un pequeño manantial de agua tan cristalina y heladora que parecía llegada de otro mundo… Marshall retiró el recipiente de mármol que había colocado Luella y le dio un aspecto más agreste, con piedras irregulares y marcas falsas de erosión, acorde con su «época». Incluso sacó de su carro un cincel de cantero para trazar unas hendiduras y simular que la fuente llevaba siglos brotando en ese mismo punto.

Ya, si más adelante la gente se dejaba arrastrar por la fábula, quizá podrían ir apareciendo nuevos descubrimientos, ¿no?

—Pero vayamos despacio —insistió él—, que el oro no se pudre.

Ambos eran narradores sensacionales. Eso era lo que los había juntado… y después separado. En cualquier otro negocio se habrían disputado el papel protagonista, pero aquí podían turnarse sin perder lustre. Como amantes y amigos, compartían fuego, más que celos.

Luella le cedió a Marshall las tardes de los martes y los jueves para que se pavoneara a gusto con las señoras de su salón. Su técnica oratoria era infalible. Su forma de mirar a la audiencia, lisonjeando con sus palabras, era capaz de provocar que toda mujer se sintiera personalmente interpelada. E incluso a Emily, con su cuerpo quebrado, le brillaban los ojos.

Por las noches, Luella yacía junto a su marido y esperaba a que se durmiera. Después se soltaba el pelo de la redecilla y descendía en silencio hasta el cuarto de Marshall. No les hacía falta hablar: entre los dos, sus mentiras ya eran más reales que cualquier verdad.

Ella, cada noche, alcanzaba el orgasmo encima de él. Su larga y hermosa melena derramada sobre los senos, como un telón.

Tú solo puedes pensar en la profecía de tus días.
Seis...
Siete...
Ocho...

Si en el siglo XIX el cabello femenino fue estandarte de virtud o instrumento de castigo, en el XX se alzó como territorio en disputa. Tras la Primera Guerra Mundial, una nueva generación de jóvenes occidentales dinamitó la rigidez victoriana. Las *flappers* cortaron sus melenas en gesto de insurrección, desafiando los roles de género, y el corte *bob* se convirtió en el emblema de un cambio generacional tan potente que hasta protagonizó el cuento de Francis Scott Fitzgerald, «Bernice bobs her hair» («Berenice se corta el pelo») publicado en *The Saturday Evening Post* en 1920.

Berenice, una chica de provincias, pasa el verano con su prima Marjorie, que la desprecia por aburrida y por su ascendencia nativoamericana. Para mejorar su imagen, Marjorie le propone cortarse el pelo «a lo chico», comentario ante el cual ella se «desploma de espaldas en la cama». Pero la idea triunfa y se vuelve tema de conversación habitual en los círculos sociales. Finalmente, Marjorie fuerza a su prima a organizar una «fiesta» en la que le cortan la melena en público. El resultado: una «cara fea como el pecado» y la humillación total. Entonces, una madrugada, con sed de venganza, Berenice corta las trenzas rubias de su prima dormida. Y el antiguo escarmiento indígena de arrancarle el «cuero cabelludo a esa tipa egoísta» se convierte ahora en su victoria secreta.

«A los dieciocho años —escribe Fitzgerald en este cuento—, las convicciones son montañas desde las que miramos; a los cuarenta y cinco, son cavernas en las que nos escondemos».

Tú solo puedes pensar en la profecía de tus días.
Nueve...
Diez...
Once...

Por si acaso la profecía se fuera a cumplir, te rindes: te cortas el pelo por los hombros. El peluquero te observa llorar en el espejo. Lleva más de diez años animándote a cambiar de look, a desprenderte de la melena noventera que, dice, ya no se lleva. Pero, mientras te corta, mechón a mechón, se le humedecen los ojos a él también.

Doce...
Trece...

Durante y después de la Segunda Guerra Mundial, el cabello de las mujeres adquirió nuevas dimensiones simbólicas. En pleno conflicto, las jóvenes que trabajaban en fábricas y se recogían el pelo dieron forma al icono feminista de Rosie la Remachadora, la chica con bandana roja y el brazo flexionado que proclamaba: *We can do it!* Tras la victoria, sin embargo, de nuevo se utilizó el cabello como castigo. Se rapó públicamente a las mujeres acusadas de colaborar con los nazis igual que los propios nazis habían afeitado la cabeza de los judíos para arrebatarles su identidad y honor.

En los años cincuenta, películas como *Vacaciones en Roma* (William Wyler, 1953) reforzaron la idea del pelo corto como señal de autonomía y modernidad. Al principio del filme, Audrey Hepburn, en el papel de una princesa que quería ocultar su condición, le insistía a un barbero reticente «¡más corto, por favor!». En el espejo, el icónico *pixie* de la actriz devolvía la imagen de una chica que, gracias al corte de pelo, podía por fin ser «otra».

A los hombres, en esa época, se les exigían cortes y peinados pulcros. Por eso, en la década siguiente, los jóvenes hippies —tanto chicos como chicas— se dejaron el pelo largo como protesta contra los valores conservadores y también contra la guerra de Vietnam. La melena larguísima, suelta, sin artificios y decorada con flores se volvió emblema de la paz, el amor y la utopía que dominaban el movimiento Flower Power.

Tú solo puedes pensar en la profecía de tus días.
Catorce...
Quince...

Le cuentas a tu hijo que te ha encantado esto de cortarte el pelo y que a lo mejor sigues haciéndolo para probar cosas diferentes. Estás cansada de ir siempre igual. Hay que abrazar el cambio, ¿no?

—Sí —dice él—, mira a Rapunzel.

—Exactamente.

—Pero a mí no me lo cortes, ¿vale?

Se cree que te has vuelto la loca de las tijeras.

En una tienda te ofrecen fabricar una peluca (carísima) idéntica a tu pelo, y así ni se te nota, insisten. Pero, ya que te pones, tú prefieres algo más teatral. Eliges con tu tía una pelirroja, larguísima.

Te la pruebas. Te miras en un espejo de luces, como de camerino. Te gustas.

Ves a una bailarina de cancán del Yukón, sensual y exuberante.

Ves a una hippie de California.

Ves a Sissi, emperatriz.

Cuando te dicen cuánto cuesta, te parece un disparate. Al final, tu tía y tus primas insisten en regalártela. A tu hijo le gusta tanto que te pide que le compres una «igual».

Una noche sueñas con una compañía ambulante del Siglo de Oro que representa *El sueño de una noche de verano*. Titania, reina de las hadas, lleva tu peluca y Oberon, su rey, la acaricia.

Y… Dieciséis…

Sucede tal cual te lo han contado. Te despiertas con la almohada llena de pelos y dos bolas enmarañadas en la cabeza. Rastas de cabello mueren en tus manos. Vas a raparte —como te advirtieron que hicieras antes de sufrir esto—, pero el peluquero te dice que por arriba no se te ha caído todo: queda lo justo para una cresta mohicana o *mohawk*, como la llaman los modernos. Su hermana, que también te peina a veces, dice muy segura: ¿y si hacemos del drama un look? Os quedáis los tres mirando el espejo.

Poco después, te citan en el colegio para comentar cómo lleva tu hijo la enfermedad, que ya se alarga durante varios meses. Tú confiesas que no le has contado mucho. La profesora te dice que a los niños no hay que mentirles porque, a su manera, lo entienden todo. Tú no le has mentido, a ver cómo se lo explicas: en ningún momento has estado metida en la cama con él a tu vera —piensas en Jamie velando el duelo de Margaret Ogilvy—, y cuando estáis juntos te esfuerzas por estar «normal». Lo que le has contado, más o menos, es que ahora, de todos los trabajos que sueles tener, «solo» estás escribiendo un libro y esto te permite salir menos. Y que, como además, necesitas inspiración, pues haces cosas nuevas como, por ejemplo, desafiar el discurso normativo y ponerte una cresta…
La profesora te mira fijamente.
—Bueno—dice—, el caso es que, en estos últimos meses, hemos notado una evolución fabulosa en el niño. Está más atento, se le ve más seguro, y han mejorado muchísimo su autoestima y su manera de relacionarse con los demás.
Tú sonríes orgullosa. Pues tan mal no lo habrás hecho, piensas.
—Creemos —continúa— que se debe al sostén emocional de que tú, ahora, estés siempre en casa.
Sientes una culpa tan grande que no sabes ni dónde colocarla.

—¿Por qué no te pones nunca la peluca, con lo bonita que es? —pregunta tu hijo cuando vuelves a casa.

—Venga, que me la pongo un rato.

La sacarás a la calle dos veces. En ambas ocasiones te sentirás tan autoconsciente de ser una persona enferma con peluca que, luego, ya solo te la pondrás para jugar con el niño. Él, con su peluca barata y tú con la tuya, sois las gemelas pelirrojas de *Tú a Londres y yo a California*.

Piensas que, cuando todo esto pase, la donarás. Pero, de momento, tenerla cerca te hace sentirte un poquito a salvo.

Las señoras de pilates vienen y van.
*Dicen*:
¡Olé, tú!
*Dicen*:
¡Moderna!
*Dicen*:
Hay que ser valiente para ir así. Te queda muy bien, ahora se te ve la cara preciosa que tienes.

No lo dicen con malicia, claro, pero a ti te dan ganas de insultarlas.

Porque tú, como le cuentas en el bar de al lado de tu casa a uno de tus mejores amigos —el locutor de radio— te sientes fatal. Y, encima, no puedes beber, así que ambos tomáis agua con gas y mucho hielo para que dé sensación de copa. Le explicas que sientes tu pelo ausente como un miembro fantasma, algo que no te pasó con el pecho al tener la reconstrucción inmediata. Además, con esta cresta —te quejas—, si te pones la ropa que llevabas antes, tirando a *jipilonga*, pareces una señora chiflada con pinta de chamana.

—Oye —te dice él—, ¿y no será que te has vuelto punk? Porque te pega mucho más que la melena de cantautora folk que me traías...

Te ofende.

¿Cómo que cantautora folk? ¿Perdona?

Pero también te gusta un poco.

235

Entre los dos jugáis a inventar lo que el locutor de radio bautiza como «manifiesto punk del cáncer»:

No hay futuro, atrévete a devorar el presente.
La única autoridad eres tú misma.
Espejito, espejito, dime una cosa: ¿acaso no soy yo, en este reino, la más hermosa?
No estás «superando» nada; eres una revolución en curso.
Grita, aunque nadie te escuche.
Tu pelo no está para gustar; la verdad se lleva al aire.
Que te miren. Que se incomoden. Que aprendan.
No viniste a obedecer las normas. Viniste a incendiarlas.
La enferma «ejemplar», serena y animada, es una fantasía ajena.
Y sí, eres una genia. Siempre.

Y como ahora abrazáis el punk, hala, a tomar por culo. Te saltas las reglas, os tomáis unas cervezas, brindáis por tu cresta mohicana y que se joda el pelo.

Las señoras de pilates vienen y van.
*Dicen*:
Te podríamos contar la historia de Sansón.
Pero no, no, que es un topicazo.
*Dicen*:
Mejor la de Berenice.
*Dices tú*:
¿La de Francis Scott Fitzgerald?
*Dicen ellas*:
No, la del poema de Calímaco, del siglo III de nuestra era.
La reina egipcia Berenice, conocida por su hermosísima cabellera, le prometió a Afrodita que si su esposo volvía sano y salvo de la guerra, sacrificaría su melena. Como así fue, Berenice se la cortó y la depositó en el templo de la diosa. Pero el pelo desapareció misteriosamente. Para calmar el escándalo del robo, el astrónomo de la corte declaró que los dioses lo habían colocado en el cielo para formar la constelación que aún hoy se conoce como Coma Bere-

nices. De manera que la belleza que perdió la reina quedó inscrita en las estrellas.

*Dices tú*:

Pero tengo una pregunta. ¿Siguió el rey deseando sexualmente a su esposa, ahora sin la melena?

Tu marido te acompaña en una de las noches de insomnio terrible que provoca la medicación. A él —te dice— le gustarás siempre, tengas pelo o no, tengas pecho o no, porque cuando te mira, piensa que tu belleza está en lo que fuiste, en lo que guardas ahora y en lo que te empeñarás en no perder nunca. Elige bien cada palabra, como hace siempre. Su manera de decir es como su escritura, tan precisa, tan preciosa.

Eso sí —añade—: jamás imaginó que se podría hablar tanto, tantísimo, ¡pero tantísimo!, del pelo. ¿Igual podrías escribir sobre ello?

Sí, claro. Eso es exactamente lo que estás haciendo.

En el salón de su casa, Luella se soltó la melena y la dejó caer sobre los hombros, como si desplegara un estandarte de juventud.

—¿No me notáis nada nuevo, amigas?

Las señoras asintieron. No solo lo habían notado, sino que, sobre todo, lo habían chismorreado: últimamente Luella tenía el semblante más terso, otro brillo en los ojos, el pelo increíble. Ella sonrió cómplice y les reveló el secreto. Llevaba semanas tomando un tónico de su propia elaboración que, como podían observar, obraba milagros.

Marshall —aún instalado en Saint Augustine— ayudó a repartir los primeros frascos de «aguas mágicas» entre las señoras. Los botes eran pequeños, de cristal ámbar, para que parecieran más valiosos, más elixir. En la etiqueta, escrita a mano sobre cartón marrón, podía leerse:

TÓNICO PARA LA JUVENTUD ETERNA.
FÓRMULA ORIGINAL DE LA DOCTORA LUELLA DAY.
COMPUESTO ELABORADO A PARTIR DE LAS AGUAS
DE LA FUENTE DE PONCE DE LEÓN.

REMEDIO INFALIBLE CONTRA EL PASO DEL TIEMPO,
LA SEQUEDAD Y EL DESENCANTO DEL ALMA.
DEVUELVE AL CUERPO SU FULGOR DE ANTAÑO.

Con aire inocente, Luella les pidió que, por ahora, quedara entre ellas.

Marshall intervino entonces para explicar que, a su juicio —y después de tantísimo tiempo conociendo a Luella— no veía en ella solo un cambio de piel, sino otra forma de habitarse a sí misma.

Luella lo miró y pensó que jamás podría amar a ningún hombre como lo amaba a él. Su deseo intacto. La manera en que recorría su cuerpo cada noche como si lo explorara por primera vez. El reflejo de sus sombras enroscadas en las paredes. Los jadeos borrando el mundo de afuera.

Marshall siguió hablando de las asombrosas propiedades del tónico. A él siempre le iban a creer más que a ella. Pero esto, para Luella, era irrelevante. El verdadero elixir nunca había estado en el frasco.

# Quimioterapia

Cuando te deseo, no deseo poseerte, deseo no
morir.

ANAÏS NIN

TÚ: Imagínate.

ELLA: Me imagino. Pero dime qué me imagino.

Es verano. El aire acondicionado está tan fuerte que los brazos se te hielan. Lleváis casi tres horas en la sala de quimioterapia. Es vuestro tercer ciclo de docetaxel y ciclofosfamida. Por las mañanas la sala está llena de enfermos que, como reflexionó Audre Lorde, son —sois— anacronismos, anomalías, abejas que no debieron seguir volando. Por lo general, nadie quiere ir a proclamarse anacrónico por la tarde, soportar la angustia de la espera hasta que llega la hora.

Pero a vosotras dos os toca por la tarde.

Mejor, hay menos gente.

El docetaxel inhibe la división celular y afecta a las células cancerosas y también a las sanas, provocando un descenso tan brutal en los glóbulos blancos que, dentro de unos días, tendréis que suplirlo con inyecciones de zarzio, un estimulante de granulocitos. La primera vez que te lo inyectaste sentiste tanta acidez en el corazón que te pareció que así debía ser morirse. Tal cual. No sabrías expresarlo de otra forma.

Sobre la ciclofosfamida, el derivado del gas mostaza que inutiliza el ADN de las células para impedir que se multipliquen, escribe Anne Boyer en *Desmorir*: «Siempre he querido escribir el libro más bello contra la belleza. Lo titularía Ciclofosfamida, Doxorrubicina, Paclitaxel, Docetaxel, [...] ansiolíticos, antidepresivos, tranquilizantes, morfina, delineadores de cejas, cremas faciales...».

Ahí estáis las dos, frente a frente, cada una con su gotero, enchufadas a vuestros paquetitos de fármacos quimioterápicos.

El docetaxel, por cierto, es el hijo de puta que provoca la caída del pelo y, por tanto, culpable de las veinticinco mil conversaciones derivadas, como la que has tenido con la enfermera: mírala a ella con su cresta, no todo el mundo podría llevarla, ¿eh? Es que me he vuelto punk.

La sala es grande, con sillones de cuero reclinables. Huele a desinfectante mezclado con vómito y regueros de sufrimiento, y también a Doritos, Drakis y Pelotazos. Hay quien toma esas cosas mientras le inyectan veneno.

Desde aquí no se ve la calle. Pero ya es casi de noche.

Os miráis. Os habíais cruzado antes por el hospital, pero no habláis hasta hoy que también —conversación veinticinco mil y una— empezáis con el pelo.

—Tía, tienes un rollazo que flipas —te dice—. Menudo look, parece que lo llevas así porque sí. Te pega.

—Y tú conservas tu pelo precioso —respondes tú sin ironías.

Igual, tienes la esperanza, ¿ella es de esas superexcepciones a las que no se le cae? ¿Y a lo mejor tú tenías razón, como le dijiste a la enfermera, y podría ocurrir?

Pues no.

Es una peluca, confeccionada a perfecta imagen y semejanza con la que era su media melena de antes: castaña y con mechas californianas. Te suena que la viste una vez esperando a la oncóloga. Pero no sabes si en esa ocasión era su pelo de verdad o no. Por si acaso, no preguntas.

Ella es periodista del corazón en un medio digital. Lleva *port-a-cath* (un catéter que da mejor acceso al torrente sanguíneo) y su tratamiento es para reducir un tumor triple negativo que se encontró en el pecho al amamantar a su bebé. A ti te pareció de tu edad cuando la viste, pero tiene diez años menos que tú. Después, cuando el bulto haya encogido, la operarán. Tiene pánico a que los médicos le mientan.

Tú no le cuentas que tu editora murió de un cáncer que despertó precisamente en un tumor triple negativo. Pero sí que eres profesora e intentas escribir un libro. En tu caso, le explicas, la quimioterapia es preventiva. Ya te han operado, dos veces. Recibes la medicina por vía intravenosa. Tienes pánico a no volver a ser la persona que fuiste, a convertirte en una sombra de ti misma.

Ambas sabéis ya cómo funciona el tema. Os chutan cada veintiún días durante los cuales os sentís agonizar primero, después os cagáis en la puta con el puto zarzio de los cojones, luego renacéis y os parecéis fugazmente a la de antes para, en la siguiente sesión, vuelta al inicio.

Para ella —te dice— la quimioterapia es como beberte todas las botellas del mueble bar de tus padres y esperar a ver qué pasa. Tú, directamente, sientes que te derrite el pensamiento. Por eso, mejor compartir, ¿no? Por eso, mejor ocupar el cerebro con un juego —que aquí, a muchos— les resultaría prohibido.

Tú: Imagínate.

Ella: Me imagino. Pero dime qué me imagino.

Tú: Son las cinco de la mañana y estamos en un bar. Acodadas en la barra. Borrachas. Igual drogadas, un poco.

Ella: Yo no me drogo.

Tú: Ni yo. Solo a veces. Pero ahora me apetece muchísimo drogarme, venga: un par de rayas. Más chungo que esta mierda no va a ser.

Ella: Vale.

Tú: ¿Entonces sí?

Ella: Venga, sí. Dos rayas de cocaína. ¿Y dónde estamos?

Tú: ¿Qué?

Ella: ¿En qué bar estamos?

Tú: En la Wurlitzer.

Ella: No lo conozco.

Tú: Bueno, no es un bar exactamente. Es un garito nocturno, muy rockero, con luces de neón. Por Gran Vía, está.

Ella: Vale. ¿Y qué música ponen?

Tú: Ahora mismo, yo qué sé… A los Smiths, por ejemplo. ¿Te gustan?

Ella: Mmm, cántame una.

TÚ: *Sweetness, sweetness... I was only joking when I said I'd like to smash every tooth in your head...*

ELLA: Ni puta idea.

TÚ: *Take me out tonight... where there's music and there's people and they're young and alive... Driving in your car.... I never, never...*

ELLA: Ah sí, me gusta. Esa la canta Mikel Erentxun también, ¿no? *Esta luz nunca se apagará...*

TÚ: No es lo mismo.

ELLA: A mí me gusta Mikel.

TÚ: A mí me ponía Mikel de adolescente que no veas... Pero donde esté Morrissey, en fin... Escuchas la música, ¿o qué?

ELLA: ¿Cuál?

TÚ: La versión que tú quieras, va.

ELLA: La escucho, va.

TÚ: Entonces: estamos acodadas en la barra.

ELLA: Borrachas.

TÚ: Borrachas, felices, divertidas, puestas de coca.

ELLA: ¿Se nos notará mucho? Una chica jovencita nos está mirando.

TÚ: Ya ves tú lo que me importa. Peor el tío de mi edad que liga con una de veinte.

ELLA: Uf, qué pereza. Su cara de bobalicón porque una niña le hace caso...

TÚ: Bueno, es el clásico narcisista que necesita adulación. Un paradigma de la sociedad contemporánea que, según Frank Furedi, está llena de «adultescentes perdidos al borde del precipicio adulto». Nosotras, hasta ahora, también ostentábamos el poder de ser aduladas, ¿o no?

ELLA: Pero, oye. Estamos en la barra, vale.

TÚ: Borrachas y drogadas.

ELLA: Borrachas y drogadas, que sí. Pero... somos ¿nosotras las de ahora? ¿O nosotras las de antes?

TÚ: Mmm. Nosotras con el cáncer ya.

ELLA: Pues menuda puta mierda.

TÚ: Pero con pelo.

ELLA: Ay sí, con pelo *(veinticinco mil y dos)*. ¿Y cómo era tu pelo?

Tú: Muy largo, tía. Larguísimo. En la Wurlitzer, yo tengo todavía mi pelo... y mi teta de verdad. De hecho, estoy tan increíble, tan guapa, que se nos acerca un tío...

Ella: Ahora también estás guapa.

Tú: No vayas por ahí. Tú no me mientas. Por favor.

Ella: Vale. Perdona. Pero ¿estás segura de que se te acerca por guapa?

Tú: Bueno, yo sí pretendo que él sea...

Ella: Atractivo, obviamente.

Tú: Hombre, para no... Tiene los ojos azules, metálicos. Como de... mar embravecido que me arrastra sin remedio...

Ella: ¿De «mar embravecido»?

Tú: Es de *La princesa prometida*.

Ella: Vaya tela. ¿Y qué años tiene?

Tú: De tu edad más o menos. Cuarenta y pocos.

Ella: Puede tener los que te dé la gana, ¿eh?

Tú: Y lleva unos vaqueros que... Joder, cómo le quedan los vaqueros. Y nos entra en plan: ¿qué tal? ¿Os apetece otra copa...?

Ella: ¿En serio?

Tú: Bueno, algo tiene que decir.

Ella: Pues espero que respondas que no. Y que le digas que estás hablando con tu amiga de una cosa superimportante.

Tú: Sí, sí. Eso le digo, justo: estoy hablando con mi amiga de una cosa SUPERIMPORTANTE. ¿Te la cuento?

Ella: No, tía...

Tú: Y él: sí-sí-sí-sí-que-sí. Y yo: pues mira, que tengo cáncer, ¿sabes?

Ella: Ah, tú quieres que le dé el megabajonazo.

Tú: Pero megabajonazo. De hecho, las dos tenemos cáncer. Qué fuerte, ¿eh?

Ella: De mí no le hables, que yo no se lo cuento a casi nadie.

Tú: Ah, ¿y por qué?

Ella: Joder, me da... vergüenza. Me da rabia. Tengo un bebé recién nacido, quiero hablar del bebé, no del puto cáncer.

Tú: Pues yo sí quiero hablar, sí. Se lo cuento al tío. Que se joda. Que se coma este marrón un rato...

ELLA: Pero no se va. Empieza que si su prima lo tuvo y ahora está de puta madre, que si tiene un colega que curra en la Asociación Española Contra el Cáncer... Y yo: que no me cuentes mil historias de gente que no conozco. Que a mí me importa mi cáncer, chico, no el de tus parientes ni tus amigas ni tus conocidos.

TÚ: Ya lo decía la escritora Suleika Jaouad en sus memorias: «el cáncer es el mejor cotilleo».

ELLA: Le decimos que se largue porque es MUY pesado y nosotras seguimos a lo nuestro. Acodadas en la barra, borrachas, drogadas...

TÚ: ¿En serio?

ELLA: ¿En serio qué?

TÚ: Ay, no sé... Si se va... Qué rollo, ¿no?

ELLA: Oye, que estás conmigo...

TÚ: Entiéndeme.

ELLA: Bueno, pues... ¿Qué tal si suena ahora un tema que te encanta muchísimo?

TÚ: ¡Sí! Una voz en *falsetto*, con onda de soul... Me entra una marcha que flipas... La canción me arrastra de la muñeca a bailar.

ELLA: Y te lanzas a la pista y bailas como una diosa, está claro. Lo das *todo*...

TÚ: Bailamos él... y yo... y la chica joven que nos miraba antes... ¿Y sabes lo que me ha dicho la chica?

ELLA: A ver.

TÚ: Me ha dicho que a este tío le vuelvo loco aún con mi edad, y aún con el cáncer. Que me observa desde lejos y le parezco hipnótica, preciosa. Como un ser de luz.

ELLA: ¿Un «ser de luz»? No me jodas. Mira: nos ha visto acodadas en la barra. Borrachas. Drogadas. Y ha pensado: mujeres de cierta edad de juerga ocasional. Halago fácil, presa fácil.

TÚ: No, tía, que igual le gusto, ¿no?

ELLA: Hay a quien le gusta todo el mundo a las cinco de la mañana.

YO: A mí, por ejemplo, me gusta casi todo el mundo a las cinco de la mañana. Soy una mujer con midorexia, al fin y al cabo...

ELLA: ¿Midorexia?

Tú: Es igual. Miro sus manos. Me gustan sus manos... Son como de perfil «técnico», ¿no? Manos que trabajan, que se *utilizan*. O sea: quiero que sea artesano, o zapatero, o mecánico... Que tenga como... tierra en las uñas.

Ella: Ah, en plan... ¿Enterrador?

Tú: Joder, ¿juegas o no juegas?

Ella: Es que yo me voy de la Wurlitzer ya. Estoy cansada.

Tú: La coca no te ha hecho efecto.

Ella: Me cojo un taxi.

Tú: Venga, que me voy contigo.

Ella: ¿Seguro?

Tú: Ay, no sé, tía... El chico... El chico me pide que me quede.

Ella: Se para un taxi delante de nosotras.

Tú: En un segundo, tengo que decidir.

Ella: Venga, rápido, decide.

Tú: ¿Tú has leído a Audre Lorde? ¿Cuando dice que nos pasamos la vida pensando que el poder está en ser joven, bella y deseable y luego viene el cáncer y nos lo arrebata todo?

Ella: No, si a mí no me tienes que dar explicaciones...

Tú: Si acepto que ya no *puedo* gustarle... ¿no es como estar dándole la razón al sistema?

Ella: Que le den por culo al sistema, tía.

Tú: ¡Eso, a tomar por culo!

Ella: Pero yo me piro ¡Adiós...!

—¡Hola!

Sacudes la cabeza, confusa. ¿Perdón? Es la voz de una chica con un chaleco lleno de chapas que arrastra un «carrito solidario», lo llama. Se parece al de los aviones. ¡Hola! ¿Les apetece un té? ¿Una galleta? Tu compañera dice que ella quiere de todo. Tú también, total... Os dan dos vasos de cartón, unos terrones de azúcar, un paquetito de galletas Digestive a cada una. El té está aguado, malísimo. Mordisqueas una galleta ansiosa. Te caen las migas a la falda. Coges el móvil y arrastras la ristra de mensajes sin leer.

ELLA: ¿Y entonces...?

TÚ: ¿Qué?

ELLA: ¿Qué pasa luego?

TÚ: Pasa que hay una elipsis... Corte a: la sala de quimioterapia.

ELLA: Buah, no... Menudo bajón.

TÚ: Bueno... Pues... No sé... Imagínate...

ELLA: Me imagino. Pero dime qué me imagino.

Sueltas el móvil. Pasas de contestar a los «cómo te encuentras», «qué tal la sesión de hoy...» y etcétera, etcétera, etcétera.

TÚ: Su boca sabe a... copas, a tabaco. Nos metemos en el portal de un edificio cerca del garito, en una perpendicular de la Gran Vía. Su lengua me enciende. Sus manos de desconocido me hacen olvidar el puto cáncer. Jadea en mi oreja, su respiración entrecortada. Me desea muchísimo. Le pongo pero muchísimo. No se puede aguantar. Vámonos a algún sitio, dice. Tengo que marcharme, contesto, me es imposible.

ELLA: Cómo eres, chica...

TÚ: Nos damos los teléfonos, que nunca se sabe. Y cuando vuelvo en el metro, tratando de borrar el olor a sexo de mi piel, él me escribe: «Eres maravilla».

ELLA: Nooo.

TÚ: Oye, pero eso es bonito, a mí me gusta.

ELLA: Bueno, es mejor que «ser de luz».

TÚ: Me dice «maravilla». Y me escribe y me sigue escribiendo unos días más porque se «muere por mí».

ELLA: Ah, como en la canción de Mikel, ¿no? *Morir por ti... sería un lento y bello final...*

TÚ: O... *¿Morir por ti... sería un ambicioso final...?*

ELLA: El caso es que se muere por ti, que es lo que importa.

TÚ: Y a él se la suda (permíteme insistir) que tenga cáncer. Le escribo un mensaje: «Solo una vez me entregaré a ti y luego no te veré más».

ELLA: Uhhh, rollo culebrón.

TÚ: Que voy a estar muy liada.

ELLA: Pero mucho.

TÚ: Demasiado.

ELLA: Una sola vez te entregarás a él… Por ejemplo… ¿el día antes de la mastectomía?

TÚ: Imposible. Tengo que ir al trazado radioactivo del ganglio centinela.

ELLA: Pues… ¿dos días antes?

TÚ: Perfecto, me viene bien.

ELLA: Anótalo en la agenda, entonces.

TÚ: Vive… a las afueras de Madrid. En un piso de nueva construcción. Con jardín y piscina. Perdona el desorden, dice. Lleva divorciado unos años, tiene dos hijas adolescentes. Son preciosas, sus hijas. Algún día se tatuará sus nombres en la piel. Pero la casa no hay manera de mantenerla ordenada. En el salón, huele a ropa recién tendida. Me besa en los ojos, en la boca y en mi estómago… irrumpe un océano entero.

ELLA: Pero… pregunta indiscreta: ¿tú lubricas todavía?

TÚ: Tía, me amenazaron mogollón con la sequedad vaginal y toda la leche. Y yo no sé si es que el tipo me pone a mil, o si es el eros puro y duro, pero estoy… Uf… Estoy empapada.

ELLA: El eros, será, el eros.

TÚ: Gracias por atreverte a venir, me dice. Como si fuera yo una joven intrépida.

ELLA: Una atrevida, una aventurera.

TÚ: Me desnuda y va directo a lamerme todo el cuerpo. Primero las tetas, por favor, que se me va una para siempre. Luego el chico baja. Su lengua se enrosca en mi clítoris. Abre mucho los ojos para mirarme…

ELLA: Sus ojos de «mar embravecido»…

TÚ: … Le gusta —le encanta— mirarme, dice, mientras mi cuerpo tiembla de gozo. Sus manos, sus brazos fuertes, me aprietan contra la cama. Su peso me inmoviliza… Me arde la piel bajo su calor. Y yo… primero grito sin gritar y luego me río sin reírme y luego me brota una carcajada, y justo ahí me empiezo a correr y va el tío y me penetra. Hostia. Se me corta un suspiro en la garganta.

Ella: Llevará condón, ¿no?

Tú: ¿Y qué coño más me da el condón si tengo cáncer? Quiero inundarme del semen de un desconocido antes de que…

Ella: ¿Cómo te sentiste?

Tú: Te lo estoy contando…

Ella: No. Digo que cómo te sentiste cuando te quitaron el pecho.

Silencio.

Un hueco.

Está cubierto, camuflado.

Pero aun así.

Late.

Solo eso: un hueco.

Tú: … Poco después de la operación, me escribe…

Ella: Lógico, claro. Es buen chico. Querrá saber qué tal.

Tú: No, no… Lo que quiere es volver a follarme. Muy salvajemente. Aunque yo, ahora, no tenga teta, sino un bulto como de maniquí. Sin pezón. Sin aura. Sin sensibilidad. Sin pasado.

Ella: Pero eso a él le da igual. Porque… cuando el anhelo desborda, ¿qué importan las minucias de una cirugía oncológica?

Tú: Obviamente, nada. Quedamos esta vez en…

Ella: ¿En…?

Tú: Un hotel por horas. De esos de amantes. Con un espejo en el techo… Un espejo inmenso, redondo.

Ella: Tú estás frágil. Te dice: no te muevas. Yo hago todo.

Tú: Me miro en el espejo del techo mientras él despierta un cuerpo que es el mío, pero a la vez no. Me veo como si fuera otra, una *döppelganger*. ¿Quién soy? ¿Qué estoy haciendo en este hotel?

Ella: Pero tienes tu pelo. Todavía.

Tú: Pienso que será la última vez que mi melena me cubra los pechos. Con el orgasmo siento una ola gigantesca que me parte en dos. Veo en el espejo mi pelo enredado en la almohada. Es como estar en el libro de Annie Ernaux *El uso de la foto*. Ella retrata escenas después del sexo para garantizar que el cuerpo enfermo no desaparezca; son una prueba de su existencia. El mundo te susurra que tu cuerpo ya no es bello, vale. Pero yo miro el mío, ahí arriba, en el espejo, y lo veo precioso, trémulo.

ELLA: Que le digan a este chico que tu cuerpo no es bello, anda ya.

TÚ: Al salir del hotel, la luz te ciega los ojos. Ha sido como una suspensión en el tiempo, una brecha temporal.

En la sala suenan los pitidos del gotero al unísono. PI-PI-PI-PI. La enfermera se acerca a cambiar los paquetitos de fármacos quimioterápicos. Un poco de suero y después el siguiente chute. En la vena de tu mano se empieza a formar un moratón. Silencio.

TÚ: ¿Y después?

ELLA: No lo sé. No sé qué pasa después.

TÚ: ¿Has visto *Love Story*?

ELLA: Uf, sí. Qué pibonazo la tía hasta el final… Qué asco de belleza intacta.

TÚ: No la puedo soportar. La enferma perfecta, el símbolo máximo del sacrificio femenino que encima redime al hombre, le enseña a amar…

ELLA: Insoportable.

TÚ: Dime… ¿Por qué este chico me despierta un deseo que jamás sentí por nadie?

ELLA: Eres difícil de saciar, tú, ¿eh?

TÚ: Venga, porfa, dime que le vuelvo a ver.

ELLA: Mmm… ¿Aunque estés ya en plena quimioterapia?

TÚ: Vamos ahí. El rizo del rizo.

ELLA: Nunca mejor dicho.

TÚ: Ya no tengo pelo.

ELLA: Pero a él, obviamente, este detalle no le importa. Le encantas de chica punk.

TÚ: Obviamente.

ELLA: Vas a su casa otra vez.

TÚ: Voy a su casa… Y… estoy con mi última regla… Porque luego, durante el tratamiento, vendrá la menopausia inducida.

ELLA: Pero ¿qué le importa esa minucia a él?

TÚ: Mancho toda su cama.

ELLA: ¿La cama se llena de tu última sangre?

TÚ: Un rastro de sangre roja, violentada, en las sábanas, como un animal herido que se arrastra, aún con esperanza de vivir.

ELLA: ¿Te da vergüenza?

TÚ: Qué va.

ELLA: ¿Y a él?

TÚ: Para nada. Él no está incómodo, ni por la sangre, ni por mis lágrimas: haz lo que tengas que hacer, me dice. Y yo lo que quiero es explicarle cómo me siento.

ELLA: Eso, tú dale.

TÚ: Qué enorme paradoja sentir tanto dolor en mí, y tanto placer en ti. Tu cuerpo es un territorio inesperado. No sé qué me pasa. Y él me dice: yo sí lo sé.

ELLA: ¡Nooo!

TÚ: Es el Eros contra el Tánatos, me susurra al oído, su aliento fogoso. Y el Tánatos no te va a vencer...

ELLA: Guaaau. Madre mía...

TÚ: Le llaman por teléfono. Yo salgo desnuda a la terraza. Me siento hermosa en este cuerpo. Ahora sí que vuelve a ser mío.

ELLA: A él le parece prodigioso tu cuerpo, te lo digo yo.

TÚ: El aire del verano me acaricia la piel. Miro el jardín del piso de nueva construcción. La piscina, las sombrillas. En una hamaca hay una mujer tumbada con un sombrero tapándole la cara. Se levanta y se acerca a la piscina rápido, como si le quemaran los pies... Mientras, le escucho a él, hablando por teléfono de un viaje...

ELLA: ¿Adónde?

TÚ: ¿Qué más da adónde? Le miro a los ojos azules, metálicos.

ELLA: De «mar embravecido»...

TÚ: Se pone los vaqueros. Joder, cómo le quedan los vaqueros... Eres fantasía pura, me dice. No, no... Fantasía, tú...

ELLA: ¿Y no lo verás más?

TÚ: Está ahora de vacaciones, supongo...

ELLA: Ah, ya...

TÚ: En fin...

ELLA: Igual se ha ido a...

Tú: ...Ni idea.

Ella: ¿A República Dominicana, por ejemplo...?

Tú: No sé. Qué más da.

Ella: Pero te manda fotos, ¿eh?

Tú: ¿En serio?

Ella: Te manda audios.

Tú: ¿De verdad?

Ella: Te lo juro.

Tú: ¿Piensa en mí sin parar?

Ella: Piensa en ti TODO el rato. Te dice en un audio que quiere estar contigo en la playa y bailar sobre la arena y beber piñas coladas y cogerte por la cintura y no distinguir tu piel del sol y besarte largo-largo-muy-largo y no escapar del agua ni de la cama ni de dentro de ti y extenuar tu deseo entero tu voracidad entera comerte entera una vez y otra vez y muchas veces y despertarte con su lengua y acariciarte hasta que le supliques que necesitas más que no puedes más que por favor más y que si estuvieras tú en esa isla con él... Si estuvieras en esa isla con él...

Tú: Su puta madre. Cómo me gustaría.

Ella: Pero, oye. Te envía fotos. Así que, en realidad: estás.

PI-PI-PI-PI.

Los pitidos del gotero anuncian que habéis terminado. El líquido quema las venas como una marea tóxica que invade cada célula. La enfermera retira las vías del brazo mientras os dedica sonrisas de ánimo.

Ella: Bueno, bueno, estarás contenta con este final que me he marcado, ¿eh? A la altura de todas tus fantasías... ¿cómo era? «Midoréxicas».

Tú: Pues sí. Porque yo tuve la fortuna de que me visitara un ángel.

Ella: ¿Un ángel?

Tú: O lo que Derrida llamaría «espectro»... La presencia que toma forma cuando la juventud y el deseo se niegan a desaparecer. Pensarás que estoy loca, ¿no?

ELLA: O que veías mucho *Autopista hacia el cielo*…
TÚ: No me jodas, Michael Landon.
ELLA: Tu Michael Landon.

De golpe se te aparece la imagen del ángel televisivo de los años ochenta que bajaba del cielo para socorrer a gente en apuros. Veías la serie con tu madre los domingos, después de comer. A ella le parecía supersexy y a ti, un espanto.

Pero ahora, pues oye, qué quieres que te diga…

Os dan una bolsita de plástico con la medicación para los días que vienen: corticoides, las inyecciones de zarzio, unas pastillas de lorazepam… Ella se toma una nada más salir, para estar «tranquilita». El aire acondicionado de la sala de quimioterapia choca con la noche espesa y un escalofrío te sube por la nuca. Tú tiras el blíster entero de lorazepam a la basura. No te hace falta. Tú tienes fuerza suficiente, belleza suficiente, como para que se te aparezca un ángel.

Y entonces la cámara se aleja. El ángel entra en plano justo a tiempo. Está apoyado en el capó de un coche, fumando, con los ojos azules, metálicos, agotadísimos —lógico— de cuidar tanto sufrimiento en la Tierra.

Tú avanzas desde la puerta del hospital, sin mirar atrás. Él deja caer el cigarro y se une a ti. Camináis juntos, uno al lado del otro.

La cámara no se mueve. El plano se alarga mientras os alejáis, calle abajo. La luz de las farolas dibuja sombras largas a vuestra espalda. Se escucha una música que parece venir de muy lejos. ¿Son los Smiths? ¿O es Mikel Erentxun?

El ángel y tú os desvanecéis en el horizonte, fuera de cuadro.

# Rostomel

No sabíamos que íbamos a vivir
Tampoco cuándo nos corresponderá morir
Nuestra ignorancia es nuestra coraza

Emily Dickinson

Durante la quimioterapia sientes que, más que un océano, te crece un árbol en la tripa. Sus ramas se extienden y se chocan contra las paredes de tu estómago, suplicando salir.

Piensas en el árbol de los cuentos de Tolkien, donde cada historia es una hoja que brota de raíces compartidas. Para él, la imaginación humana es un organismo colectivo, los escritores no crean realmente a partir de la página en blanco, sino que participan en este árbol ancestral como subcreadores. Las historias cambian, pero el árbol crece y crece, ofreciendo alivio, verdad y una forma de vislumbrar lo eterno a través de la fantasía.

Muchos días te parece adivinar la sombra de tu madre, mirándote desde la puerta de tu habitación.

—Quítate las greñas de la cara —decía siempre—, que no te dejas ver.

Pues ya puedes estar contenta, Mami —piensas, enfadada.

En el espejo, tu rostro demacrado, sin pelo, te devuelve la última imagen suya que guardas en la memoria.

Tu madre escribió una carta de despedida. Un folio por los dos lados con su letra perfecta, de colegio de monjas, pero temblorosa, esforzada. En aquel tiempo, su cabeza estaba poblada de monstruos. Es la última carta que escribió desde la residencia antes de morir.

La leíste una vez y juraste que no volverías a leerla nunca más. Pero la guardaste dentro de un libro de tu infancia que ha sobrevivido a todas tus mudanzas: *A World of Folk Tales*, el de la portada naranja que leías con la linterna debajo de la sábana.

En días como hoy, que la medicación te hace flotar sobre el suelo, te levantas de la cama y, en el salón, abres el libro.

Te encuentras con la hoja doblada en cuatro.

Pero no la abres.

En su lugar, pasas las páginas —como tantas veces hiciste de niña— y lees, por ejemplo, este cuento popular georgiano: «Rostomel y la belleza de la vida».

Érase una vez, hace mucho mucho tiempo, existió un príncipe en Georgia llamado Rostomel, que vivía feliz junto a su madre, la reina. Pero un día, el chico, en plena flor de su juventud, comenzó a languidecer. No había nada que le arrancara una sonrisa. Ni las canciones de los músicos de la corte, ni las miradas rutilantes de las jóvenes bailando, ni el enorme amor que le profesaba la reina. El melancólico Rostomel, sumido en pensamientos que le oscurecían el alma, dedicaba todo su tiempo a pasear por los verdes valles que rodeaban el palacio.

—Hijo mío —se aventuró a preguntarle la reina—, ¿me dirás algún día qué enorme pena te carcome por dentro?

—Querida madre, ¿por qué ha de llegar el momento en que tenga que morir? ¿Por qué no me puedo quedar como ahora, joven y resplandeciente para siempre? Tiene que existir algún lugar en el vasto mundo donde exista la vida eterna y no asole la muerte... Y yo lo voy a encontrar.

La reina le rogó que no emprendiera hazaña tan absurda, ¡eso pensaba él ahora: que podía retar a las desagradecidas leyes de la vida! Pero Rostomel no quiso atender a razones. La abrazó y prometió compartir con ella su descubrimiento del ansiado lugar.

Durante muchas muchas lunas, el príncipe deambuló, visitando infinidad de reinos, pero sin encontrar nada parecido a lo que buscaba. Un día llegó a un desierto solitario y silencioso. A lo lejos, adivinó los cuernos de un alce, recortados contra el cielo azul. Rostomel se acercó a él.

—Joven amigo —le preguntó el alce—, ¿qué buscas en este desierto tan árido y remoto?

—Busco la tierra de la inmortalidad —contestó el príncipe.

—¿Inmortalidad? Eso no existe. Pero, mira, ¿ves el inmenso cielo azul que se alza sobre nuestras cabezas? Mi destino es permanecer aquí hasta que mis cuernos consigan tocarlo. ¿Quieres quedarte conmigo? Te juro que seguirás con vida durante los siglos que tarde en cumplir mi cometido.

—Ah, no —dijo el príncipe—, solo unos siglos no son suficientes. Yo quiero vivir para toda la eternidad. Así que, adiós, amigo.

Rostomel continuó camino hasta que llegó a una montaña tan alta que su cima traspasaba las nubes. Al príncipe le pareció distinguir que, arriba del todo, se posaba un cuervo negro. Quizá este pudiera ayudarle, de manera que escaló durante varios días y varias noches hasta que llegó a su lado.

—Joven amigo —le preguntó el cuervo—, ¿qué buscas en esta montaña tan árida y remota?

—Busco la tierra de la inmortalidad —contestó el príncipe.

—¿Inmortalidad? Eso no existe. Pero, mira, ¿ves la gigantesca montaña que yace bajo nuestros pies? Mi destino es permanecer aquí hasta que devore cada piedrita que la compone, cada grano de arena. ¿Quieres quedarte conmigo? Te juro que seguirás con vida durante los siglos que tarde en cumplir mi cometido.

—Ah, no —dijo el príncipe—, solo unos siglos no son suficientes. Yo quiero vivir para toda la eternidad. Así que, adiós, amigo.

Y Rostomel siguió camino hasta que después de muchas muchas lunas llegó al fin del mundo. Bajo un arcoíris glorioso, se abrió ante él un océano infinito que desembocaba en una luz deslumbrante, mágica, divina. Una luz que acarició su alma y excitó su corazón. Una luz que manaba de la dama más hermosa que había visto en toda su vida, la encarnación misma de lo que significaba estar vivo.

—Bienvenido, Rostomel, a mi reino —le susurró la dama—. Si renuncias a tu vida terrenal y decides quedarte conmigo para toda la eternidad, la muerte no podrá tocarte. Serás joven para siempre, puesto que yo soy la Belleza de la Vida, ¿y dónde está la auténtica belleza, si no es en la juventud?

El rostro del príncipe se iluminó de pura felicidad. Y ahí permaneció, puesto que por fin había cumplido su tan anhelada hazaña.

Pasaron muchas, muchas lunas y muchos, muchos siglos y Rostomel jamás se cansó de observar tanta belleza... hasta que un día, se apoderó de su corazón un enorme desconsuelo.

—Belleza —preguntó Rostomel—, ¿cuántos años han pasado desde que abandoné a mi madre y los verdes valles de Georgia?

—Sabía que llegaría este momento, joven príncipe —contestó ella, y le regaló dos flores: una morada y la otra tan blanca como la sonrisa de un niño—. Si deseas recuperar la vida terrenal y vivir el tiempo que has perdido contemplando mi belleza, aspira el aroma de la flor morada. Si, por el contrario, llegaras a comprender la belleza de la muerte, aspira el aroma de la flor blanca.

Rostomel tomó el mismo camino que ya había recorrido de vuelta a casa. Donde antaño se alzaba la montaña, solo permanecía el cuerpo del cuervo negro, en medio de la nada. Cuando Rostomel lo acarició, se convirtió en ceniza. El cuervo, una vez cumplida su misión en la tierra, se había ganado el sueño eterno.

Más adelante, el príncipe llegó al desierto solitario y silencioso. Allí se encontró con el esqueleto de un alce, sus cuernos alcanzando el cielo infinito, perdiéndose entre las nubes. El alce, una vez cumplida su misión en la tierra, también se había ganado el sueño eterno.

Rostomel, finalmente, llegó a Georgia. Pero fue incapaz de reconocer ni a una sola persona, ni entendía una sola palabra. Sin embargo, ahí estaban los verdes valles que tan bien recordaba de su tierra natal y las ruinas del palacio donde tan feliz había crecido junto a su madre, la reina. Pero ¿dónde estaba ella ahora? Desesperado, acudió a un viejo sacerdote que musitaba una oración junto a una tumba. El príncipe, en su lengua ajena, trató de explicarse.

—¿Rostomel? —acertó a escuchar el hombre—. Me suena el nombre, de una antigua leyenda. Se cuenta que fue un muchacho que abandonó a su madre y desapareció sin dejar rastro. La reina murió de pena y, poco después, su reino, tras ella.

El rostro del príncipe se colmó de lágrimas.

—¡Ay, eterno secreto del tiempo! ¿Qué soy ahora? ¿Nada más que una leyenda?

Sin dudarlo un instante, aspiró el aroma de la flor morada… y se convirtió en un hombre anciano, débil y encorvado. Sus ojos, antes brillantes, se apagaron. Su piel, antes bronceada, se cuarteó para descolgarse de sus huesos. Ni siquiera le quedaron fuerzas para alcanzar el bolsillo donde guardaba la otra flor. Tuvo que suplicarle al sacerdote que le ayudara.

Rostomel murió. Y su cuerpo quedó enterrado en las colinas de su tierra, donde cada año crecen dos flores: una morada, la otra tan blanca como la sonrisa de un niño.

O tan blanca como el diente del búfalo, piensas tú.

Decía Tolkien que todo final de cuento de hadas, por bondadosas o tremendas que fueran sus peripecias, debía provocar un corte de aliento, una efervescencia de corazón que prácticamente llevara a las lágrimas.

Para ti, leer estos cuentos es lo mismo que leer esa carta de tu madre que nunca volverás a leer.

Colocas el libro en la estantería y tus pies flotan hacia la cama. Un día menos.

# Síndrome de Wendy

*But sometimes we remember our bedrooms*
*And our parents' bedrooms*
*And the bedrooms of our friends.*
*Then, we think of our parents, whatever happened to them?*

ARCADE FIRE

Nadie lo sabe, pero en realidad la que iba a perder la sombra era yo.

Sí, sí. Como te lo digo.

Eso determinó el autor en sus *Notas feéricas*. En concreto en la nota 95 que, literalmente, decía: «Niña que sufre por falta de su sombra». ¿Tú te das cuenta? Por unos segundos, solo unos segundos, yo *podría* haber sido otra, es fuerte pensarlo... Porque, enseguida, en la siguiente línea, el autor marcaría con una cruz bien grande su siguiente ocurrencia: «96. O bien *podría* ser la sombra de Peter».

Todos sabemos que, efectivamente, ahí surgió lo nuestro. Él perdió su sombra, yo le ayudé a buscarla, y ciento catorce anotaciones más tarde, en la número 300, el autor tuvo el detalle de ponerme nombre: «Niña *podría* llamarse Wendy».

He pensado mucho, últimamente, en ese «podría». En el momento de incertidumbre que marca el verbo. En aquello que no fue, pero casi casi *podría* haber sido. *Podría* haber sido yo quien perdiera mi sombra. *Podría* llamarme solo Wendy y no Wendy Moira Angela Darling. *Podría*, de hecho, haberme negado a salir volando por la ventana para acompañar a Peter a ese lugar de dirección tan rara, la segunda a la derecha y todo recto hasta el amanecer. *Podría* haberme juntado con la guerrera Tigridia y los indios picaninny y las sirenas de Nunca Jamás y ser *otra*, no la niña perfecta, tan victoriana y recatada yo. *Podría* haberme quedado con Peter y no crecer. O sea, yo *podría* haberme dejado la melena al aire y ser una niña perdida, ¿te imaginas?

Me pregunto, a veces, por qué el autor nunca lo contempló. Supongo que siempre supo que yo haría exactamente lo que se esperaba de mí: crecer, buscarme un marido, ser madre y…, bueno, pasar el tiempo y que mi hija se hiciera mayor y mi esposo prosperara en sus negocios y yo… hasta el día de mi muerte… pues… el ángel del hogar. Como el poema de Coventry Patmore que nos metieron en la cabeza desde pequeñas para tener clarísima nuestra misión de esposas devotas.

Poca cosa, vaya.

Mi madre vivió como yo y ahora, en mi rostro de adulta, reconozco el mismo beso que guardaba ella, como las misteriosas cajitas del lejano Oriente, en la comisura derecha de los labios. Me producía fascinación, cuando era niña. Ella leía un cuento y yo, desde la cama, me preguntaba: ¿qué guardará en ese beso? ¿Para quién será? ¿Para mí, quizá, que soy el centro de todo su mundo?

Ahora empiezo a entenderlo.

Para mí no era, no.


Peter entró por mi ventana, buscando su sombra, seguido de la bola de luz que era Campanilla. El autor eligió un verbo rotundo para esa irrupción: *Peter breaks through*, expresión que dialogaba con el imaginario espiritista de la época: «perforar el velo» entre el mundo de los vivos y los espíritus, o de los humanos y las hadas.

En ese momento, las hadas me interesaban bastante más que los chicos. Conocía un montón de datos sobre ellas que apuntaba en mi cuaderno con mi letra de futuro ángel del hogar. Por ejemplo:

En los países de las hadas el tiempo transcurre de manera distinta.

En sus reinos, de naturaleza exuberante, no se permite la entrada a débiles o enfermos, solo a almas jóvenes y juguetonas.

Hay un hada por cada persona que nace (lo que pasa es que tienes que encontrar a la tuya, claro).

Cada vez que alguien dice «no creo en las hadas», un hada cae muerta en algún lugar.

Si te rociabas con el polvo de sus alas, te regalan el vuelo.

Les gusta tanto, tantísimo bailar que no dicen «soy feliz», sino que dicen «soy danzante».

Son maravillosas, las hadas.

Pero Campanilla, la verdad, nunca se mostró danzante a mi alrededor. Me odió y tuvo celos de mí desde que Peter no consiguió pegarse la sombra y yo le pregunté: «Niño, ¿por qué lloras?».

Él me *podría* haber respondido cualquier cosa. Y el autor barajó un montón de opciones, ¿eh?, no te creas que no. En la versión que después se conoció como *Anónimo: una obra* me decía: «Wendy, tuve miedo de ser adulto». Pero luego al autor le pareció mejor quitar esa frase para que el chico, más que temeroso, pareciera rebelde: crecer era aburridísimo y él, un ser medio hada–medio humano que abogaba por la pura diversión.

Era más potente para el personaje, eso es cierto.

*Podría* ser que no estuviéramos hablando de él ahora si la decisión hubiese sido otra.

Le quise besar nada más verle. Como si estuviese viviendo yo en una leyenda celta de esas en las que los mortales son arrastrados al mundo feérico en calidad de amantes, ¿te imaginas? Pero él ni siquiera sabía lo que eran los besos, y por eso le tuve que dar un dedal, que él me correspondió con una bellota.

Ay… Cuánto intenté que él me amara… Lo intentamos todas.

Mira lo que escribió el autor en *Anónimo*, esa «obra que no fue»:

*(Wendy está en la casa subterránea haciendo de «mamá» con los niños perdidos. Peter, de vuelta a casa, se encuentra con los indios, liderados por la princesa Tigridia).*

TIGRIDIA: Estos son los guerreros de Tigridia. Yo, Tigridia.

PETER: Sí, señora, el Gran Padre Blanco sabe que estos son tus guerreros.

TIGRIDIA: Yo gran mujer; tú, gran hombre.

PETER: Sí, lo sé.

TIGRIDIA: A veces chica india corre al bosque, guerrero indio corre detrás; guerrero indio la atrapa. Entonces, ella mujer de guerrero indio. ¿No es así? *(A los indios).*

INDIOS: ¡Ugh! ¡Ugh!

*Tigridia:* Si Rostro Pálido corre detrás de chica india y la atrapa, entonces ella mujer de Rostro Pálido.

INDIOS: ¡Ugh!¡Ugh!

TIGRIDIA: Imagina que Tigridia corre al bosque, y Peter Rostro Pálido la atrapa, ¿qué pasaría?

[...]

PETER: ¿Es que quieres ser mi madre, Tigridia?

TIGRIDIA: Madre, ¡no!

PETER: Entonces no te entiendo.

Más tarde también sucedía esto:

*(Tigridia baja a la casa subterránea e intenta seducir a Peter de nuevo).*

PETER: Bueno, entonces, ¿qué quieres ahora?

TIGRIDIA: Quiero ser tu mujer.

PETER: Y eso es lo que quieres tú, ¿Wendy?

WENDY: Supongo que sí, Peter.

PETER: Y lo que quieres tú, ¿Campanilla? *(Suenan campanillas).* Las tres queréis lo mismo. Muy bien. En realidad, estáis deseando ser mi madre.

Aunque esa obra, finalmente, no fuera, sí se mantuvo siempre que, en nuestra relación, el chico solo buscara en mí a una madre. Qué afán, ¿no? Campanilla, en cambio, lo tuvo muy claro en todo momento. ¿Sabes que las hadas son tan diminutas que solo puede caberles un sentimiento? Y en este caso era MENUDO CRETINO. Desde luego. Menudo cretino, menudo imbécil y qué estúpidas nosotras. Pero ¡ay!, cuán distinto sería todo si se hubiera enamorado de mí... *Podría* haber sucedido, ¿no?

A veces me lo imagino, ¿sabes?

¿Quieres que me lo imagine?

Venga, voy.

Bueno, casi mejor que no.

Que me entra una melancolía...

No me puedo imaginar lo terrorífica que sería la melancolía si, encima, hubiera sucedido.

Como si todo esto no bastara, existe incluso un síndrome que lleva mi nombre. «El síndrome de Wendy», lo llaman, como si fuera una enfermedad. Lo padecen, se supone, las mujeres que protegen demasiado a sus parejas, que les cuidan, les hacen la vida más fácil... Que actúan con sus amantes como si fueran sus madres, vaya. En fin. No seré yo la única si el síndrome existe. Pero es que no había manera, si no, de que él me quisiera...

El autor, todo hay que decirlo, imaginó algunas cosas muy tremendas para la «obra que no fue». En su mente existió, durante un tiempo, una escena en la que Peter viajaba al mundo real con los niños perdidos y ponía a prueba a las candidatas que aseguraban ser sus madres. Según el chico eterno el instinto maternal se medía por características como «a una verdadera madre le brillan los ojos cuando mira a su vástago» o «una madre de verdad siempre piensa que su hijo es el más guapo» o «las que no se sienten conmovidas ante la visión de ropa de bebé no pueden ser verdaderas madres». No en vano se acuñó el adjetivo «barriesque», que describía algo cursi o excesivamente sentimental... Al parecer, tan tremendísimo resultaba verlo, que alguien, en medio de la representación, suplicó: «¡Por el amor de Dios, que venga Herodes!».

Me pregunto qué prueba tendría que pasar yo para demostrar que soy una chica perdida. O una mujer perdida, para ser más precisos. ¿Basta con reconocer la tristeza de que el autor no siguiera el instinto de aquellas notas primerísimas, las *Fairy Notes*?

Porque nadie lo sabe, pero en la número 352 escribió: «Las 20 madres podrían ser, en lugar de madres, piratas». E incluso se planteó, tres anotaciones después, en la 355: «Capitana Pirata: Srta. Dorothea Baird (mira como frunce el ceño, etc.)».

O sea: podría haber sido que a bordo del Jolly Roger se paseara una Capitana con una tripulación de mujeres piratas, todas ellas con sus garfios.

A veces, en mis sueños, me parece vislumbrar una juventud inventada que nunca fue.

Pero *podría* haber sido.

Bueno, pues hace un rato, como escribió el autor, «sobrevino la tragedia». Yo estaba leyéndole un cuento a mi hija Jane, en la cama, cuando sentí el sonido de unas hojas de otoño acariciando la alfombra. Así de liviano se siente el descenso de Peter desde el cielo. Es cierto que, al terminar nuestros días en Nunca Jamás, me prometió que regresaría a por mí, ¡pero no tan tarde! Casi me había olvidado de que *podría* suceder. Me dio tanta vergüenza que me viera tan grande, tan *vieja*, tan *otra*. Apagué la luz y me oculté entre las sombras, tratando de desprenderme de mi embarazosa edad madura.

Peter, tan joven como antaño, pensó primero que Jane era yo.

—Mujer —me dije a mí misma—, ¡mujer, suéltame...!

Después, al descubrirme, él se echó a llorar.

—¡Me dijiste que no crecerías! —me reprochó.

—No pude evitarlo... —susurré—. Ay, Peter, ojalá no hubieses tenido tanto miedo de ser un hombre...

—Yo solo quiero ser un niño y no parar de divertirme.

La misma cantinela, pero no parecía tan convencido como antaño. Sonaba más triste, o quizá era cosa mía que lo escuchaba, ahora, desde un cuerpo adulto.

¿Y Campanilla dónde está, que no viene contigo? —le pregunté.

¿Te puedes creer que ni reconoció su nombre? Y eso que, cuando ella casi murió por tragarse un veneno que Garfio había preparado para él, consiguió conjurar al universo entero para que niños y adultos creyeran en las hadas.

—¿Creéis en las hadas? ¡Decid rápido que creéis! ¡Si creéis, aplaudid!

—¡Yo creo, sí creo!

Pues no se acordaba.

Claro que los niños pequeños no tienen memoria, salvo para reconocer a su madre.

Le dejé que se llevara a Jane. Así, ella también aprenderá que los mundos paralelos pueden ser más reales que este. Yo aún creo en las hadas. Y ahora, desde el dormitorio, miro por la ventana abierta. Hace un rato que se perdieron entre las nubes y no sé si le estoy hablando a mi hija, o a la niña que yo fui. La respuesta la guarda el beso que compartimos mi madre y yo, en la comisura derecha de nuestros labios.

*Universidad de Yale. Biblioteca Beinecke de Manuscritos y Libros Raros. Colección J. M. Barrie. Novela «Peter y Wendy» de J. M. Barrie; ilustrada por F. D. Bedford. Primera edición. Nueva York, C. Scribner's Sons [c1911].*
*Artículo: Edición de lujo con grabados dorados en la cubierta. Con dedicatoria manuscrita del autor: «Para Hilda Trevelyan, mi incomparable Wendy. De J. M. Barrie».*

A través del cristal de la biblioteca, asoma una luz desvaída, como si el día temiese decidirse. Esta edición de *Peter y Wendy* es la más hermosa que has tenido en tus manos. Pasas las páginas hasta el último dibujo del libro. Es un dormitorio infantil, con una casita de muñecas en la cama. La ventana está abierta y la niña Jane, con camisón y dos trenzas, ya debe de haber sido rociada con polvo de hadas, porque está volando. Mientras, un niño de aspecto élfico la observa sonriente. Con la mano aún en el pomo de la puerta, una mujer adulta parece sobresaltarse al descubrir la escena.

En la puerta se proyecta la sombra de Wendy.

En la pared se proyecta la sombra de Peter.

La sombra de Jane, sin embargo, no aparece por ninguna parte.

Quizá ella sí la ha perdido.

# Tesoro

*Ah. Eso.*
*Eso era lo que me preocupaba esta mañana:*
*mi deseo ha regresado,*
*y te vuelvo a desear.*
*Me estaba yendo muy bien,*
*me sentía por encima de todas las cosas.*
*Los chicos y las chicas eran hermosos*
*y yo era un viejo que amaba a todos.*
*Y ahora te deseo otra vez,*
*quiero toda tu atención,*
*tu ropa interior bajada a toda prisa*
*colgando todavía de un pie,*
*y nada en mi mente*
*más que estar dentro*
*del único lugar*
*que no tiene interior*
*ni exterior.*

LEONARD COHEN

Tienes catorce años. Estás pasando el mes de julio en el campamento Tocoi, en la reserva Deep Creek, al norte de Florida, mientras tu madre visita en Miami a su familia cubana. Como cada día, os despiertan al amanecer con *Morning has broken* a todo meter por el altavoz de la cabaña. *Morning has broken* —tarareas— pero *like the first morning* nada. El verano se te hace infinito. El calor pegajoso es el habitual, pero hoy al menos no tendrás que someterte a una de esas jornadas de actividad frenética: carreras por el bosque, tiro con arco, supervivencia *scout*... Hoy visitaréis un parque temático que está a una hora de distancia y que, según la monitora que va de actriz y se pinta los labios de rojo intenso como si estuviera en Hollywood, es una joya vintage, *my darlings*.

Hace unos días que el chico que se presentó como Mark David Chapman te metió mano mientras los demás, en la fogata, escuchaban la leyenda de Madre Coyote y Padre Coyote. Desde entonces, no habéis vuelto a hablar. Y, ni mucho menos, te ha vuelto a tocar.

Pero, claro... normal.

A ti su nombre te sonaba hasta que exclamaste: ¡Mark David Chapman! ¡Como el asesino de John Lennon! ¡El que leyó *El guardián entre el centeno* y le pareció una señal!

No sabes si le incomodó o qué (pero, a ver, si se llama así, no es culpa tuya). El caso es que te ignora, como si no existieras.

Tú, por si acaso, y con la esperanza de que rectifique, en el autobús te haces la interesante. Acto que consiste en apoyarte lánguidamente en la ventana sumida en tus pensamientos superinteresantes y en la casete de Duncan Dhu que llevas en el walkman.

Escuchas la Cara A y rebobinas la primera canción, *En algún lugar*. Giras la cabeza —solo de cuando en cuando— hacia el chico. Está absorto en una maquinita de plástico gris con botones rojos que suelta pitidos estridentes. Se cuelan entre los acordes de *Tu sonrisa* y *Señales en el cielo*. Rebobinas *En algún lugar* por quinta vez. Cierras los ojos. La voz de Mikel Erentxun te calienta el estómago y te sube por las tetas… Justo donde te acarició el asesino de Lennon hace solo unos días…

Te muerdes el labio para no suspirar.

Te quitas los auriculares. Apenas te has dado cuenta de que el autobús llega al final de una arboleda de magnolios y palmeras subtropicales, según os dicen, y atravesáis un arco de estilo Art Nouveau coronado por pavos reales y unas letras floreadas. Debe de llamarte la atención, porque es la única vez que sacas la cámara en todo el día.

(Y ahí sigue la foto, en un álbum. De hecho, cuando la vuelves a ver, piensas que podría inspirar el diseño de la portada de tu libro, ¿no?).

La monitora del campamento, mientras, suelta un rollo por el micrófono: estáis en un parque de quince acres de belleza natural sublime y una historia apasionante. ¿Alguien ha oído hablar de la fuente de la eterna juventud que buscaba el explorador Ponce de León, cuando descubrió Florida en 1513? Pues hubo una mujer que la encontró en el jardín de lo que era su hogar. Fue en los albores del siglo xx, en la denominada *Gilded Age* o edad dorada, brillante por fuera, pero hueca y mentirosa por dentro... ¿Habéis visto *El mago de Oz*? Pues así, igual que ese mago charlatán y farsante, eran esos tiempos en los que ahora nos vamos a sumergir...

Piensas: joder... ¿por qué se cree esta tía que es una voz en *off* andante?

Bajas del autobús junto a tus compañeros, todos con las gorras y los *shorts* del Camp Tocoi. Os rodean un montón de pavos reales, como los del arco de la entrada; sus plumas azules aún centelleantes del rocío de la mañana.

Jurarías que el asesino de Lennon te está esquivando.

Comienza la visita guiada por el parque, donde la monitora cuenta las peripecias de una tal Luella Day. Mira que odias las actividades deportivas del campamento, pero esto pinta todavía peor.

Luella fundó su parque a partir de lo que —según se relató después en medios nacionales e internacionales— fue una sucesión de eventos fortuitos que las señoras de Saint Augustine escucharon, poco a poco, en las tardes de los martes y los jueves.

Primero, cuando aún estaba Marshall, ocurrió —contaron— lo del magnolio que, tras desplomarse por culpa de un vendaval desafortunado, dejó al descubierto una cruz de coquina —esa peculiarísima piedra de conchas— y, junto a ella, un manantial que brotaba sobre una senda de guijarros.

Convencida de que aquellas aguas guardaban un secreto, Luella empezó a beberlas. Poco después, por «pura casualidad», contactó con un historiador que juró y perjuró que tanto la fuente como la cruz databan de principios del siglo xvi y que, en el transcurso de sus investigaciones, había hallado un arcón enterrado. Dentro reposaban un salero de plata con la efigie de quien sin duda era Cristóbal Colón y un pergamino en español, de letra inclinada, que parecía corroborar la leyenda.

El historiador dio fe extendiendo un certificado que avalaba la autenticidad de las piezas y su concordancia con los registros arqueológicos de las tribus timucua.

Para entonces, las señoras del pueblo ya habían notado ciertos cambios —claramente rejuvenecedores— en Luella. De manera que la secuencia de hallazgos cobraba sentido: la mítica fuente de la eterna juventud estaba, «sin lugar a dudas», en su propio jardín.

La noticia saltó primero a los titulares de los periódicos floridenses y la «visionaria» apareció esplendorosa en las páginas ilustradas. De perfil, con un vestido blanco de raso, el moño alto y el certificado de autenticidad descansando en su mano derecha, como si fuera un cetro.

Cuando Marshall se marchó rumbo a California para casarse con otra mujer, toda la comarca había probado el tónico que Luella envasaba en frascos de vidrio. Y para disgusto de Emily, la más fervorosa tertuliana de los martes y jueves, el salón se transformó en un recorrido guiado por el jardín, donde la juventud se vendía —con entrada y horario— a diez centavos la visita.

Claro que esta fue la versión que quedó impresa; la otra, la verdadera, se evaporó con Marshall.

Mientras la monitora se explaya escenario a escenario contando la «historia apasionante» del parque, tú te imaginas al asesino de Lennon metiéndote mano.

En la recreación de la aldea «original» de los indios timucua, te vuelve a tocar las tetas.

En la vitrina con un artefacto de plata con la efigie (se supone) de Cristóbal Colón (porque parece una señora), te besa en el cuello, te jadea en la oreja.

En la cueva que aloja el manantial del que brotan los chorros de la fuente mágica, os escabullís para que su mano se deslice dentro de tus bragas.

La visita (y tu ensoñación) acaba en la tienda de souvenirs. En los estantes, unos frasquitos con etiquetas decimonónicas.

Tónico para la juventud eterna.
Fórmula original de la doctora Luella Day.
Compuesto elaborado a partir de las aguas
de la fuente de Ponce de León.
Remedio infalible contra el paso del tiempo,
la sequedad y el desencanto del alma.
Devuelve al cuerpo su fulgor de antaño.

Piensas que el líquido, de color ámbar pálido, parece polvo de hadas embotellado. Coges uno para ti y otro para llevarle a tu madre de recuerdo.

Ves que el asesino de Lennon está en la cola para pagar y rápidamente te pones a su lado. Le sonríes, bajando los ojos ligeramente, y él, ¡por fin!, parece fijarse en ti. Pero te pones tan nerviosa (serás idiota) que los dos frascos resbalan de tus manos. El cristal chasquea en el suelo, tan punzante como tu sensación de fracaso.

El marido de Luella, Edward, se marchó sin avisar. En la casa, ahora convertida en atracción, además de los tónicos, ya se vendían postales con fotografías de la fuente y réplicas del salero fabricadas por un artesano local.

Ella jamás lo extrañó, ni lo reclamó.

En su lugar, paseaba incansable por sus terrenos, puliendo y adornando sus historias. De tanto repetirlas, pronto supo cuáles funcionaban y cuáles no. Era fácil de distinguir: se notaba sobre todo en los visitantes más pequeños y los más ancianos. Si se mantenían cerca de ella, para no perder hilo ni detalle, era que todo iba bien. Si se alejaban para perderse en el paisaje, era señal de que había fallado.

La tensión de capturar a su nueva audiencia la mantenía con el brillo obstinado de la juventud, prueba fehaciente —aun faltándole Marshall— de la eficacia de su remedio inventado.

Las aventuras de Ponce de León y los conquistadores españoles, por ejemplo, apenas cosechaban sonrisas tibias.

La leyenda de Madre Coyote y Padre Coyote y el blanquísimo diente de búfalo que flotaba en las aguas era un éxito rotundo (y tanto el cuento como el diente, por cierto, podían adquirirse a la salida del parque).

Sus relatos del Klondike —los más dramáticos— y que tantísimo tenían que ver con que ella estuviera allí, ahora, bajo el mismo sol que los timucuas de antaño, provocaban respuestas emocionales inusitadas: desde las lágrimas, a riadas de preguntas, hasta una incredulidad que no hacía sino engrandecer el misterio y el aura de su figura.

Visto lo visto, Luella terminó de escribir sus memorias en las madrugadas de insomnio propias del climaterio y, por supuesto, las comercializó también en su nuevo y flamante puesto de souvenirs.

El chasquido de los frascos de tónico en el suelo de la tienda llama la atención de la monitora. Antes de que te regañe, te agachas a recoger. El asesino de Lennon te ayuda. Vuestras manos se rozan entre los cristales. Atisbas gotas de sangre en tus dedos, pero no te apartas. Te levantas y coges otros dos tónicos. Para alejarte de él —estás muerta de vergüenza— te giras hacia la sección de libros. Hay infantiles (leyendas indígenas, *El Rey Midas y otros cuentos*) y, destacado, otro para adultos, *La tragedia del Klondike*. Nerviosa, coges un ejemplar de este último y te pones de nuevo en la cola para comprarlo.

En el autobús —con el runrún incesante de la monitora de fondo— el chico se sienta a tu lado. Durante todo el viaje de vuelta al campamento, tú te escondes tras las páginas y finges que lees.

Abres una página al azar.

Poco después de llegar a Dawson City, tras recorrer a pie las seiscientas millas del Yukón, se helaron las aguas. No era consciente de que me convertiría en prisionera del invierno; hasta la primavera, no volverían los barcos. Los hombres hacían agujeros en el hielo para buscar oro. En sus bateas, las pepitas aparecían de varios tamaños: minúsculas como hormigas; grandes como una bellota hermosa. Marshall marchó norte arriba, a las minas de Bonanza, pero antes me regaló un poco de su oro (y toda su pasión).

Encontré empleo en el Melbourne Hotel, propiedad de Edward MacConnell, que, tiempo después, fue mi marido. Era un hotel de troncos, con tres pisos y veintisiete habitaciones. Yo ejercía la medicina, como era mi oficio, y sobre todo me dediqué a ganarme la confianza de los buscadores: custodiaba sus ganancias y tesoros mientras ellos picaban el hielo, a cambio de una modesta comisión. Edward se fue también a Bonanza (son avariciosos todos, todos los hombres) y me vendió el hotel por treinta y dos mil dólares.

Ahí empezaron los problemas serios, y es que en el Klondike nadie quería a una mujer empresaria como yo. El gerente del Canadian Bank of Commerce en Dawson intentó adquirir el hotel poco después de ser yo la dueña, pero me negué rotundamente, empezando así una cruzada de hostigamientos y amenazas contra mi persona en la que participaron funcionarios del Gobierno territorial y de la Policía Montada.

Una noche, hastiada de pelear, fui al salón de fiestas a visitar a algunas de las bailarinas de cancán que me habían acompañado en tan largo viaje. Un hombre escocés, atractivo, a quien no había visto antes, me sacó a la pista y me invitó a un Bourbon. Mi instinto siempre ha sido pensar que todo el mundo tiene algo que ofrecer. No suelo decir «no» a nada. Pero aquí me equivoqué.

Comencé a sentirme cansada y volví al hotel. Unos diez segundos después de apoyar la cabeza en la almohada, noté un hormigueo entrando en mi sangre, como una mosca caminando por el antebrazo. Mi corazón parecía hincharse a un tamaño descomunal para luego contraerse con brusquedad. Todos los músculos me temblaban. El ardor en el corazón y los pulmones era agonizante. Aunque incapaz de moverme o hablar, mi cerebro trabajaba sin descanso. Intuí, por mis clases de medicina, que estaba bajo los efectos de algún veneno, probablemente arsénico. Según mi experiencia, no parecía posible sobrevivir.

Los sucesos de mi vida pasaron por mi mente en una ráfaga de imágenes panorámicas. Mis amigos allá en el este, los años de universidad en Chicago, la maravilla de alumbrar el deseo en las pacientes terminales, las aventuras por mar y tierra en mi viaje al Klondike. Y ahí estaba yo, abandonada por todos, pensando: «¡Santo cielo! ¡Qué manera tan horrorosa de morir!», cuando me encontré frente a frente con el rostro de una anciana de piel morena y cresta, con los ojos tan verdes e infinitos como una pradera sin fondo.

La anciana me sujetó la cara y me dijo, en una especie de trance:

—No es el momento de morir. Tú tienes que encontrar un oro distinto al de tu padre.

Y ahí de repente se apareció ante mí la mansión con magnolios de la que me habló, durante un sol de medianoche, mi amiga la señora Wilson. Ella —como me pasaría a mí enseguida— también había muerto. Yo, envenenada por las autoridades. Ella, sepultada bajo la nieve.

No sé cómo sobreviví. Bueno, sí. La dosis de arsénico en la bebida debió de ser mínima. Desperté tres días después, con la boca podrida por el veneno y la voz de Marshall en mi oído. Uno de mis clientes del Hotel Melbourne le había mandado aviso y él recorrió las infinitas sendas de nieve hasta encontrarme.

Aún con el cuerpo como un volcán en erupción, me llevó a que me colocaran fundas de diamantes en los dientes delanteros. Amainando ya el hielo de las aguas, Marshall cogió una barca de remos y me animó a reunir mis bienes y a abandonar aquel lugar donde mi vida corría tanto peligro. El escenario era salvaje y hermoso. Me despedí de las montañas de Alaska, sus negras sombras reflejándose en el río como malos presagios. Para evitar mi mareo, Marshall me contó historias. Entre ellas, la de que cada verano, al derretirse el hielo, emergían cadáveres —congelados y eternamente jóvenes— de entre las aguas.

Tras miles de peripecias, llegamos a San Francisco, donde me esperaba Edward MacConnell. Quería casarse conmigo y Marshall me aconsejó que aceptara. Era un hombre bueno. Me prometía una nueva vida donde yo quisiera. Me acordé entonces de la amiga que me visitó en las puertas de la muerte. Cogimos el Southern Pacific Railway para arribar en Saint Augustine el 9 de agosto. Dos meses enteros de viaje desde las costas de luz dorada del Klondike, hasta el paraíso de frutos dorados que es Florida. En la travesía, algunos, por los dientes, empezaron a llamarme Diamond Lil'. Tal era mi deterioro que no me reconocía en el espejo. Pero entonces llegué a esta casa, descubrí las aguas y comprendí que mi vida —hasta ahora— había sido un sendero de señales para traerme hasta aquí.

Hay que reconocer que el libro, y después el chico, te enganchan. Las actividades del campamento se te hacen bastante menos tediosas desde que, entre clase y clase de senderismo, voleibol, juegos de orientación, arte «tribal» (básicamente, confeccionar atrapasueños) o taller de gratitud con incienso, etcétera, te besas y acaricias con el asesino de Lennon por todos los rincones, detrás de todos los árboles y, claro está, en todas las fogatas con narraciones de leyendas indígenas, monitora que va de actriz mediante.

Una noche de esas tan oscuras que obligan a levantar la vista, Luella se disponía a volver a casa tras una de sus incansables jornadas de contadora de historias. Junto a la tienda de souvenirs, esperándola en un banquito de piedra, vio a Emily, con la postura más quebrada que nunca.

—Eres una mentirosa —le reprochó, con los ojos encendidos de furia.

A Luella, por un instante, se le paralizó el corazón.

—He tomado tu tónico todos los días, te lo prometo —susurró la mujer—, pero me acaba de decir el médico que tengo el cáncer extendido por todo el cuerpo. Me voy a morir.

Luella se sentó junto a ella en el banco y le apretó la mano.

Ya era tarde para retomar aquellas fiestas prohibidas que hacía cuando era joven de «verdad». Pero podían esperar la muerte una al lado de la otra.

Antes de regresar a Madrid, el asesino de Lennon y tú os sentasteis entre los árboles y os bebisteis, juntos, uno de los tónicos para la juventud eterna que habías comprado en el Fountain of Youth Archaeological Park. Esperasteis a ver si producía algún efecto. Bromeasteis con la posibilidad de quedaros así, adolescentes con las gorras y *shorts* del Camp Tocoi, para siempre.

El otro tónico, para tu madre, lo guardaste en la mochila. Le encantó, como era de esperar. Durante años se jactó de lo estupenda que estaba gracias a Luella, decía. Lo llevaba a todas partes.

Cuando murió, regalaste casi toda su ropa pero guardaste el neceser rosa que tenía de toda la vida y que llevó también a la residencia. Dentro, sus pintalabios, los polvos de maquillaje con su olor y el frasco de cristal con la etiqueta ya deshecha.

Hacía mucho tiempo que no pensabas en nada de esto hasta que, en plena quimioterapia, encontraste el neceser en una caja sobre un armario. No supiste si estaba allí como presagio o por puro azar. Pero, de pronto, como le pasaba a Luella, te convenciste de que era una señal. La primera de un sendero para llevarte... ¿adónde?

# *U*nheimlich

¡Qué cosas más raras ocurren a veces en el mundo!

HANS CHRISTIAN ANDERSEN

Las señoras de pilates vienen y van.

*Dicen:*

A quien espera, su bien le llega.

*Dicen:*

Un mandarín estaba enamorado de una cortesana. Seré tuya —advirtió la muchacha— cuando hayas pasado cien noches esperándome sentado en el banco de mi jardín, bajo mi ventana. Pero, en la nonagésima novena noche, el mandarín se levantó, tomó su banco bajo el brazo y se fue.

¿Cómo puede ser que las señoras de pilates también lean a Barthes?

A ti te están pasando cosas raras, eso es obvio.

Tratas de leer, pero no puedes; te esfuerzas por ver películas pendientes, y tampoco; intentas hacer mil cosas, pero ninguna te salva del desasosiego —durante el cáncer— por no «rendir», por no «optimizar el tiempo al máximo», por no hacer «bastante». Como si fuera tu deber que la enfermedad se convirtiera en una «experiencia provechosa» o «lección de vida», útil para ti y para todos los demás.

En el fondo, lo que más te pesa es no estar escribiendo.

—Ten paciencia, que el libro puede esperar, igual que hizo el mandarín —te dice tu agente literaria.

¿Pero cómo va a decir *justo* eso? ¿Ves que estás fatal?

La página en blanco puede ser una liberación por la infinitud de su potencial, o una cárcel, por la tiranía de sus límites. En la pantalla de tu portátil, el cursor parpadea como una luciérnaga en la noche que, más que guiarte, te hace perder la cabeza. Tú no te atreves a decírselo a nadie, pero estás empezando a ver señales por todas partes: grietas que se abren en lo que presuponías como tu mundo conocido.

O a lo mejor es que con la enfermedad ¿te has vuelto *new age*?

Podría ser.

Hay gente a quien le pasa, oye.

Freud llamaba *das unheimliche* a la inquietud que provocan las cosas familiares que de repente se vuelven extrañas. *Heim*, en alemán, significa «hogar» y *heimlich* se refiere a lo conocido o aceptado como «natural». Sin embargo, el prefijo «un» le arrebata estas connotaciones para nombrar algo que creemos conocer, pero donde se abre un resquicio. Su traducción más precisa sería «lo ominoso» y describe lo que ocurre al perderse en una ciudad o en un bosque; en un *déjà vu*...

Ahora mismo estás a punto de tu última sesión de quimioterapia. Sabes que llegarán las flores de tu amigo del colegio y su mujer, fieles a cada ronda, y que se te volverán a empañar los ojos (ya lo has dicho, estás fatal). A estas alturas del tratamiento se te ha caído casi toda la cresta, pero te agarras a su fantasma pidiéndole al peluquero que te siga pintando las calvas con sombra de ojos.

Es tu manera de sostener un mínimo control de tu imagen. Pero ni es tu «imagen», ni en realidad tienes ningún control sobre ella.

Tu cuñado, que vive en un país lejano, trata de consolarte: en realidad, nunca tenemos control sobre nada, piénsalo, ni siquiera sobre lo que escribimos. Su amigo, un novelista brillante sin suficiente brillo en el mundo editorial, te manda frases hechas, ridículas, para que os riais de las buenas intenciones que pululan alrededor de los enfermos. Tu hermano, su mujer y tus tres sobrinos te aseguran que pronto pasará, ya lo verás. Te da paz escuchar en sus voces la certeza de saberlo. Y, al mismo tiempo, qué rarísimo te parece todo.

Lo ominoso, opina la especialista en folclore Maria Tatar, suele colarse en la «miríada de frustraciones de la vida diaria» que, en el imaginario cultural, se manifiesta en series o rituales aparentemente inofensivos, pero que esconden una trampa:

Siete días de la creación; al séptimo, el vacío.

Siete colores del arco iris; luego, la sombra.

Siete enanitos; que custodian un sueño mortal.

Siete puertas; ni se te ocurra abrirlas.

Siete mares; y todos quieren tragarte.

Siete discotecas en Ibiza; donde no existe el día.

Siete tipos de crisis de la mediana edad; cada una con su falsa revelación.

El número siete es lo bastante alto para repetirse y generar expectativa, pero lo suficientemente bajo para no olvidarse. Su insistencia ordena lo caótico y al mismo tiempo lo convierte en destino.

Por suerte, no serán siete sesiones de quimioterapia. Consideras un triunfo que, dados tus últimos análisis, «solo» serán cuatro.

Pero siete son, en cambio, las señales que prueban que *das unheimliche* se ha instalado en tu vida.

Sea como sea, comienza la cuenta atrás.


SEÑAL N.º 1. LAS CAJAS SOBRE EL ARMARIO

Has abierto la caja con las cosas de tu madre y, envuelto en papel de seda, está su neceser rosa con el tónico de Luella Day. Siempre lo creíste vacío, pero ahora, al inclinarlo, caen unas gotas del líquido ámbar. Te las echas en la palma de la mano. Haces una foto para enviarle a tu hermano: «¡Qué fuerte lo que he encontrado!».

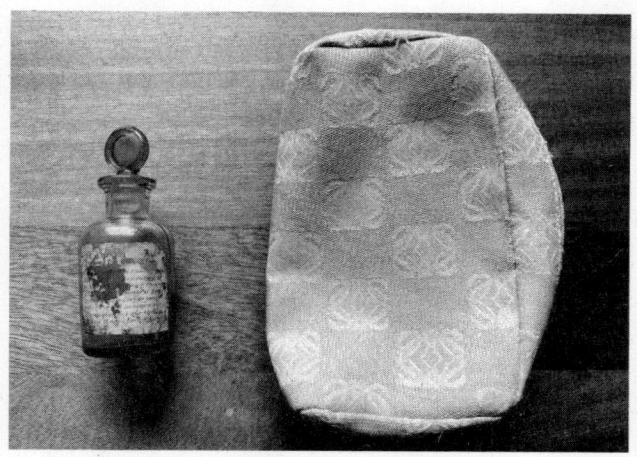

Ya que estás, abres otra caja. Dentro, el osito cantarín con el que dormías de niña; el póster de Peter Pan y Wendy que presidía tu habitación infantil, ya amarillento. Por un segundo, piensas en recuperarlo y colgarlo en el cuarto de tu hijo (bueno, mejor no). Prefieres dar por terminado el paseo por *Memory Lane*, como lo llamaba tu madre, e intentas oler esas gotas de juventud eterna... cuando suena el teléfono.

En la pantalla del móvil aparece el nombre de su mejor amiga de toda la vida. Se llama igual que tú. Tu madre te puso su mismo nombre.

Te pregunta qué tal estás, ¿todo bien? Sí, bien, bien. ¿Qué tal tu marido, el niño? Bien, bien. ¿Puede hacer algo por ti? No, tranquila, muchas gracias.

Te llama porque ha decidido contarte un secreto.

—¿Tú te acuerdas del cáncer de tu madre?

—Sí claro.

—¿Y que cuando le extirparon el tumor, empezó con la terapia hormonal? ¿La pastilla de tamoxifeno diaria que se toma para evitar que vuelva?

—Sí.

—¿Y que la pastilla esa sienta fatal, y da insomnio y gordura y tristeza...? *(Uf, la que te espera...).* Pues tu madre nunca la tomó

285

—te dice tajante. *(No entiendes por qué te cuenta esto ahora)*. Se puede ser rebelde ante la medicina canónica, que lo sepas.

Y no añade nada más.

## Señal n.º 2. La dirección de tu casa

En la caja del supermercado, el pitido de cada artículo te adormece el cerebro. Has hecho una compra gigante. La cajera te mira la cresta pintada sin disimulos. ¿La dirección, por favor?

Silencio.

No te lo puedes creer. No la sabes. No te acuerdas.

Lo único que te viene a la mente es «la segunda a la derecha y todo recto hasta el amanecer», la frase de la carta de Robert Louis Stevenson escrita a Barrie desde Samoa y con una palabra extraña, *tusitala*, que significa «contador de historias»...

—¿La dirección, por favor?

Estás a punto de confesarle a la cajera que es por la quimioterapia; te advirtieron de la posibilidad de sufrir «deslices del pensamiento». Nerviosa, coges el móvil. Te entra un e-mail. Es de un concurso de *pitch* al que presentaste tu primera novela. Va dirigido a ti... y a tu editora, que murió hace cuatro años, justo este mes. Preguntan si tu dirección sigue siendo, ¿esta misma?

Ahí está. Tu calle. Tal cual.

## Señal n.º 3. La divina indiferencia terrestre

Vas a un centro de medicina china. La acupunturista tiene el pelo rojo y aspecto de bruja buena. En el caso del cáncer, las agujas pueden servir para que tu organismo acepte el docetaxel y la ciclofosfamida no como un veneno, sino como una forma de sanación. Tras medir tu pulso (hoy predomina el elemento madera), la acupunturista te pincha una aguja en el gemelo. Es el punto 10 IG, o *Shou-San-Li* —te explica—, cuyo propósito es adaptarse a lo que se escapa de tu control sin necesidad de arrastrarte por el sufrimiento. A esta aguja se la llama también la «divina indiferencia terrestre». Te encanta el nombre, le dices. Podría ser el título de una novela de Milan Kundera, ¿no?

Ella no te sigue el rollo. Te coloca otra aguja en el entrecejo. Este es el punto extra HN3, o *Yintang,* y sirve para aportar claridad mental.

—Como una especie de tercer ojo —dice.

Esto te suena.

Cuando sales del centro te sientes invadida por un entusiasmo por la vida parecido al que recuerdas de muy niña.

Esa noche te escribe tu antiguo novio de Erasmus, el *traveller* (a quien, por algún motivo, contactaste en su momento para contarle la enfermedad). Pregunta qué tal estás.

Y tú le contestas: «¡Fabulosa! ¡Trepanada, por fin!».

Lo dices completamente en serio.


Señal n.º 4. *Doppelgänger*

Les prometiste a tus alumnos que intentarías acudir a la escuela, a final de curso, para evaluar sus proyectos. No ha podido ser, pero les pides que te manden un audio, de máximo cinco minutos, compartiéndote sus *hits* del otro profesor de literatura. Lo dices así, «hits», porque él te deslumbra con su erudición, esa mezcla de seguridad y ligereza que tú crees haber perdido. Antes de que muriese tu editora, no erais tan cercanos pero, ahora, es como si algo de la conexión que tenías con ella hubiera migrado hacia él. A veces sientes que estás con los dos al mismo tiempo. Él habla y, en su cadencia y cariño, reconoces el eco de la voz y el entendimiento de ella (ves que estás fatal, pero fatal). El caso es que la alumna que el primer día te buscó en *Vogue*, te manda un audio que, muy en su línea, supera con creces el límite solicitado.

Extracto de audio:

Pues... A mí lo que más me ha interesado del curso ha sido la importancia del romanticismo y «lo sublime» en lo que se nos ha grabado en el inconsciente colectivo como «juventud», ¿no? O sea: Goethe decide que Werther se suicide para conservar su intensidad juvenil. Para Wordsworth y Coleridge, la juventud, como la naturaleza, está destinada a desvanecerse. Byron, a pesar de sus fiebres y su pie zambo, escala los Alpes convencido de que en el filo de un glaciar uno puede vencer al tiempo. Chateaubriand escribe que ser joven es vivir un «amanecer antes de que el sol te ciegue los ojos». Y ¿qué decir de Mary Shelley con *Frankenstein* o de Oscar Wilde con *El retrato de Dorian Gray*? Ella le da vida a una criatura joven para siempre porque carece de infancia... Y el personaje de Wilde, en cambio, preserva el fulgor físico mientras la amenaza de su vejez pudre, en secreto, al doble pintado en el lienzo...

Verborreica y sobrecargada de referencias, sí. Pero al escucharla no puedes evitar pensar que te está ahorrando escribir un posible capítulo con la R de romanticismo. ¿Lo habrá hecho adrede?

Después continúa y te describe el famoso cuadro de Caspar David Friedrich, *El caminante sobre el mar de nubes*.

Extracto de audio:

> A mí la figura de espaldas ante esos mares de niebla, tan solitaria... me evoca algo extraño. Verás, no le vemos los ojos, pero aun así, percibo su turbulencia y también su conexión con el gran «yo» del mundo. Está sintiendo «lo sublime»: amor por la vida y amor por la muerte, reconciliación con el hecho de que no puede seguir siendo joven para siempre, y que eso está bien.

La niebla del cuadro se mete también en tu habitación.

## SEÑAL N.º 5. LOS PECHOS DEL PASADO

El director del primer documental que hiciste nada más salir de la escuela de cine se ha enterado de tu cáncer y te escribe un wasap: «¿Sabías que nuestro documental *Senos* está colgado en la página web de RTVE? Seguro que te ayuda verlo ahora. Todavía me acuerdo de esas mujeres, ¿tú?».

Obviamente, lo ves de inmediato.

Ves a la chica que se quita la camisa gris frente a la cámara. El cuerpo esbelto, el pelo largo sobre los hombros, los pechos redondos, desiguales.

Preciosos.

Rebobinas una y otra vez. Una y otra vez.

Después de ti salen otros torsos desnudos sin rostro que grabasteis para ejemplificar distintos cuerpos femeninos. Lo que no recordabas es que, entre ellos, estaba también el de tu madre (un favor que le pediste).

Esa noche le lees a tu hijo *El soldadito de plomo*. A mitad del cuento te echas a llorar.

—¿Qué pasa, mamá?

—Que me da mucha pena —le contestas— que el soldadito tenga una sola pierna.

—Ay, ya —dice él—, a mí también.


SEÑAL N.º 6. EL *AFTERGLOW* EN EL RESTAURANTE

Te reúnes con tu padre en un restaurante chino. Él pide una botella de vino tinto. Tú no puedes beber, pero piensas: una copa, o dos... qué más da. Te cuenta de su mujer y sus hijas; tú a él, de tu marido y tu hijo y, mientras estáis esperando los *dim sum* de entrante, se pone a contarte historias californianas de cuando era joven y en Golden Gate Park se tomó un LSD que se llamaba «relámpago blanco».

Por un segundo piensas en tus tías, sus hermanas, y en qué opinarían si contaras esto en tu libro. Siempre se les puede decir que es mentira, claro. O no escribirlo, directamente.

Entonces, en el restaurante, tu padre te asegura que, en ese viaje de ácido, vio el futuro.

—Pero no una ensoñación, ni un delirio —se preocupa en aclarar—, sino el futuro verdadero. Es algo que puede pasar en este tipo de experiencias.

—Ah, ¿sí? ¿Y qué viste? Cuéntame —preguntas tú.

Él bebe un sorbo de vino, mirando un punto fijo en la mesa.

—Tuve un *afterglow* —dice al fin—: una iluminación que marcó el resto de mi camino.

Tú te sirves otra copa, qué vas a hacer. Él también ve señales. Debe de ser hereditario.

## Señal n.º 7. El libro se escribe solo

Los días en que te inyectas el zarzio sufres especialmente de insomnio. Te pasas las noches en vela, dándole vueltas al pasado, al presente, al futuro y con el peso creciente de no estar escribiendo el libro (aunque ahora mismo no tengas fecha de entrega).

De repente, una rendija de luz aparece por debajo de la puerta. Te levantas, tanteando en la oscuridad, y, para no tropezarte, te agarras a las paredes. En tu despacho, el ordenador está encendido. Sobre el documento en blanco, parpadean unas líneas:

**juvencolía**

*n.* (del latín *iuventus* + griego *melancholía*)

1. Una tristeza suave que aparece al intuir que no eres la persona que tu juventud prometía.

2. El anhelo de...

Tú esto no lo has escrito.

¿O quizá sí, en alguno de esos «deslices de pensamiento»?

Cuando pasó lo de tu madre, en el hospital psiquiátrico te hablaron de los telómeros, los cromosomas marcadores del envejecimiento biológico que se acortan poco a poco por la tristeza excesiva o el estrés. Tu madre se pasó años intentando acallarlos con ansiolíticos de, exactamente, siete tipos: lorazepam, diazepam, alprazolam, bromazepam, clorazepato, lormetazepam, zolpidem.

En tu tarjeta sanitaria, tienes recetados dos.

Apagas el ordenador. En el silencio de la madrugada te atraviesa la última señal de lo ominoso. Que algún día, cuando llegue el momento, *Juvencolía* se escribirá solo. Y tú, al leerlo, tal vez no recuerdes haberlo escrito.

Las señoras de pilates vienen y van.
*Dicen*:
La alumna esa que se viste igual que tú muy lista, sí. Pero está fatal, fatal, fatal que no haya mencionado el *Sturm und Drang* alemán.
*Dicen*:
Ni a las hermanas Brönte, qué disparate.
*Dicen*:
Muy mal. A Charlotte y su *Jane Eyre*, por lo menos, ¿no?
*Dices tú*:
Sí, sí. La parte esa que Rochester se disfraza de pitonisa y le suelta a Jane algo así como «tienes frío porque te encuentras sola; no hay contacto que despierte el fuego que tienes dentro. Estás enferma porque te privas de los sentimientos más elevados y dulces. Eres tonta, porque, aunque sufres, no pides ayuda ni das un solo paso para acercarte adonde esta te espera».
*Dicen las señoras*:
La ausencia de Brönte es imperdonable, la verdad.
*Dices tú*:
Pero imperdonable…
El profesor de pilates os manda callar. A ti, la primera.
*Dice*:
Menos rollos. Aquí el único *unheimlich* que veo yo es que pronto estarás curada. Y lo celebrarás. Y dirás, ¿y ahora, qué?

Vaya tío culto, oye —piensas tú—. Que sí, que sí, que ya te subes al *reformer*.

V

# Vieja

Vi hijos y hombres y jardines en mis manos.

LUCIA BERLIN

Un ejemplo de neotenia —o del asombro infantil extendido hasta la edad adulta— aparece en el documental *Los espigadores y la espigadora* de Agnès Varda (2000).

Agnès, la realizadora, tiene setenta y dos años. Recorre Francia sentada en el asiento de copiloto de un coche. Va en busca de recolectores de comida, de basura, de restos... De todo aquello que se deshecha y nadie quiere.

Ahora, en una de sus manos —irreconocibles, ajenas— lleva la cámara que filma a la otra mano.

Dice que, al observarse, se siente como un animal. Pero, peor aún: «Me siento como un animal que no conozco».

El coche avanza por la carretera. Los camiones adelantan por la derecha.

—Me gustaría capturarlos —dice.

—¿Para retener aquello que se va? —se pregunta.

—No, solo para divertirme —concluye.

Una mano cierra el puño sobre los camiones, mientras la otra filma.

Atrapa uno. Y luego, otro. Y otro más.

Los camiones aparecen y desaparecen.

Desde que viste la película en París, con veinticinco años, esas manos quedaron archivadas en tu memoria: eternamente viejas, eternamente jugando. Y ahora, cuando miras las tuyas —donde ves hijos y hombres y jardines—, aparecen también las de Agnès, filmándose a sí mismas, cerrando el puño para atrapar a un camión que pasa.

# Wurlitzer

*If you say run, I'll run with you.*
*And if you say hide, we'll hide.*
*Because my love for you would break my heart in two.*
*If you should fall into my arms and tremble like a flower.*
*Let's dance.*

DAVID BOWIE

Ahora estás en San Junípero.

Ambientada en la costa de una California anacrónica —entre lo *cool* de los setenta y el videoclip noventero—, San Junípero existe en la tercera temporada de la serie *Black Mirror*: una simulación virtual donde las consciencias de las personas muertas, o a punto de morir, se transfieren a un paraíso *post mortem* diseñado para el disfrute eterno. Salir, beber, bailar, ligar —enamorarse, quizá— y seguir siendo jóvenes para siempre.

Paseas entre palmeras. Las olas del mar rompen al mismo compás, como si estuvieran programadas para crear un sonido envolvente a juego con un atardecer oro y violeta que nunca se convertirá en noche.

Entras en un bar del paseo marítimo. Las almas que hay dentro han elegido su edad ideal, entre los veinte y los treinta, y sus looks retro son coloridos, molones. Bajo la bola de discoteca y los focos de neón reluce una *jukebox* roja con letras doradas:

W–U–R–L–I–T–Z–E–R

Echas una moneda. Escoges la canción. El disco da vueltas y vueltas y se confunden presente y pasado y...

Pero, un momento. Algo está equivocado. No eres tú quién debería estar en San Junípero.

Es X.

Porque, de las dos que sois la misma, ella es la que baila sin cargar con su futuro.

Así que reformulamos.

X está en San Junípero. Entra en un bar del paseo marítimo y camina hacia la *jukebox*.

Echa una moneda. La aguja cae sobre el vinilo. Un murmullo mecánico activa el mismo resorte que el olor de la magdalena de Proust, capaz de derribar las paredes del tiempo.

Suena el rasgueo tibio de *Fire and Rain*. Del salón de su casa de infancia llega el olor del humo de los cigarrillos y el chasquido de un LP que cambia su padre. X niña está en la cama, leyendo con su linterna. El matrimonio escucha a James Taylor porque les recuerda tiempos felices. A X, la verdad, la voz le suena tristona. Se imagina a sus padres bailando, las cabezas muy juntitas, como en los guateques. Ella, desde luego, cuando empieza a salir, no baila así. Se escapa por las noches con su mejor amiga del colegio, mientras la madre duerme. Se visten y maquillan para parecer «mayores» y que las dejen entrar en las discotecas. Beben vodka con naranja en vasos de tubo. Bailan a Desireless y chillan *¡Voyage, voyage!* con la coreografía perfectamente ensayada para el *¡Regarde l'ocean...! ¡Voyage, voyage!* Regresan antes del amanecer, vampiras de la puerta trasera. En las fiestas de la casa con el hermano y sus amigos, la madre se queda a tomar copas. Cuando la dejan, pone *Calle Melancolía* de Joaquín Sabina. *Quiero mudarme hace años al barrio de la alegría...* X suspira con ella. Y suspira mucho, muchísimo más todavía cuando hace cola durante horas para el concierto de Dire Straits y el chico con el que va le da un beso en *Tunnel of Love* —*And girl, you look so pretty to me...*— pero luego, nunca, nada más, finito. ¿Por qué? No se sabe. Misterio absoluto. *Like you always did...* Menos mal que existe ABBA que, como bien saben sus amigas de la universidad, la serbia y la irlandesa, posee una fórmula alquímica infalible para desengaños amorosos (que son muchos) y renaceres (que son otros tantos). Nada les da más subidón que *Gimme! Gimme! Gimme! (A Man after Midnight)*. Un grito excesivo, desaforado incluso, que en el caso de X se cumple con creces en su Erasmus en Edimburgo, donde baila todos los fines de semana —chupito va y chupito viene— con el *Wonderwall* de Oasis o el

*Touch me* de los Doors, y el aire huele a sudor y a cerveza caliente y todo-todo-todo es piel. En las noches de salsa, el venezolano la agarra fuerte, rico, controla sus pasos. Su compañera de la residencia, la historiadora, en noches de porros y profundidad, pone, a quién si no: a Camarón. *El sueño va sobre el tiempo, flotando como un velero, flotando como un velero.* Un ventilador en el techo gira y gira y gira sobre los cuerpos entrelazados y sudorosos de X y el *traveller. Extenuados de deseo, extasiados, enamorados.* Vértigo y desasosiego. *Bum, bum, bum. Satellite of Love.* París, Ibiza. El sol acaricia el mar. *Carros de fuego.* Joder. Tanto, tanto, tanto fuego... que explota. *Bum, bum, bum.* Como los sueños que se postergan. *Desde que me dejaste, la ventanita del amor se me cerró...* Todas las noches de verano, X y su prima, desgañitadas, claman a los cielos con la cadencia de Cher *Do you believe in love after love?* En el piso de su amiga la alternativa que, como ella, ¡jamás se pondrá un Barbour!, fantasean con un nuevo amor a la altura de —¡por lo menos!— Neil Young. *Because I'm still in love you... On this harvest moon...* Ayyy... ¿sucederá algún día? Tampoco les importa tanto. Se ponen las Doc Martens y salen con el locutor de radio y beben roncolas y fuman mil paquetes de Fortuna y, si hay pasta, se drogan y bailan *Mr. Cab Driver* imitando al mega increíble Lenny Kravitz y una noche llegan los tres a casa con *Fuck you, I'm a survivor* pintado en la frente con lápiz de ojos negro.

Para X, sus amigos siguen teniendo las mismas caras que el día que mejor se lo pasó con ellos. Su filtro para Instagram podría llamarse *joie de vivre.* Tiñe los rostros de un tono retroluminoso, fijando el instante exacto en que la vida parecía perfecta.

Otras noches, muchas, las pasa X con un colega de la escuela: la Araña Negra, lo llaman, como su corto de fin de curso. La Araña y ella recorren Madrid, de madrugada, en el coche. Beben litronas y charlan y fuman, sus brazos danzando a través de la ventanilla mientras comentan discos enteros. Leonard Cohen... Patti Smith... Pero el que gana en reproducciones es, sin duda, *The Rise and Fall of Ziggy Stardust and the Spiders from Mars.* En su caso, dice él, *Spider from* Logroño, ja, ja, ja. La Araña y X dicen cosas como este álbum no es un álbum, es una religión; si no existiera Bowie, yo tampoco podría existir; qué genio, qué visionario, qué poeta, qué puto mago; si te murieras y pudieras escuchar un solo disco en *loop*, ¿cuál sería? Este, seguro. Una noche, muy pedo, discuten. ¿Por qué te pasas las noches enteras conmigo, si no me amas? Utiliza ese verbo, «amas». X lo siente mucho. Joder. Ya le gustaría. Deja a la Araña en su casa. Vuelve a poner el disco desde el principio. Sigue conduciendo y, sin nadie con quien tapar las futuras náuseas del nuevo día, se queda dormida.

El coche da tres vueltas de campana. En el CD suena, inalterable, la voz de Bowie: *Your face, your race, the way that you talk, I kiss you, you're beautiful, I want you to walk.*

Casi podría haberse quedado paralítica.

Pero X tiene poco más de veinticinco años y ni se acuerda ya.

Encuentra trabajo de guionista en la tele y graba documentales con un equipo de fiesteros talentosos (gente como yo, piensa) que mezcla, en las habitaciones de hotel, a Amaral con las botellas del minibar. *¿Qué voy a hacer si el pasado nunca vuelve? ¡Toda la noche en la calle!* Con los dos cámaras irá a comer muchos días futuros de San Valentín, como en una tradición. Y la realizadora rockera será, con el paso de la vida, una de las personas que mejor la entenderá, como dicen en las bodas coñazo, «en la salud y en la enfermedad». Ahora que X tiene que admitir que en las bodas familiares se lo pasa bomba bailando con sus tíos *Sweet Caroline, pa-pa-pa* y cantando con sus primos más pequeños (bueno, ya no tan pequeños) *¡Te envío poemas de mi puño y letra; te envío canciones de 4:40!* Lo viven como si fuera el temazo más emocionante de la historia y que, oye, según el momento, ¿por qué no? Aunque para temazos, cuando la fiesta no arranca y se le da una matraca infinita al DJ hasta que ponga a los Ramones. *Sheena is a punk rocker... Punk punk... A punk rocker.* Brutal, irresistible. *Oh yeah Oh yeah Oh yeah.* En las fiestas de fin de curso, otros profesores que antes fueron sus compañeros y adaptaron, en las clases de guion, él, a Marías, y ella, a Capote, rememoran sus tiempos de estudiantes y se alertan los unos a los otros que, cuidadito: con los alumnos hay que controlar.

La profesora X controla *siempre* —por supuesto— y se hace super-amiga de su estudiante más excelso. Así lo llama: «excelso». La clase era de vergüenza ajena porque parecía un tú a tú entre ellos dos, pero ya fuera del aula hablan de novelas y de pelis indies y van a karaokes en noches improvisadas y se turnan con las voces hombre-mujer de Amistades Peligrosas. *Tía, sin tu alegría seré un pringao... Me quedaré solo.* Qué letra, ¿no? ¡Maravillosa! *Tú sí que eres maravillosa.*

X escribe guiones con jóvenes a quienes enseñó y que ahora le enseñan a ella. Vio cómo estos dos se enamoraban en su clase, aunque no se dieran cuenta. Imaginan que sus personajes van a Frankfurt, a la Dorian Grey del aeropuerto que ¡abre veinticuatro horas! Una discoteca sin fin —cuenta X en el *writers' room*— donde ella sin duda lo daría *todo*, fingiendo ser megafan de Kraftwerk y del tecno alemán minimalista. Sabe de lo que habla porque en su momento fingió también que le encantaba, le fascinaba, le apasionaba la banda Suicide cuando se cruzó por casualidad con otro compañero de la escuela en el festival de Glastonbury, el cinéfilo que adaptó *Memorias del subsuelo*. Como no sabía muy bien qué decirle y a Suicide pues a ver cómo los bailas, le susurró una insensatez máxima al oído. Que se acordaba de cuando, en el guion de clase que escribió, el hombre del subsuelo empotraba a la chica contra la pared. Qué vergüenza tremenda por favor qué horror pero eso dijo, sí, sí.

En Glastonbury, aseguran que estuvo Avalon, la isla entre brumas perpetuas de la leyenda artúrica donde habitaban juntos, sin envejecer, seres feéricos y también humanos. Con el cuerpo aún acelerado tras hacer el amor con el cinéfilo, X abrirá los ojos en la tienda de campaña y ahí, entre los vestigios de la ropa y el vapor del amanecer, jurará haber vislumbrado a un hada.

Suena *Goddess on a Highway* de Mercury Rev. X y el cinéfilo cruzan California en una furgoneta, es su luna de miel. Están en el desierto de Death Valley. Se llama así por los buscadores de oro que murieron bajo sus temperaturas extremísimas. *She's a goddess in a highway, a goddess in a car.* X sale al calor. 49 grados centígrados. El aire es denso, narcótico, embriagador. O igual es que ambos se sienten tan *enamorados*, tan *extasiados*, tan *extenuados de deseo*. Vértigo y sosiego. X abre los brazos en medio de la inabarcable grandeza del desierto para que el cinéfilo le haga una foto. Se siente bella, inteligente, poderosa, junto a él.

—¿Seguimos camino? —pregunta el cinéfilo.

—Sí —dice ella.

—¿Ponemos *Candy*?

—¡Sí!

Con él todo es sí–sí–sí–sí–sí–sí–sí.

*Beautiful, beautiful girl from the north, you burn my heart with a glittering torch.*

Durante el verano de su enfermedad, X pondrá la foto de Death Valley, un par de días, en su perfil de WhatsApp. Allí aún existe el grupo que abrió su editora cuando quiso celebrar la remisión de su cáncer. Lo llamó *Let's Dance*. Y anda que no bailaron y festejaron y gozaron y rieron hasta que el cáncer volvió y ella *trembled like a flower*.

*Let's Dance*.

X va muchas tardes de sábado a casa del músico de jazz y la pianista. Toman copas y se sientan en el salón a escuchar discos enteros en su orden original, no como en las listas *random* de Spotify. Ponen *The Rise and Fall of Ziggy Stardust and the Spiders from Mars*. Dicen cosas como ya no existen visionarios así, tan arrebatadores, tan glamurosos. ¿Qué habría sido de nuestra juventud sin un disco como este? ¿Quién iba a decir que Bowie —sí, Bowie— se iba a morir, como la gran mayoría de los mortales, de un cáncer?

Y siguen bebiendo copas para mejor no pensarlo.

X, ahora mismo, no piensa en nada de nada. Baila en el local retro de su paraíso *post mortem*. Se lo está pasando increíble, no quiere que esta eternidad acabe nunca.

Echa otra moneda en la máquina.

Suena *Take me out tonight… Where there's music and there's people and they're young and alive… Driving in your car… I never, never…*

Pero, un momento. Algo está equivocado. Esa canción no la ha puesto ella. Le da un golpe a la máquina de discos Wurlitzer; le da varios golpes; pero sigue sonando. Frustrada, X abandona su empeño. Se da la vuelta y percibe en el bar una energía distinta. Algo ha cambiado, pero no sabe *exactamente* qué. Mira a su alrededor. A las personas que beben y bailan y ligan y ¿se enamoran? les sucede algo muy, muy extraño...

Son mayores.

Ya no están en San Junípero.

Una ráfaga de viento golpea la puerta del bar y la pista se vuelve inmóvil, un juego de estatuas. El aire pesa, como si alguien hubiera pulsado el botón de «pausa».

X parpadea, atemorizada.

Pero cuando abre los ojos, las cosas —¡menos mal!— han vuelto a su curso.

Ahí están: todos, jóvenes. Todos bailando, sin descanso, la noche entera, la *muerte entera*.

Pero no, un momento.

Era una imagen distorsionada, un error virtual. En una esquina, un tipo de unos cincuenta años, con cara de bobalicón, liga con una de veinte. Y un poco más allá, acodadas en la barra, hay dos mujeres por lo menos de cuarenta. Parecen borrachas, divertidas y puestas de coca. Hablan con un hombre. Pero poco rato, porque él ahora se acerca a X. Es mayor también, pero guapo. Tiene los ojos azules, metálicos, de «mar embravecido», se le ocurre. Como los de Westley en *La princesa prometida*. Y los vaqueros... Joder, piensa X, cómo le quedan los vaqueros...

El hombre le pide consejo. La chica esa de la barra le acaba de contar que tiene cáncer. ¿Será verdad o estará espantándole? A él le parece hipnótica, preciosa, como un ser de luz.

—¿En serio? —dice X, mirando fijamente a la mujer (no «chica») acodada en la barra.

Le suena un poco su cara. ¿Podría tener un aire con su madre, quizá? No la conoce, pero ¿por qué iba a inventarse alguien una mentira de tal calibre? El hombre inserta, ahora él, otra moneda en la máquina.

Una voz en *falsetto* con una onda de soul…. Es *Don't Leave Me This Way*, en versión de los Communards.

—Buah —le dice X al hombre—, esta canción me arrastra de la muñeca a bailar.

—Buah —le dice la mujer de la barra a su amiga—, esta canción me arrastra de la muñeca a bailar.

Tú entonces sientes una corriente de energía que despierta en un reino lejano, pero tuyo para la eternidad.

Desde la sala Wurlitzer, en Madrid, te vas corriendo a la pista.

X, desde San Junípero, también.

El ángel, entre vosotras, os confirma que en los bares el tiempo no existe. Bailáis, las dos que sois una, creyéndoos invencibles.

# X

Escribo como si fuese a salvar la vida de alguien.
Probablemente la mía.

Clarice Lispector

Las mujeres heredamos culpas como quien hereda muebles. Tú a X le echas la culpa de un montón de cosas. De tatuarse a los dieciocho unas máscaras de teatro que ahora son un manchurrón en la espalda, de tontear con demasiados imbéciles, de no hacerse escritora antes... Y, sobre todo, de no dormir con vuestra madre aquella noche de primavera.

Ya escribió Anne Boyer que la cama es el mueble más trágico, nido de amor, muerte, refugio y abismo. Pero en este caso es también un umbral decisivo, capaz de fracturar el tiempo. Si X hubiera dormido en la cama con su madre, aquella noche, quizá ahora todo sería distinto.

Vosotras seríais distintas.

—O no —dice X, que trabajó el tema de la «cama-umbral» en terapia hasta la extenuación.

—O sí —piensas tú los días en que extrañas especialmente a tu madre y se te ha olvidado ya toda esa terapia.

La cama es parte de vuestra historia íntima, pero también condensa una herencia más antigua. La culpa femenina, mito fundacional que recorre siglos y culturas, suele articularse en torno a una lógica que contrapone obediencia frente a desobediencia. En los relatos de origen, la obediencia funciona como virtud y también como forma de domesticación del deseo, la voz y el cuerpo. La desobediencia se manifiesta a través de la curiosidad o la palabra, y suele desembocar en castigo. Esa condena, sin embargo, no corrige necesariamente una falta, sino que inscribe la culpa como marca duradera en la subjetividad de las mujeres.

Ocurre desde Eva, castigada por probar la manzana prohibida, hasta Pandora, culpable de liberar los males del mundo, o Psique, condenada por mirar a su amante a la luz de una lámpara de aceite. La culpa, así, no opera solo como consecuencia de un acto, sino también como advertencia previa: un murmullo heredado que se transmite de generación en generación.

Más allá de las historias más conocidas, en tu libro de tapas naranjas —*A World of Folk Tales*— aparecían también otras culpas.

La de Madre Coyote, que convenció a Padre Coyote de que existiera la muerte y ya no pudo enmendar su error. O la de Chang'e, esposa de Hou-yi, el arquero celestial que derribó a nueve de los diez soles que abrasaban la tierra y que, como recompensa, recibió el elixir de la inmortalidad. Él lo guardó en su habitación y le pidió a Chang'e que lo custodiara pero, cuentan los mitólogos, que ella —presa de un ataque de egoísmo o vanidad— desobedeció y lo robó. Al beber del frasco, su cuerpo se volvió ingrávido y ascendió a la luna, dejando al arquero solo, a merced de su destino. Por eso, cada Festival de Medio Otoño, en China se encienden farolillos y se reparten pasteles lunares que advierten que la desobediencia puede alterar el mismísimo orden del cosmos.

—Tendrías que haberte quedado en la cama con ella —le reprochas a X—. Habría estado tan contenta, como en el tour por las Joyas del Danubio.

Y a X no le queda otra que repasar los hechos una vez más. Como si persiguiera, entre multiversos, un pasadizo donde la historia se bifurcara y pudiera reescribirse.

Los físicos llaman «multiverso» a la hipótesis de que no existe un universo único, sino múltiples universos paralelos donde cada posibilidad encuentra su lugar. Según Hugh Everett —que formuló esta idea a mediados del siglo xx—, cuando una partícula puede comportarse de más de una manera, el universo no elige, sino que se desdobla para contener todas las opciones. En una, la moneda cae cara; en otra, cruz. Cada decisión cuántica abre un nuevo camino, y en cada uno de ellos hay una versión de ti que sigue viviendo esa posibilidad. En su propuesta, todo lo imaginable existe en algún lugar, aunque nunca podamos cruzar de una realidad a otra.

X está en su sexto mes de embarazo. Su madre lleva un tiempo hospitalizada por un cuadro de salud mental pero, como se encuentra «notablemente» mejor, le dan un permiso de fin de semana. A su apartamento no puede volver porque, según el psiquiatra, supone un escenario dañino donde pueden repetirse antiguos patrones. A casa del hermano de X ya ha ido en otra ocasión; esta vez, por tanto, corresponde quedarse en la de ella.

X y su hermano la recogen en el hospital. Se ponen contentos al verla guapa y sonriente. La madre lleva una maletita con su neceser y su ropa y las uñas pintadas de un rosa palo impecable. Este detalle se le queda grabado a X.

(Tú, por cierto, cuando vas a la manicura, jamás escoges ese tono. Una vez lo intentaste y al llegar a casa te cubriste las uñas con una capa de esmalte negro).

Cenan en un restaurante italiano —es su comida favorita— la madre, X, el cinéfilo, el hermano y su mujer. Brindan. X, en su estado, no debería beber vino, pero está muy nerviosa y se toma un par de copas —o tres— diluidas con agua. La charla gira en torno al futuro bebé, a la ilusión que supondrá para la madre. Ella los mira con una calma recién estrenada y X, aunque quizá intuye una sombra en sus ojos, prefiere pasarla por alto.

## Desobediencia

Después de cenar, vuelven a casa. El psiquiatra ha insistido con frialdad en que los hijos deben fomentar la independencia de la madre. Es mejor que duerma sola. Así se irá acostumbrando a no depender de los demás para todo, todo el tiempo. A X le ha parecido una manera cruel de decirlo, casi despectiva. Vaya, que por poco no la ha llamado «loca».

Prefiere fiarse de su propio instinto y desobedecer al médico.

El cinéfilo se va al sofá del despacho y X acompaña a su madre al dormitorio grande, que tiene baño. La mujer coloca todas sus cosas con esmero y se pone su camisón azul. Se acuestan y X le da la mano, pero la madre la aparta.

—Hija, tú haz lo que tengas qué hacer.

X se queda perpleja.

—¿Cómo que lo que tenga que hacer?

—Duerme con tu marido. Yo estaré bien aquí.

—¿Y si jugamos al abecedario?

—Ya no eres una niña.

X discute con ella, prefiere quedarse. Por favor, así estará más tranquila. Pero la madre insiste en que la deje sola.

A la mañana siguiente, X se la encuentra sentada en el sofá del salón; ha madrugado mucho. Madre e hija van a comprar ropa para el bebé, comen un sándwich club en una cafetería VIPS y van a la filmoteca a una reposición de *Vacaciones en Roma*. La madre no deja de repetir ¡por favor, cómo es Gregory Peck! y un hombre en la fila de atrás la manda callar.

Pero ¿y en otro multiverso?

OBEDIENCIA

Después de cenar, vuelven a casa. El psiquiatra ha insistido con frialdad en que los hijos deben fomentar la independencia de la madre. Es mejor que duerma sola. Así se irá acostumbrando a no depender de los demás para todo, todo el tiempo. A X le ha parecido una manera cruel de decirlo, casi despectiva. Vaya, que por poco no la ha llamado «loca».

Esta vez piensa que su deber, como mujer adulta, es obedecer al médico.

Se instala con el cinéfilo en el sofá del despacho y dejan a la madre en el dormitorio grande.

—Mañana, Mami —le dice—, me despierto muy temprano y vengo contigo y pasamos el día juntas.

El cinéfilo se pone, como suele, los tapones en los oídos para dormir. Ella va a acostarse, pero tiene acidez de estómago y el bebé da patadas. Cuando su marido duerme, se asoma a la puerta para vigilar a su madre. Su respiración parece acompasada, tranquila. Así que X, obediente, no se tumba a su lado, sino que va al salón. Tiene tanto, tantísimo miedo al nacimiento del bebé y a que su madre quizá no pueda acompañarla en la crianza, que se pasa las noches en vela, leyendo libros ya leídos hasta que consigue cabecear un rato. Aquella noche elige una novela de la colección roja de Barco de Vapor, donde un chico supera siete pruebas casi imposibles para demostrar que merece convertirse en rey.

Cuando se despierta, la luz del amanecer se filtra por las cortinas del salón. X se levanta, aún envuelta en sueño, y va directa al cuarto donde ha dejado a su madre. La cama está vacía, las sábanas arrugadas.

—¡Mami! —grita mientras recorre la casa—, ¡Mami!

El pasillo parece interminable. En la cocina, nada. En el baño, silencio. De vuelta al salón, una voz diminuta desde el ventanal.

—Estoy aquí…

X se acerca. La encuentra sentada en la barandilla del balcón, los ojos extraviados, el camisón azul ondeando al viento.

La sujeta, con cuidado, por la cintura.

—Mami…

—Que a gusto se está… —responde ella, como si nada.

X la ayuda a bajarse despacio, pero la mujer, reacia a abandonar la barandilla, se golpea con el cristal.

Se sientan juntas en la cocina. Mientras la madre, aturdida, mordisquea una galleta Príncipe, la hija le pone una venda en la frente.

—Ahora llamaremos al médico, Mami, pero, anda, cuéntame: ¿qué hacías?

Ella la mira con naturalidad, como si la respuesta fuera evidente.

—Quise escapar por la ventana —contesta—, pero en el cielo aún seguía viva la luna.

En la memoria de X, aquella noche no tiene una versión única. En terapia repasa una y otra vez las escenas de su multiverso privado: se tumbó al lado de su madre y le dio la mano la noche entera; obedeció al psiquiatra y la dejó sola; algunas noches fue la madre quien la echó; otras, discutieron un rato y luego callaron; hubo momentos en que la madre parecía dormir tranquila y X no quiso despertarla; en ocasiones, juraría haber escuchado su voz, pero no entró; o sí entró, y ya no estaba.

En un multiverso la encontró en la cocina comiéndose unos espaguetis. Pero en casi todos los demás está en el balcón, con el camisón azul ondeando al viento.

Hay universos en los que obedeció, universos en los que no. Las versiones se bifurcan, pero ninguna alivia la culpa. La psicóloga repite, sesión tras sesión tras sesión, que no existen los «mundos paralelos». Y qué sabrás tú, piensa X, sesión tras sesión tras sesión tras sesión tras sesión.

La madre volvió al hospital antes de tiempo. Escribió —«por si acaso»— su carta de despedida. Y pocos meses después, la llamada de teléfono: había sufrido un ataque al corazón.

En pleno duelo, te encuentras destruida, tristísima, el bebé revoleándose por las sábanas. Tu hermano se tumba a tu lado.

—A Mami había que dejarla ir —te dice sereno—. Quería volar, como en el póster ese que tanto le gustaba.

Otras cosas no, pero comprender a Wendy y su impulso de huida, eso sí. Te pasaste la infancia mirándola.

Os dais la mano, el bebé entre vosotros.

Durante el cáncer, en esa misma cama, tu marido enreda su pierna con la tuya y vuestro hijo aparece en la puerta, una noche más, porque quiere dormir contigo. Él siempre se fija en el color de tus uñas. Le gustan, sobre todo, azules o verdes.

Christopher Hamilton reflexiona en *Middle Age* que, llegada la mediana edad, la culpa nos empuja a recomponer el universo de nuestra vida. Como si de pronto nos uniéramos a esa herencia ancestral que permea a las generaciones precedentes y late en los antiguos mitos. Según él, compartir esa carga nos obliga a recolocar nuestras estrellas y recontar nuestras historias, para que incluso las más oscuras —o las más dolorosas— encuentren un nuevo lugar en la memoria.

Hay historias que tú todavía no puedes contar en primera persona.

# Yale

Un día, ya entrada en años, en el vestíbulo de un edificio público, un hombre se me acercó. Se dio a conocer y me dijo: «La conozco desde siempre. Todo el mundo dice que de joven era usted hermosa, me he acercado para decirle que en mi opinión la considero más hermosa ahora que en su juventud, su rostro de muchacha me gustaba mucho menos que el de ahora, devastado».

MARGUERITE DURAS

Tu tercer viaje a la Universidad de Yale es en mayo de 2025, *después del cáncer*. La ayuda que recibiste para escribir tu libro incluía dos estancias de investigación: una, en noviembre de 2023, cuando estudiaste a Barrie niño y fuiste a la fiesta *potluck* en casa del científico cubano; la otra, en mayo de 2024, a la que no pudiste ir. Por eso vuelves ahora, que estás curada. Algunos días ya apenas notas las cicatrices, pero hoy, en el avión, vuelven a arderte las comisuras.

Eres muy distinta a la persona que vino hace no tanto, en noviembre, hace un año y medio, *antes del cáncer*. Tienes el pelo muy corto (tarda una eternidad en crecer, pero juras no volver a hablar del tema). Te sometiste a una tercera operación de cirugía estética, esta vez por decisión propia, pero no del todo convencida. ¿Era realmente necesario tratar de emular un cuerpo normativo, bonito? ¿No sería más coherente asumir lo que te había pasado y no volver al quirófano solo por estar más «presentable»? Aun así, cuando se abrió la posibilidad, dijiste que sí.

La mastopexia de simetrización que igualó el pecho antiguo con la prótesis incluyó también un injerto de piel para simular un pezón. Encima, un tatuaje coloreado imita a la otra areola. Tu «peligrosa fantasía de la reconstrucción», que diría Lorde, ha quedado muy bien, eso es cierto. Pero cuando te miras sigues disociada, como si esa no fueras tú. Te sientes como el sujeto de un cuadro de Magritte: *ceci n'est pas un mamelon. Esto no es un pezón.*

Tras terminar la quimioterapia, la oncóloga te pautó tamoxifeno, un bloqueador de estrógenos que debes tomar a diario durante, en tu caso, siete años. Es la pastilla que —según te contó su

amiga— tu madre se negó a tomar. Te dan pánico los efectos secundarios. Sudores nocturnos. Rigidez en las articulaciones. Can-
sancio extremo. Niebla mental. Síntomas depresivos. Sequedad y/o
pérdida de libido (si no se hubiera extraviado ya por el camino).

En resumen, has dejado de ser aquello que la sociedad definiría como una mujer «deseable». Ya no eres joven, no eres fértil, no
tienes fuerza y no estás entera. Sin embargo, hay algo en ti que te
hace sentirte más deseable que nunca, sexy en tu reciente rareza.
Una paradoja.

En la estación de New Haven, te recoge un Uber. Por la ventana,
el orden milimétrico del campus, los edificios que imitan la solem-
nidad de las universidades antiguas. Distingues grupos de chicas
vestidas de blanco, haciéndose fotos. Los árboles llenos de flores,
la plenitud rebosando de sus ramas. Muy pronto será el fin del curso y la graduación.

El apartamento está en un edificio de ladrillo rojo con vistas
a una cancha de baloncesto y una mezquita. En tu habitación, con
una ventana minúscula y suelo de madera oscura, colocas una foto
de tu madre y otra de tu hijo. Te sientes feliz, estudiante, mientras
sus rostros sonrientes te observan deshacer la maleta.

Quedas con tu amiga que trabaja en la biblioteca Beinecke de
Manuscritos y Libros Raros en un bar emblemático del campus: el
Mory's. Pedís unos dry martinis y le resumes, a grandes rasgos,
tu último año y medio. Ella comenta que los posibles efectos de la
pastilla tampoco se alejan mucho de los de la menopausia, ¿no? Te
encoges de hombros: no lo sabes, porque en tu caso ha sido inducida. De momento, lo único que notas es que apenas duermes.
Pasas calor pero calurosa has sido siempre y, en cuanto a la libido,
la tienes intacta o incluso desaforada, para ser más precisos. Y no
en lo sexual, exclusivamente, sino en su concepción más amplia:
las ganas de vivir, de comerte el mundo, como si fueras joven otra
vez. De hecho, te preocupa que tus actos no estén a la altura de tu
voracidad. Crees que el libro —y el conjuro de remover tu propio
caldero de las historias para escribirlo— también ha avivado ese
anhelo.

Tras un par de dry martinis estáis lo suficientemente molonas como para colgar una foto en Instagram, ¿no? Apoyas el móvil en el servilletero y posáis durante diez segundos, copas en mano, sonrisas radiantes.

Abres la aplicación después del tercer cóctel (que, claramente, ha sobrado). Tienes 81 *likes*. Y un mensaje.

Es del *traveller*: «¡Ey! —escribe—. Estás tan cerca... ¿Por qué no vienes a Canadá a verme?».

Vas a guardar el móvil en el bolso rápido, pero se te cae al suelo.

Las condiciones de la beca en Yale incluyen que al final de tu estancia impartas una clase magistral a *staff* y *researchers* sobre el trabajo que has realizado aquí. En mayo —te ha contado la bibliotecaria— el campus es un desfile de edades. A principios de mes se gradúan los alumnos del último curso, estrenando su juventud; hacia mediados regresan los *alumni* de hace veinticinco años, ya asentados pero con un pie, todavía, en sus recuerdos estudiantiles; y a últimos de mes llegan los que se graduaron hace medio siglo, apoyados en bastones y coleccionando anécdotas que ya nadie les pregunta.

A raíz de estas tres edades, se te ocurre estructurar tu charla en torno a las tres etapas que han ocupado el centro del imaginario cultural en la historia moderna: el XIX como siglo de la infancia, el XX como el de la juventud y el XXI como el de la mediana edad.

*Apuntes para clase magistral en Yale. 30 de mayo 2025:*
Antes del siglo XVII los niños son vistos como «adultos en miniatura». Con el romanticismo y las reformas sociales del XIX, la infancia se transforma en símbolo de inocencia y promesa. Aquí, en la Beinecke, reposa el archivo del autor que mejor modeló esta idea.

Entre las piezas más destacadas de la colección de James Matthew Barrie sobresale el tintero que se conserva en la caja 74.

Cuando George Llewelyn Davies murió en combate, Barrie se sentaba en el despacho de una casa ya lejos de los jardines de Kensington y, si antes lo comparaba con el Jolly Roger, ahora ya solo le parecía una habitación cualquiera, sin más. Por su parte, este tintero —el mismo que ahora sostienes— dejó de ser un «dador de mundos» para volverse un objeto inerte.

Fue tras la muerte de George cuando Barrie se transformó —de un día para otro— en Garfio. Una mañana intentó mojar la pluma, pero la mano derecha le temblaba. Al descubrirse un bulto doloroso en el brazo, sin embargo, no se extrañó: entendió, simplemente, que había llegado el momento de ponerse el gancho de hierro.

Con la mano derecha —quizá por última vez— escribió: «Pero yo pensaba que solo se mueren las flores». Con la izquierda, aseguró, se invocaban «pensamientos mucho más siniestros». Era obvio, claro: pensamientos de adulto.

El tintero metálico, pese a los casi cien años que lleva guardado en la caja, aún conserva un profundo aroma a tabaco. Como si Barrie, fumando su sempiterna pipa, siguiera allí, invisible, a tu lado; esperando quizá a que alguien, con el asombro infantil intacto, rescate a su personaje del garfio del —ahora— pirata traidor que lo creó.

Te invitan a un *tour exclusivo* por las salas subterráneas donde se almacenan los archivos. El aire acondicionado ruge como un viento ártico. Te cuentan que en los años setenta, algunos volúmenes raros se preservaron en cámaras de congelación —a menos treinta y seis grados centígrados— para combatir una plaga de hongos. Aquí todo se mantiene a la temperatura idónea, para que nada se pudra. En una vitrina se exhiben los primeros bocetos de *Peter Pan* que trazaron los dibujantes de Walt Disney para la película de 1953 que fijó en la memoria colectiva a un personaje más liviano y mucho menos existencial que el de Barrie. Piensas que Disney, al criogenizarse —o, al menos, eso cuenta la leyenda—, se volvió Peter Pan, atrapado para siempre en un presente congelado.

Hace tanto frío aquí abajo que se te erizan las cicatrices. Das por terminado el tour y subes deprisa las escaleras.

A las diez en punto, cada noche, oyes desde tu apartamento un cántico gutural que resuena en el cielo como si alguien entonara desde el fondo de una cueva. Algunas veces te asomas por la ventana. No sabes si es una oración o una advertencia, pero te da la sensación de que intenta decirte *algo*. Mientras tanto, el *traveller* sigue escribiéndote. Te envía un enlace con la noticia de que el busto robado de la tumba de Jim Morrison en Père-Lachaise ¡ha sido encontrado por fin! Te hace gracia que se acuerde de lo mucho que te gustaba a ti el cantante. Le hablas de tus progresos con el libro y de que él sale como personaje. Se alegra de que le llames el *traveller* y no el *tourist*.

«Anda, por favor —escribe—, no te hagas de rogar, quiero verte, ¿quién sabe cuándo volveremos a estar tan cerca? *Il faut attraper le temps au vol!*».

> *Apuntes para clase magistral en Yale. 30 de mayo 2025:*
> El siglo xx consagra la juventud como ideal: escuela prolongada, rebeldes sin causa y cultura pop erigen al joven como símbolo de deseo y revolución. Mucho antes de que esto sucediera, la doctora Luella Day —visionaria del turismo moderno— ya había intuido el nacimiento de ese nuevo culto: el gran comercio de la juventud eterna que, aún hoy, seguimos persiguiendo.

El Fountain of Youth Archaeological Park fue una de las atracciones turísticas más importantes de la edad de oro estadounidense y la fotografía de su fuente de la juventud, la postal más vendida del país según informó el diario *Evening Star* en diciembre de 1915.

Sin embargo, una vez finalizada la Primera Guerra Mundial, la Saint Augustine Historical Society se empeñó en desacreditar el mito a toda costa. Sus concienzudas investigaciones pronto revelaron que el famoso salero de plata no era una reliquia colonial, sino una pieza del siglo xix, y que el supuesto pergamino de Colón había sido escrito por el buscador de oro Marshall Bond, como demostraba la caligrafía de los diarios hallados en el desván de la mansión de Luella Day.

En cualquier caso, para cuando la prensa desveló que su parque era un fraude, a Luella no le importó. Su mente, perdida en una

marisma de mundos inventados, ya no distinguía entre unas enso-
ñaciones y otras.

La habían llamado «loca» muchas veces antes: en el hospital de
Chicago con las enfermas terminales, en Dawson City... y hasta
en la tertulia de señoras de su propia casa.

Pero, en los últimos tiempos, sus sentencias se habían vuelto cada
vez más disparatadas. Juró ser descendiente de los Bonaparte; de-
nunció que unos «maleantes» habían intentado envenenarla con
Coca-Cola, manzanas y una sandía; aseguró que el viejo fuerte español de Saint Augustine había sido en realidad construido por ex-
traterrestres; y profetizó —en plena hora punta de la taberna del
pueblo— que Jesucristo volvería a la tierra en la fuente de su jardín.

A nadie, pues, le sorprendió que Loony Diamond Lil' —como
acabaron llamándola— deambulara por las calles con la cabeza ven-
dada. Nadie sabía si por una caída real o por algún episodio que
solo existía en su propio relato.

El 23 de junio de 1927, Luella Day condujo su coche hasta la coli-
na donde el amanecer rompía tan naranja como el sol de medianoche del Klondike. En el aire, que empezaba a templarse, las cigarras,
puntuales, inauguraban el día —*chi-chi-chi-chi-chi*— y Luella se preguntó, por primera vez en toda su vida, qué querrían anunciar con
su canto.

Pisó el pedal y se lanzó al barranco que se abría ante ella, un
tajo oscuro en la tierra.

Luego, el vacío.

Lo último que captó en el retrovisor fue un rostro ajado, los
ojos náufragos, una venda ceñida a su frente, un grito pegado a la
piel.

Después, apenas un suspiro antes de desvanecerse, el espejismo
fugaz de una niña reflejada en un lago.

La esquela aseguró que Luella Day (entre paréntesis Diamond
Lil') tenía cincuenta y siete años. Pero, según tus investigaciones,
tenía por lo menos diez más.

Edward MacConnell —a quien localizó en Iowa un periodista del *Florida State News*— declararía que la virtud más notable de

su exesposa era su espíritu, «tan romántico y fantástico, tan imaginativo y especial».

Marshall Bond, en cambio, nunca quiso hacer declaraciones sobre Luella Day.

Tú has pasado mañanas enteras en la biblioteca revisando el archivo del ilustre aventurero y buscador de oro Marshall Bond, autor de las memorias *Adventures with Peons, Princes and Tycoons*. En la Beinecke están todos sus cuadernos, cartas, recuerdos, *memorabilia* en general.

Has visto sus mapas, dibujados a mano: uno de la región minera de Bonanza, con las secuelas de un terremoto marcadas a lápiz. En sus diarios has leído relatos de cenas, bailes, encuentros con mujeres como «Lu». Además de sus fotografías del Klondike, has examinado también varios álbumes de su vida más adulta: retratos de sus hijos pequeños, correteando entre palmeras; su esposa, erguida en un caballo con una falda larga y un gorrito; él, haciéndose mayor junto a su familia, en California.

La mayoría de esta colección fue cedida a la biblioteca por un donante anónimo. Y como Luella tenía los arcones de su amante en el desván, a lo mejor...

El caso es que, cuando fue instigado por la prensa, Marshall Bond guardó silencio sobre Luella Day.

En realidad esto se debe a una razón muy sencilla.

Jamás la conoció.

El arrebatado idilio de Luella con Marshall, todo ese fraude que compartió con él... —lo tienes que confesar—, ha sido una fabulación.

Pero ¿a quién le importa, si la historia era tan buena?

Un fin de semana visitas a tu amigo de Erasmus, el venezolano salsero. Es profesor y vive a las afueras de Nueva York con su marido. En la barra del bar Paradise, coméis patatas fritas y bebéis dry martinis, que en este viaje te ha dado por ahí. Cuando le cuentas que el *traveller* te ha pedido que vayas a verle, casi se cae del taburete. Ni siquiera sabía que siguierais en contacto. ¿Y por qué cojones ibas a ir tú, a estas alturas, a Canadá a ver a ese tío? Yo qué sé, sería divertido, ¿no? ¡O no, nada divertido! Chico, algo novedoso, una aventura... Pero ¿qué más aventuras quieres tú ya, belleza?

Después, en su casa, bailáis salsa. Ponéis videoclips de los noventa en YouTube. Habláis de lo guapos que son los rockeros de vuestra época y cantáis y bebéis y fumáis aunque aquí, en teoría, ya nadie fuma. Su marido, que es bastante más joven, os mira como si hubiera surgido una película espontánea en su salón.

La titularía *Memory Lane*, dice.

*Apuntes para clase magistral en Yale. 30 de mayo 2025*:
En el siglo XXI, la mediana edad se ha desplazado al centro del imaginario social y simbólico. El incremento de la longevidad, los cuerpos más activos y la consolidación del «adulto joven» como modelo al que aspirar han contribuido a redefinir los límites entre juventud y madurez. Un mercado multimillonario impulsa la industria del autocuidado, y la ONU describe la mediana edad como una invención moderna derivada de las nuevas condiciones de vitalidad y resiliencia de nuestras sociedades: una fase que ya no se percibe como declive, sino como la promesa de una plenitud sostenida.

Quedas con el científico cubano que conociste en tu viaje anterior para regalarle tu novela sobre el exilio. Recuerdas que quería leerla. Él te lleva a visitar el secreto mejor guardado de la Facultad de Medicina: el «Salón de cerebros» de Harvey Cushing, donde trabaja su compañero, el chico *grunge*. Es un pasadizo con aire de barraca de feria, donde se alinean estantes repletos de botes de cristal, cada uno con su etiqueta gastada. Dentro, cerebros de distintos tamaños y tonalidades flotan en formol. Cushing —te explica— fue uno de los primeros neurocirujanos del siglo XX en utilizar la trepanación para operar tumores cerebrales. Se los sigue estudiando porque aún guardan, en sus cicatrices diminutas, las huellas de las lesiones y técnicas quirúrgicas de hace un siglo: un atlas antiguo de lo que alguna vez sostuvo la conciencia de alguien.

Ahora miras al auditorio. Estás contenta, ha venido bastante gente a tu clase magistral. Continúas: al observar los cerebros de Cushing, te preguntas también por las pasiones, relatos y nostalgias que contendrían todas esas personas, ¿no? Y en ese reflejo, piensas en ti misma y en las frases que dieron voz a aquella profesora que fuiste.

Les explicas que cuando empezaste a dar clase tenías pocos años más que los alumnos. Por eso gran parte de tu *performance* en el aula giraba en torno a «aquí estoy yo, joven, talentosa». Pero ahora te das cuenta —y esta dirías que es la conclusión de tu charla— de que la edad, además de un número, es un guion que encarnamos; una actuación que repetimos sin cesar, consciente o inconscientemente. Lo biológico marca un límite, sí, pero lo que nos mantiene en pie es el relato cultural que sostenemos.

Es decir, ¿se tiene una edad o se sostiene una historia? ¿La juventud se conserva o se cuenta? ¿Y qué queda cuando dejas de narrarla?

Haces un chiste: al menos todos vosotros habéis tenido la suerte de vivir en el siglo de la mediana edad.

Surge un murmullo que podría derivar en un pequeño debate, pero lo interrumpes. Para cerrar con una coda, querrías proponerles un entretenimiento que viste jugar a tus padres cuando eras pequeña. Se llamaba *Midlife Crises*.

—¿Qué creen ustedes —preguntas— que podría pasar con la protagonista, la narradora que tuvo un cáncer, se curó y viajó a Yale?

En el juego, la respuesta podría estar en estas tarjetas de cartón: planteamientos que para cualquier adolescente serían una auténtica tragedia.

Sacas las tarjetas del bolso y las repartes entre algunos de los asistentes para que las lean en voz alta.

Tu amiga la bibliotecaria lee la primera y te guiña un ojo:

—La narradora visita a su exnovio de la juventud en Canadá. Tras una noche de sexo apoteósico, concluyen que separarse fue un craso error. Reorganizan sus vidas adultas para retomar su romance y, una vez al año, viajan a la India —al Osho International Meditation Resort— para reencontrarse con su verdadero «yo». Son increíblemente felices, o al menos de eso alardean en Instagram. Él no vuelve a escribir guías de viaje, pero sí publica un libro de autoayuda: *La vie, ce voyage imprévu.*

La segunda tarjeta la lee el director de la biblioteca, que muy amablemente ha venido a escucharte (te da una vergüenza que te mueres —a ver qué va a pensar de ti—, pero *too late*):

—La narradora se queda en Yale y por fin cumple su anhelo de vivir en el extranjero. Descubre un cuerpo distinto, vulnerable pero más vivo que nunca. Conoce hombres en aplicaciones de citas, se acuesta con ellos. De algunos, no recuerda ni sus nombres. Un domingo asiste a una barbacoa en casa de un amigo cubano y su mujer japonesa. Después de comer, se sientan en el jardín, toman ron en vasos de plástico. Miran la casita de pájaros que reposa sobre una rama. Dentro, juguetean dos petirrojos, rozando sus picos. La tarde refresca; el anfitrión prende un *fire pit* —una fogata contenida en un aro metálico— y entre el crepitar de las llamas filosofa sobre cómo cada persona es una estrella en sí misma; en la vida, todo se repite ilimitadamente pero nunca más. ¡Ay, qué bonito! Y así, entre reflexiones, fogatas y pájaros, la narradora se pregunta si su crisis de la mediana edad no será una forma de pasar el tiempo como otra cualquiera.

Una mujer de ojos oscuros y cabello tan negro como una noche sin estrellas se ofrece a leer la tercera tarjeta:

—La narradora regresa a Madrid, a su vida con su marido, su hijo, sus trabajos. Descubre, atónita, que la propia enfermedad funciona como un «mundo paralelo de tipo abierto», en términos de Maria Nikolajeva. Es decir: el *unheimlich* (el cáncer) apareció como una grieta en lo real que ahora se ha cerrado y todo parece lo mismo, pero ya no lo es. Pronto cumplirá cincuenta años y lo celebrará en un viaje juvencólico con sus amigos del colegio. Poco a poco le crece el pelo, e incluso no le disgustan sus nuevos looks. Abraza su renacida belleza e identidad, en gratitud por estar viva. Cada gesto que antes reprochaba por cotidiano o tedioso, ahora le parece —como lo llamaba Barrie— un «fragmento de inmortalidad que se ha cruzado por el camino». Comprende entonces, *después del cáncer*, que de eso está hecha la vida: de esos fragmentos. Y cuando siente la necesidad de escapar por la ventana, la abre, y siente el aire fresco de todos los futuros que todavía vendrán.

Algunos hacen «oooh», otros asienten y se atisban unos primeros aplausos. Carraspeas, miras a tu auditorio. Así pues, según la tarjeta que se escoja en este juego, la vida en la mediana edad podría ser de una manera o de otra.

—Aunque lo ideal sería, a lo mejor, ¿una mezcla de las tres? —dices—. El caso es que hay que sobrevivir, como sea, al hechizo de la juventud eterna. Muchas gracias.

Aplauden, ahora con ganas, y guardan sus cuadernos. Tú apagas el proyector. Van saliendo del aula; la charla ha quedado bien.

Se te acerca la mujer que leyó la tercera tarjeta.

—Una curiosidad, si me permite... ¿Cómo surgió en usted el interés por especializarse en Barrie y en el sueño imposible de detener el tiempo?

—Tendrá que leer mi libro —respondes—. Ya casi lo he terminado.

Mientras se aleja, crees distinguir, en su sonrisa, el brillo de unos diamantes.

A tus alumnos de escritura creativa les sueles repetir: «Uno no escribe lo que *quiere*, sino lo que *puede*».

Anne Lamott, en *Pájaro a pájaro*, reflexiona que al final de un relato lo que importa no es que ocurra algo espectacular, sino que se tenga una sensación de inevitabilidad porque «por supuesto las cosas tenían que llegar hasta aquí, por supuesto debían decantarse de este modo». Por su parte, E. M. Forster, padre del *Homo fictus* —y responsable de que tú misma acabaras volviéndote personaje y desplegaras el abecedario de tu «vida secreta»—, advertía que, en los finales, el autor suele quedarse sin aliento.

Tú estás ya sin aliento.

Pero aun así, para tu propio final —o mejor dicho, para el del personaje que eres— lees una última tarjeta:

—La narradora está tumbada en la camilla para su tercera cirugía, la de estética. El anestesista le dice que piense en algo hermoso. Cuenta: un-dos-tres-cuatro-cinco-seis-siete-ocho-nueve-diez... y el mundo, dócil, se apaga.

# Zarzio

*One day baby we'll be old,
oh baby we'll be old,
and think of all the stories
that we could have told.*

ASAF AVIDAN

El abecedario termina, como suele, por la letra Z…

Caminas. No sabes si vienes o vas. La tierra tibia cede bajo tus pies descalzos; el aire destila savia de árbol y humo antiguo. Algo brilla entre las ramas, apenas un parpadeo antes de extinguirse. Desde el cielo, el sonido de unas alas corta el silencio. Tienes miedo, pero sigues adelante. Entonces, en un claro del bosque aparece una luz. Distingues, incrédula, algo que parece una celebración. Es una fiesta de seres mágicos que te llaman por tu nombre, como si te esperaran. Los reconoces, llevan contigo desde siempre.

Sobre un manantial flotan nenúfares con elixires encima; son copas. Un espíritu silvestre remueve un caldero. Entre las sombras, alguien ha dejado caer un diente de búfalo blanquísimo, reluciente bajo la luna. Los invitados charlan risueños y beben tragos de sus nenúfares. Te ofrecen uno. Al probar el líquido pastoso sientes éxtasis, liviandad, y de pronto en tu cabeza brota una corona de hojas otoñales; feérica, tú también. Ahora, cuando más feliz estás —cuando más integrada estás— se te acerca un ser bellísimo y delicado, con las alas rociadas de polen. Es medio humano, medio hada.

—Disculpa —dice—, pero creo que te has equivocado de lugar. Aquí no se envejece, ni hay cabida para la enfermedad o los frágiles de espíritu…

—Pero yo no estoy enferma —te defiendes—, ni soy…

—Lo siento. —La criatura niega con la cabeza, la voz áspera—. Tienes que marcharte.

—¡Que ya no estoy enferma, lo juro! —insistes.

Su belleza se vuelve abismo mientras te amenaza con la mirada. Sus alas vibran, tenebrosas. Te empuja y caes al suelo con un golpe seco. Tu nenúfar se vuelca entero sobre tus pies. Otros seres os rodean. El coro de sus voces retumba unánime.

—¡El país de las hadas no es tu hogar!

La angustia te comprime el corazón con la misma violencia que las inyecciones de zarzio.

—Pero —suplicas en un susurro— vosotros me conocéis… y yo quiero estar aquí.

Entonces un hada pequeña baja sus ojos grandes. De puntillas, se eleva sobre el suelo, como si el aire la acunara.

—Te acompaño… —murmura, con voz dulce—. Yo creo en ti.

—¡NO! —truena el grito colectivo mientras alguien te vuelve a empujar.

Tú te desgañitas:

—Por favor… ¡POR FAVOR!

Un enfermero te despierta de la anestesia e, impávido, empuja la camilla hasta la sala de reanimación. Tú estás llorando tanto como en aquel Bodegón de las Cebollas donde se derramaban «lágrimas redondas y humanas». Te convulsionas, tu cuerpo asolado por un vacío inmenso. Tienes la boca seca y el enfermero te trae un palito con sabor a limón. Lo chupas ansiosa, una tabla de salvamento en pleno naufragio. Y entonces, lo entiendes.

En clase utilizarías el término «epifanía». Pero en este contexto pega más la jerga psicodélica: es un *afterglow*.

No puedes estar en el País de las Hadas. Es el reino de lo que ya fue, donde nadie crece ni tiene segundas oportunidades. Ahí no existen las magias del mundo real, como ver a un bebé transformarse, ante tus ojos, en un hombre.

Con tu zozobra atemperada, el enfermero empuja la camilla hasta el ascensor. En sus paredes cuelga una galería de espejos. Tú giras la cabeza, fascinada.

Te ves niña en uno; joven, en otro; mujer, en el que tienes enfrente.

Al descubrirte multiplicada, se te escapa una risa de puro asombro.

Emana ahora de tu cuerpo una sensación muy lejana a la del zarzio, una efervescencia.

Al fondo, en el infinito juego de espejos, como en otra dimensión, se asoman otros mundos —reales e imaginados—, y todos son tuyos.

Eres otra. Pero sigues siendo tú.

Sí, tú.

Soy yo.

Las señoras de pilates vienen y van.
*Dicen:*
Nosotras inventamos el lenguaje que falta.
*Dicen:*
Tenemos una palabra guardada para ti.
*Dicen:*

**juvenescencia**
*n. (del latín iuventus + sufijo -escencia)*

1. Una alegría suave que aparece al intuir que aún puedes ser aquella persona que tu juventud soñaba.
2. La voluntad de habitar tu cuerpo tal como es: con la memoria en la piel, sin miedo a lo que vendrá.
3. La certeza de seguir custodiando aquello que una vez te hizo arder, aunque el tiempo te narre de otra manera.

F~in.~

# Después del abecedario

El caldero de las historias de *Juvencolía* se compone de huesos (o bibliografía), ingredientes varios (o agradecimientos) y grandísimas dosis de asombro.

## Huesos

*Obras citadas*

Alcott, Louisa May, *Mujercitas*, trad. Gloria Méndez, Madrid, Alianza, 2019.

Alighieri, Dante, *Divina comedia*, trad. Ángel Crespo, Barcelona, Seix Barral, 1984.

Andersen, Hans Christian, *Cuentos completos*, trad. Enrique Bernárdez, Madrid, Cátedra, 2005.

Arendt, Hannah, *La vida del espíritu*, trad. Carmen Corral y Fina Birulés, Barcelona, Paidós, 2002.

Ballantyne, R. M., *La isla del coral*, trad. Carmen Bravo-Villasante, Barcelona, Zenda–Edhasa, 2022.

Ballard, J. G., *Milenio negro*, trad. Marcial Souto, Barcelona, Minotauro, 2004.

Barrie, J. M., *The Little White Bird*, London, Hodder & Stoughton, 1902. [Hay trad. cast.: *El pajarito blanco*, trad. Alberto Gimeno, Barcelona, Barataria, 2009].

—, *Margaret Ogilvy*, Londres, Hodder & Stoughton, 1901.

—, *Peter y Wendy*, ed. Silvia Herreros de Tejada, trad. Gabriela Bustelo, Barcelona, Penguin Clásicos, 2018.

—, *Peter Pan. La obra completa*, ed. y trad. Silvia Herreros de Tejada, Madrid, Neverland, 2009.

—, *Peter Pan, los inéditos*, ed. y trad. Alejandro Lapetra, Logroño, Pepitas de Calabaza, 2025.

—, *Lady Nicotina. Un tratado para fumadores*, trad. Damià Alou, Madrid, Trama, 2015.

Barthes, Roland, *A Lover's Discourse. Fragments*, Londres, Penguin, 1990. [Hay trad. cast.: *Fragmentos de un discurso amoroso*, trad, Eduardo Molina, Madrid, Siglo XXI, 2025].

—, *Mourning Diary*, Nueva York, Hill & Wang, 2012. [Hay trad. cast.: *Diario de duelo. 26 de octubre de 1977 – 15 de septiembre de 1979*, trad. Adolfo García Ortega, Barcelona, Paidós, 2011].

Baum, L. Frank, *El maravilloso Mago de Oz*, trad. Concha Cardeñoso, Barcelona, Austral, 2017.

Benedict, Elizabeth (ed.), *Me, My Hair and I*, Chapel Hill, Algonquin Books, 2015. [Hay trad. cast.: *Mi cabello y yo: 27 mujeres desenredan una obsesión*, trad. Victoria E. Horrillo Ledesma, Madrid, Indicios, 2016].

Benjamin, Walter, «La obra de arte en la poca de su reproductibilidad técnica», en *Discursos interrumpidos I. Filosofía del arte y de la historia*, trad. Jesús Aguirre, Madrid, Taurus, 1973.

Berger, John, *Modos de ver*, trad. Justo G. Beramendi, Barcelona, Gustavo Gili, 2016.

Berlin, Lucia, *Manual para mujeres de la limpieza*, trad. Eugenia Vázquez Nacarino, Madrid, Alfaguara, 2016.

Bond, Marshall, *Adventures with Peons, Princes and Tycoons*, Oakland (CA), Star Rover House, 1983.

Boyer, Anne, *The Undying. A Meditation on Modern Illness*, Londres, Penguin, 2019. [Hay trad. cast.: *Desmorir. Una reflexión sobre la enfermedad en el mundo capitalista*, trad. Patricia Gonzalo de Jesús, Madrid, Sexto Piso, 2021].

Brontë, Charlotte, *Jane Eyre*, ed. M.ª José Coperías, Madrid, Cátedra, 1996.

Bukowski, Charles, *The Betting Muse: Poems & Stories*, Santa Rosa (CA), Black Sparrow Press, 1996.

—, *Poemas de la última noche de la tierra*, trad. Eduardo Iriarte, Madrid, Visor, 2004.

Byatt, A. S., *On Histories and Stories: Selected Essays*, Londres, Chatto & Windus, 2000.

Cain, James M., *El cartero siempre llama dos veces*, trad. José Luis Piquero, Barcelona, RBA, 2013.

Calímaco, *Himnos, epigramas y fragmentos*, trad. Luis Alberto de Cuenca, Madrid, Cátedra, 2016.

Calvino, Italo, *El barón rampante*, trad. Esther Benítez, Madrid, Siruela, 1990.

Campbell, Joseph, *The Hero with a Thousand Faces*, Londres, Fontana Press, 1993. [Hay trad.cast.: *El héroe de las mil caras*, trad. Carlos Jiménez Arribas, Girona, Atlanta, 2020].

—, *Las máscaras de Dios. Volumen I. Mitología primitiva*, trad. Luisa Sarabia, Madrid, Alianza, 1991.

Camus, Albert, *El mito de Sísifo*, trad. Esther Benítez, Madrid, Alianza, 2019.

Carroll, Lewis, *Alicia en el país de las maravillas*, trad. Jaime de Ojeda, Madrid, Alianza, 2010.

Cheever, John, *Cuentos*, trad. José Luis López Muñoz, Barcelona, Random House, 2018.

Cleland, John, *Fanny Hill. Memorias de una mujer de placer*, trad. José Santaemilia, Madrid, Cátedra, 2000.

Cohen, Leonard, *The Book of Longing*, Londres, Viking, 2006. [Hay trad. cast.: *El libro del anhelo*, trad. Alberto Manzano Lizandra, Barcelona, Lumen, 2017].

Cuenca, Jaime, *Peter Pan disecado*, Madrid, Consonni, 2015.

D'Andrea, Anthony, *Global Nomads: Techno and New Age as Transnational Countercultures in Ibiza and Goa*, Londres / Nueva York, Routledge, 2007.

Day, Luella, *The Tragedy of the Klondike; This Book of Travels Gives the True Facts of What Took Place in the Gold-fields Under British Rule*, Nueva York, Luella Day Publishing Co., 1906.

Derrida, Jacques, *Espectros de Marx*, trad. José Miguel Alarcón y Cristina de Peretti, Madrid, Trotta, 1995.

Dickens, Charles, *Oliver Twist*, trad. Pollux Hernúñez, Madrid, Alianza, 2016.

Dickinson, Emily, *Fragmentos*, trad. María Negroni, Barcelona, Flaneur, 2024.

Dostoievski, Fiódor, *Memorias del subsuelo*, trad. Augusto Vidal, Madrid, Alianza, 2018.

Durántez Prados, Ángel, *Joven a los 100. Todas las claves para vivir MÁS y MEJOR*, Madrid, La Esfera de los Libros, 2020.

Duras, Marguerite, *El amante*, trad. Ana María Moix, Barcelona, Tusquets, 2019.

Eliot, T. S., *Prufrock and Other Observations*, Londres, Faber & Faber, 2001.

—, *Poesía reunida 1909-1962*, trad. Andreu Jaume, Barcelona, Lumen, 2016.

Erasmo de Rotterdam, Desiderio, *Elogio de la locura*, trad. Pedro Rodríguez Santidrián, Madrid, Alianza, 2011.

Erikson, Erik, *Identidad, juventud y crisis*, trad. Alfredo Guerra, Buenos Aires, Paidós, 1974.

—, *El ciclo vital completado*, trad. Juan José Utrilla, Barcelona, Paidós, 2000.

Ernaux, Annie y Marc Marie, *El uso de la foto*, trad. Lydia Vázquez Jiménez, Madrid, Cabaret Voltaire, 2018.

Estés, Clarissa Pinkola, *Mujeres que corren con los lobos*, trad. M. Antonia Menini Pagès, Barcelona, Ediciones B, 2012.

Everett, Hugh, *The Many-Worlds Interpretation of Quantum Mechanics*, ed. Bryce S. DeWitt y Neill Graham, Princeton (NJ), Princeton University Press, 1973.

Fitzgerald, F. Scott, *Flappers and Philosophers: The Collected Short Stories of F. Scott Fitzgerald*, London, Penguin Classics, 2010.

—, *Berenice se corta el pelo y otros cuentos*, trad. José Luis Hernández Cáceres, Madrid, Editorial Popular, 2025.

Forster, E. M., *Aspectos de la novela*, trad. Guillermo Lorenzo, Madrid, Debate, 2004.

Freud, Sigmund, «Lo ominoso», en *Obras completas*, vol. XVII, trad. José Luis Etcheverry, Buenos Aires, Amorrortu, 1992.

—, *Más allá del principio del placer*, trad. José Luis Etcheverry, Madrid, Alianza, 2018.

Furedi, Frank, *La autoridad en cuestión. La crisis de la educación contemporánea*, trad. J. C. Saéz Angulo, Barcelona, Gedisa, 2001.

Garrocho, Diego S. *Sobre la nostalgia. Damnatio memoriae*, Madrid, Alianza Editorial, 2019.

—, «Nostalgia: Sobre el origen y el nombre de una patología sentimental», *Isegoria*, 61, 2019, pp. 637-688.

Ginsberg, Allen, *Aullido y otros poemas*, trad. Rodrigo Olivarría, Barcelona, Anagrama, 2006.

Goethe, Johann Wolfgang von, *Las desventuras del joven Werther*, trad. Miguel Salmerón, Madrid, Alianza, 2010.

González Boixo, José Carlos, *La búsqueda de la fuente de la juventud en La Florida: versiones cronísticas*, Alicante, Biblioteca Virtual Miguel de Cervantes, 2009.

Grimal, Pierre, *The Dictionary of Classical Mythology*, Oxford, Blackwell, 2000. [Hay trad. cast.: Diccionario de la mitología griega y romana, trad. Francisco Payarols, Barcelona, Paidós, 2010].

Hamilton, Christopher, *Middle Age*, Stocksfield, Acumen, 2009.

Harrison, Robert Pogue, *Juvenescence: A Cultural History of Our Age*, Chicago, University of Chicago Press, 2014.

Herreros de Tejada, Silvia, *La mano izquierda de Peter Pan*, Madrid, Espasa, 2017.

—, *La otra isla*, Madrid, Espasa, 2020.

Hesíodo, *Los trabajos y los días*, trad. Carlos García Gual, Madrid, Alianza, 2010.

Hofer, Johannes, *Dissertatio medica de nostalgia*, Basileae, Johannis Bertschii, 1688.

Hoskin, Cyril Henry (como Lobsang Rampa), *The Third Eye*, Londres, Secker & Warburg, 1956. [Hay trad. cast.: Descubriendo el tercer ojo, Nuevo Mundo, 2018].

Hugo, Victor, *Los miserables*, trad. María Teresa Gallego Urrutia, Madrid, Alianza, 2018.

Jacques, Elliot, *Death and the Mid-Life Crisis*, Londres, International Universities Press, 1965.

Jaouad, Suleika, *Between Two Kingdoms*, Nueva York, Random House, 2021. [Hay trad. cast.: Entre dos reinos, trad. Helena Álvarez de la Miyar, Madrid, Urano, 2022].

Jung, Carl Gustav, *Psicología y alquimia*, trad. Alberto Luis Bixio, Madrid, Trotta, 2005.

Kerouac, Jack, *En el camino*, trad. Martín Lendínez, Barcelona, Anagrama, 2022.

Kiley, Dan, *The Peter Pan Syndrome: Men Who Have Never Grown Up*, Nueva York, Avon, 1984. [Hay trad. cast.: *Síndrome de Peter Pan*, Buenos Aires, Javier Vergara Editor, 1988].

Koenig, John, *The Dictionary of Obscure Sorrows*, Nueva York, Simon & Schuster, 2021.

Lamott, Anne, *Pájaro a pájaro. Instrucciones sobre escritura y vida*, trad. Gabriela Bustelo, Barcelona, Alba, 2018.

—, *Operating Instructions: A Journal of My Son's First Year*, Nueva York, Pantheon Books, 1993

Landero, Luis, «La infancia es felicidad, la adolescencia amor y el resto literatura», *El País*, Madrid, 1 de marzo de 2019.

Lao-Tse, *Tao Te Ching*, trad. Iñaki Preciado Idoeta, Madrid, Alianza, 2016.

Lipovetsky, Gilles, *La felicidad paradójica*, trad. Joan Vinyoli, Barcelona, Anagrama, 2007.

Lispector, Clarice, *Un soplo de vida (Pulsares)*, trad. Mario Merlino, Madrid, Siruela, 1999.

Lorde, Audre, *The Cancer Journals*, Londres, Penguin, 2020. [Hay trad. cast.: *Los diarios del cáncer*, trad. Gabriela Adelstein, Chile, Ginecosofía, 2020].

Mannheim, Karl, «El problema de las generaciones», *Revista Española de Investigaciones Sociológicas*, núm. 62, Madrid, Centro de Investigaciones Sociológicas, 1993, pp. 193-242.

Moore, Lorrie, *Autoayuda*, trad. Alejandro Pareja Rodríguez, Barcelona, Salamandra, 2002.

Morella, José, *West End*, Madrid, Siruela, 2020.

Morrison, Jim, *Wilderness*, Londres, Viking, 1989.

Mosley, Nicholas, *Julian Grenfell: His Life and the Times of His Death, 1888–1915*, Londres, Weidenfeld & Nicolson, 1976.

Nikolajeva, Maria, *The Magic Code: The Use of Magical Patterns in Fantasy for Children*, Estocolmo, Almqvist & Wiksell, 1988.

*Onania: Or the heinous sin of self-pollution, and all its frightful consequences in both sexes, consider'd*, Londres, *ca.* 1716.

Paley, Grace, *Enormous Changes at the Last Minute*, Nueva York, Farrar, Straus & Giroux, 1974. [Hay trad. cast.: *Enormes cambios en el último minuto*, trad. José Manuel Álvarez, Ángela Perez, Barcelona, Anagrama, 1983].

Patmore, Coventry, *The Angel in the House*, Londres, John W. Parker and Son, 1854.

Pilates, Joseph y William J. Miller, *Return to Life Through Contrology*, Nueva York, J. J. Augustin, 1945. [Hay trad. cast.: *Return to Life. Vuelva a la vida con la contrología de Pilates*, Pilates Method Alliance, 2012].

Pinel, Philippe, *Traité médico-philosophique sur l'aliénation mentale ou la manie*, Paris, Richard, Caille & Ravier, 1801. [Hay trad. cast.: *Tratado médico-filosófico de la enajenación del alma o manía*, Imprenta Real, Legare Street Press, 2023].

Platón, *Fedón*, trad. Carlos García Gual, Madrid, Gredos, 2011.

Proust, Marcel, *Por el camino de Swann. En busca del tiempo perdido*, trad. Pedro Salinas, Madrid, Alianza, 2016.

Riordan, James, *A World of Folk Tales*, Londres / Nueva York, Hamlyn, 1981.

Rose, Jacqueline, *The Case of Peter Pan, or the Impossibility of Children's Fiction*, Philadelphia, University of Pennsylvania Press, 1993.

Sacher-Masoch, Leopold von, *La Venus de las pieles y otros relatos*, trad. Rafael Hernández Arias, Madrid, Valdemar, 2010.

Sade, Donatien Alphonse François de, *Juliette*, trad. Mauro Armiño, Madrid, Valdemar, 2015.

Sánchez Aguilar, Agustín, *Las historias más bellas de la mitología norteamericana*, Barcelona, Gribaudo, 2021.

Savage, Jon, *Teenage. La invención de la juventud, 1875-1945*, trad. Juan Antonio Santos, Barcelona, Desperta Ferro, 2018.

Setiya, Kieran, *En la mitad de la vida*, trad. Ramón González Férriz, Barcelona, Libros del Asteroide, 2019.

Sexton, Anne, *Poesía completa*, ed. y trad. Ana Mata Buil, Barcelona, Lumen, 2024.

Sheehy, Gail, *Passages: Predictable Crises of Adult Life*, Nueva York, E. P. Dutton, 1976. [Hay trad. cast.: *La crisis de la edad adulta*, trad. Iris Menéndez, Grijalbo, 1987].

Shelley, Mary W., *Frankenstein o el moderno Prometeo*, trad. José C. Vales, Barcelona, Austral, 2016.

Sontag, Susan, *Illness as Metaphor & AIDS and Its Metaphors*, Londres, Penguin, 1991. [Hay trad. cast.: *La enfermedad y sus metáforas. El SIDA y sus metáforas*, trad. Mario Muchnik Clemans, Barcelona, Debolsillo, 2008].

Souto Kustrín, Sandra, «Introducción: Juventud e Historia», *Hispania*, vol. LXVII, núm. 225, 2007.

Stanley Hall, G., *Adolescence*, Nueva York, D. Appleton, 1904.

Starr, Kevin, *California: A History*, Nueva York, Modern Library, 2005.

Tacey, David, *How to Read Jung*, Nueva York, W. W. Norton & Company, 2007. [Hay trad. cast.: *Cómo leer a Jung*, Barcelona, Paidós, 2010].

Tatar, Maria, *The Annotated Classic Fairy Tales*, Nueva York / Londres, W. W. Norton & Company, 2002. [Hay trad. cast.: *Los cuentos de hadas clásicos anotados*, trad. Luis Noriega, prólogo y ed. Maria Tatar, Barcelona, Crítica, 2024].

Terlouw, Jan, *El rey de Katoren*, trad. José Luis Reina Palazón, Madrid, SM, col. El Barco de Vapor, 1983.

Tolkien, J. R. R., *Árbol y hoja*, trad. Domènec Bergadà (rev. Eduardo Segura), Barcelona, Minotauro, 2024.

Vian, Boris, *La espuma de los días*, trad. Joan Manuel Verdegal, Madrid, Cátedra, 2000.

Wilde, Oscar, *El retrato de Dorian Gray*, ed. y trad. Mauro Armiño, Madrid, Valdemar, 2016.

Williams, John, *Stoner*, trad. Antonio Díez Fernández, Barcelona, Random House, 2012.

Woolf, Virginia, *On Being Ill*, Londres, Renard Press Ltd., 2023. [Hay trad. cast.: *Estar enfermo. Notas desde las habitaciones de los enfermos*, trad. Elena Cortés, Barcelona, Alba, 2019].

—, *La señora Dalloway*, trad. José Luis López Muñoz, Madrid, Alianza, 2016.

Yang, Lihui; Turner, Jessica y An, Deming, *Handbook of Chinese Mythology*, Oxford University Press, 2005.

Young, Timothy G., *My Heart in Company: The Work of J. M. Barrie and the Birth of Peter Pan*, New Haven, Beinecke Library, 2005.

*Archivos consultados en la Biblioteca Beinecke de Manuscritos y Libros Raros*

Colección J. M. Barrie
Colección Llewelyn Davies Family Papers
Colección Marshall Bond Papers

*Otras obras fundamentales para el caldero*

Aberastury, Arminda; Knobel, Mauricio, *La adolescencia normal. Un enfoque psicoanalítico*, Barcelona, Paidós, 1988.

Armstrong, Stephen, *The White Island. Two Thousand Years of Pleasure in Ibiza*, Londres, Corgi Books, 2004.

Bancalari Molina, Alejandro, «La problemática de la juventud en la sociedad romana: propuesta de enfoques para su estudio», *Revista de Humanidades*, 23, Universidad de Concepción, 2011.

Bettelheim, Bruno, *Psicoanálisis de los cuentos de hadas*, trad. Silvia Furió, Barcelona, Grijalbo, 1984.

Birkin, Andrew, *J. M. Barrie & The Lost Boys: The Love Story that Gave Birth to Peter Pan*, Nueva York, Clarkson N. Potter, 1979.

Chaney, Lisa, *Hide-and-Seek with Angels: A Life of J. M. Barrie,* Londres, Hutchinson, 2005.

Costa, Luis, *Balearic. Historia oral de la cultura de club en Ibiza*, Barcelona, Contra, 2018.

Danesi, Marcel, *Forever Young: The Cultural Symbolism of Adolescence*, Austin, University of Texas Press, 2003.

Donlon, Helen, *Shadows Across the Moon: Outlaws, Freaks, Shamans and the Making of Ibiza Clubland*, Ibiza, Jawbone Press, 2015.

Escohotado, Alberto, *Mi Ibiza privada*, Barcelona, Anagrama, 2002.

Fisher, Mark, *Lo raro y lo espeluznante*, trad. Núria Molines Gular, Barcelona, Alpha Decay, 2017.

Fowlie, Wallace, *Rimbaud and Jim Morrison: The Rebel as Poet*, Durham, Duke University Press, 1994.

Froud, Brian; Lee, Alan, *Hadas*, trad. José Miguel González Marcén, Madrid, Mondadori, 1983.

Gancitano, Maura, *Espejito, espejito*, trad., Ana Ciurans Ferrándiz, Barcelona, Grijalbo, 2022.

Gavin, Adrienne E.; Humphries, Andrew F. (eds.), *Childhood in Edwardian Fiction*, Basingstoke / Londres, Palgrave Macmillan, 2009.

Herreros de Tejada, Silvia, *Las edades de Peter Pan. Adaptaciones literarias y cinematográficas del niño eterno (1902-2010)*, tesis doctoral, Universidad Rey Juan Carlos de Madrid, 2010.

—, *Todos crecen menos Peter*, Madrid, Lengua de Trapo, 2009.

Honeyman, Susan, *Elusive Childhood. Impossible Representations in Modern Fiction*, Columbus, Ohio State University Press, 2005.

Hopkins, Jerry; Sugerman, Danny, *No One Here Gets Out Alive*, Nueva York, Avon Books, 1980. [Hay trad. cast.: *De aquí nadie sale vivo*, trad. Ricard Gil, Madrid, Capitán Swing, 2017].

Hyde, Lewis, *Breviario del olvido. Apuntes para dejar atrás el pasado*, trad. Julio Hermoso, Madrid, Siruela, 2020.

Hutchinson, Ben, *The Midlife Mind: Literature and the Art of Ageing*, Londres, Reaktion Books, 2020.

Jack, R. D. S., *The Road to the Never Land. A Reassessment of J. M. Barrie's Dramatic Art*, Aberdeen, Aberdeen University Press, 1991.

Lonely Planet, *California*, Londres, Lonely Planet Publications, 2021. [Hay trad. cast.: *California*, Barcelona, Lonely Planet / Geoplaneta, 2018].

McBride, David, *On the Fault Line of Mass Culture and Counterculture: A Social History of the Hippie Counterculture in 1960s Los Angeles*, tesis doctoral, UCLA, 1998.

Palladino, Grace, *Teenagers: An American History*, Nueva York, Basic Books, 1996.

Page, Michael; Ingpen, Robert, *Enciclopedia de las cosas que nunca existieron*, trad. Juan Manuel Ibeas, Madrid, Anaya, 1998.

Pape, Brandy Marie Carlisle, *Luella: The Life and Times of Luella Day McConnell*, s/e, 2024.

Rough Guides, *The Rough Guide to California*, Londres, Rough Guides, 2018.

Schellenberger, Sue; Wethington, Elaine, *The Breaking Point*, Nueva York, HarperCollins, 2004.

Tarr, C. A.; White, D. R. (eds.), *J. M. Barrie's Peter Pan. In and Out of Time: A Children's Classic at 100*, Oxford, The Scarecrow Press, 2006.

Warner, Marina, *From the Beast to the Blonde: On Fairy Tales and Their Tellers*, Nueva York, Noonday Press, 1996.

West, Diana, *The Death of the Grown-Up: How America's Arrested Development Is Bringing Down Western Civilization*, Nueva York, St. Martin's Press, 2007.

Wulf, Andrea, *Magníficos rebeldes. Los primeros románticos y la invención del yo*, trad. Abraham Gragera, Barcelona, Taurus, 2022.

Zipes, Jack, *When Dreams Came True. Classical Fairy Tales and Their Tradition*, Nueva York, Routledge, 2007.

## INGREDIENTES VARIOS

En *Juvencolía*, como en los cuentos, algunos personajes se reducen a una sola cualidad: son arquetipos o figuras simbólicas. Aquí, en cambio, sí quiero nombrarlos. Estos agradecimientos son literarios, pero también vitales, y me temo que me pondré un poco profusa y sentimental; *barriesque*, digamos. En fin, todo se contagia.

Este libro es para Pablo Remón, porque sé que me acariciará siempre en las madrugadas de miedo y belleza.

Es para Belén Bermejo, que me convenció de que yo era escritora.

Es para mi madre, María Isabel Larrinaga, y mi padre, José Aurelio Herreros de Tejada, que dieron forma a mi imaginación con las historias de su dorada juventud en California. Y para mi hermano, Yago, compañero luminoso de vida que, poco después de morir nuestra madre, abrió un grupo de WhatsApp con nuestro padre y conmigo y lo llamó, simplemente, así: «California».

Como bien sabe Javier Gallego (Crudo), este libro nació con la idea de ser un «diccionario californiano», proyecto del que hablamos tantas tardes, entre copas, en nuestro taller literario privado. A él le agradezco la entrega, las conversaciones infinitas —pero tan cortas— y una primera lectura, tras la cual me alentó, insistente, a sacar lo mejor de mí, como si el libro fuese suyo propio. En realidad, lo es: *Juvencolía* es más punk gracias a Javi.

Con él y Patricia Gosálvez tenemos un grupo en honor a J. Alfred Prufrock: «Envejecemos, envejecemos, llevaremos vueltas en los bajos de los pantalones». Un día jugamos a un listado de crisis de la mediana edad, que dio pie a la «M» de Midorexia. Pati (o sea, ¿en qué momento nos volvimos «enfermas» nosotras?) me abrió otro mundo cuando teníamos dieciocho años: en la escalera mecánica del metro de la Complutense me hizo ver que la libertad estaba ahí, esperándome; en un coche, camino a Francia, puso casete tras casete a David Bowie, y ya nada volvió a sonar igual. Ella no se acuerda, pero así fue.

Mis amigos de juventud presumen del filtro *joie de vivre*, una luz compartida bajo la que, de un modo u otro, seguimos bailando juntos.

Gracias a María Elola, con quien tengo tantas ganas de todo desde niñas. Y las ganas ahí siguen, incansables, como si no hubiera un mañana.

A Tamara Matijevic, espejo que sabe exactamente lo que pienso y lo que necesito (es maga, ella).

A Isabel Parra, por su lucidez, única.

A Inma Muñoz y sus corazones sin palabras.

A Borja de Carlos y Emma Morales, por enviarme tantas flores, y a Federico de Vicente, Pablo Díaz Sanfeliu y Marta Maldonado, por echármelas.

A Antonio Pedrajas, por guardarme dentro de su *Tunnel of Love*.

A Antonio Fernández y Almudena Díez, por compartir conmigo sus almas y su casa y aguantarme un verano entero hablando de mi pelo (pobres) y de lo jóvenes que seguimos pareciendo, ¿verdad? Será —seguro— ese filtro *joie de vivre*.

Este libro es una constelación de historias que se van encendiendo unas a otras.

Con Elena Pascual fue un gozo cultivar el vínculo aún más y dejarnos llevar hablando de deseo, de fantasía y del capítulo de la «Q». Porque, aunque sepamos que los ángeles vienen cuando los invocamos, también habitan dentro de nosotras y, a veces, incluso se dejan ver.

Fernanda Orazi, en la puerta de un bar, me dijo que la libido era una página en blanco.

Clara Botas, Roberto Martín Maiztegui, Borja Soler y yo «pasamos» un tiempo tan extraordinario en Ibiza que acabó colándose en la «I» del abecedario.

Ana Alonso cree tantísimo en mí que, al final, me lo he creído.

Francisco Reyes y Antonio Zancada son adeptos, como yo, a la juvencolía, y la sostenemos entre los tres.

Raquel Alarcón me iluminó, incluso desde un lugar oscuro.

Daniel Jiménez leyó los primeros capítulos y me aseguró, en su onda *new age*: «El universo sabe que tú puedes».

Daniel Remón y Olivia Gallo insistían en que el libro sería maravilloso, ¡maravilloso!

Cristina Oñoro ha sido mi cómplice intelectual en esta manera distinta de escribir ensayo; el entusiasmo de Sonia Tercero me contagió en todo momento y Alicia Moncholí compartió mis dilemas juvencólicos mientras escribíamos otra historia.

Sara Bonet diseccionó el texto con la delicadeza que solo podría tener un hada.

Y Silvia Nanclares, además de agarrarme en momentos frágiles, me ha enseñado a cuidar lo que escribimos, porque es como la herencia que se deja a un hijo.

*Juvencolía* no habría podido existir sin la fe de Palmira Márquez y Miguel Munárriz, y de su agencia Dos Passos. Palmira es la guardiana de mis hechizos literarios; su criterio, sus risas y su presencia constante son parte esencial de mi escritura y de mi vida. También lo es Olga Jiménez, cuya mirada atenta y profesional me confirmó que el libro lograría emocionar.

Qué fortuna la mía de tener, en Debate, a las editoras Paloma Abad, que amó este libro a pesar de sus vaivenes, y a Sandra Beltrán, que lo entendió igual de bien que yo. Gracias a Nacho Ruiz, por su paciencia y mesura ante mis abismos. Y a Andreu Barberán, que diseñó la portada tal cual yo la soñaba.

Ignacio Giménez-Rico me conoce desde joven y aún sabe sacarme ese brillo en sus fotografías.

En mis caminos académicos, tengo que mencionar a Antonio Sánchez-Escalonilla, director de mi tesis sobre Peter Pan, y a Ronnie Jack, de la Universidad de Edimburgo, que me abrió la puerta a la Biblioteca Beinecke de Yale. Gracias a John Monahan, Tom Cahill, al personal de la *front desk*, y a Rolando García Millán, Haruko Nakamura, Dawn Parise y —más que a nadie— a Moira Fitzgerald, por su tiempo y energía, tanto dentro como fuera de la biblioteca.

Natalia Sanz-Abbot y yo vivimos una epifanía compartida: ya éramos —literalmente— unas señoras tomando dry martinis en el Chelsea Hotel de Nueva York (y, por supuesto, se lo contamos a Sara G. Rayo).

Un encuentro con mi padre, mis hermanas —Sandra y Blanca— y su madre, Mamen Lobo, me recordó que el *unheimlich* existe. Maravilla.

Avraham Sosa-Velasco fue mi hogar desde que nos conocimos de Erasmus y ahora también lo es su pareja, Kenneth Bucknam.

Sarah McLellan está cerca incluso cuando está lejos.

Y Marc St-Jean me permitió imaginar, desde mi recuerdo de él, al *traveller*.

José C. Vales me arropa en los trabajos y los días. Gracias por infundir ese inmensísimo halo de «romanticismo» a nuestras clases de literatura en la ECAM, escuela donde estudié y de la que después no me quise marchar. Nacho Gutiérrez Solana y Silvia Velasco me transmitieron serenidad y fuerza. Izaskun Granda y Jon Pittaluga nunca han dejado de cuidarme y me encanta seguir creciendo con Ángela Armero y Daniel Martín Serrano a mi lado.

En la VIU, Joan Oleaque y María Rossell consiguieron que me sintiera imprescindible.

Mis alumnos son el motor de muchos de mis días: los que vivieron los cursos atravesados por la enfermedad, y los que, ahora, forman parte de mi vida adulta. Son tantos que no me caben… David Romera; *our light shines on*. Marina Velázquez, por enseñarme a imaginar el mundo que nosotras querríamos. Jorgelina Ramírez, que tantísimo me refleja. Alicia Martín, por buscarme en *Vogue*. Sara Azcona y David Orea, siempre pendientes. Diego Pinillos y el maniquí que se transformaba a la vez que yo (esto es cierto). Belén Sevillano, experta jardinera. Sofía Blanco viajó para acercarme su admiración y esperanza. Acoidán Méndez me hizo personaje. Itziar Sanjuán, porque sabemos de lo que hablamos. Y David Costas, con su preciosa efervescencia, se leyó la primera versión del manuscrito del tirón, en una sola noche, para confirmarme que sí, que era un libro «de verdad».

Si ya en un proceso de escritura es importante la gente que acompaña, entrelazado con la enfermedad se vuelve indispensable.

Los médicos y enfermeras del hospital Gregorio Marañón de Madrid consiguieron curarme.

Cristina Rodrigo, compañera de padecimientos y quimioterapia: ¿qué habría hecho yo sin tus audios diarios de consuelo y desesperación y, a ratos, de alegrías?

El doctor José María Franco Góngora me devolvió la seguridad en mi cuerpo.

Jesús y Ana Morales, de Chean Peluqueros, lloraron conmigo por la melena perdida y me sostuvieron en las demás fases. En el espejo, ellos me veían guapa siempre.

Lola Quintana me condujo a la divina indiferencia terrestre y Olga López Boue, a todos los colores.

Sin las verdaderas señoras de Pilates Soul no existirían las que filosofan por estas páginas. Y tampoco sin el apoyo firme de Mónica Muñoz, Santos Caño y Jorge Riberas, a quien, en sus clases, le dio por pensar que yo era una especie de superheroína y, bueno... me lo creí.

Las mejores amigas de mi madre —Silvia Antonio y Cristina Vázquez— se hicieron amigas mías justo cuando más las necesité. Y a Pepe Lombardía no le faltó detalle.

La comunidad del colegio —esa gente que de joven ni te imaginas que existe— fue refugio: Verónica Bustamante y su sonrisa, escucha y hospitalidad. Gustavo Oribe, la templanza. Jon Igelmo y Patricia Quiroga, sosiego e intelecto. Las amigas-doctoras Patricia Salas y Cristina González estuvieron ahí todo el tiempo. Y Susana López, Alberto García, Julio Nogués, Manu Castaño, Susana Casares, Adolfo del Río, Débora Izaguirre, Lucy González, Katya Rendón, Joanna Stewart y Leonor March.

Gracias eternas a Cinthia Doblado, por el amor.

Empecé con gratitud a mis padres y a mi hermano y termino extendiéndola al resto de mi familia, tan enorme y variopinta.

Los Herreros siguieron llamándome, aunque yo muchas veces no cogiera. Tías Katie, Soni, Sole, Teresa, Espe, Pilar, Isabel, tío Javier. Y a Josele Suárez de Lezo, por lo que él sabe.

Mi prima Margaux Rosillo pasó conmigo consultas y noches de hospital sin faltarle el ánimo ni un solo instante. Mis primas Carmen y Lucía Noaín, aparte de ser lo más de lo más, se turnaban de chóferes. Pitu Matos, con su homeopatía, consiguió que, entre otras cosas, me siguiera funcionando el pensamiento. Mis demás primos no os pongáis celosos: os adoro. Mi cuñada Paula Rodríguez Avendaño y mis sobrinos —Lucía, Yago y Javier— contagian la enorme estela de luz que deja mi hermano.

Los Larrinaga. Mis tías maternas cuidaron de mí y de mi hijo: *tabus* Teresa y Elena, y su red inquebrantable; Betty y Patricia, quiero ser como vosotras. Sus maridos: Javier de la Peña, Iván Mora, mi doctor Rafael Mendizábal y Antonio Noaín. Tío Luis y tía Marta Silva me transmitieron calma ante el futuro. Tío Teófilo de Luis y tía Teresa de Blas me regalaron una primera edición de *Margaret Ogilvy*, y tía Margarita nunca dejó de hablarme de mi madre.

Para que este libro llegara a término, fue fundamental la generosidad de tía Patri y tío Antonio. Tanto ellos como mi ¡sublime! padrino Javier Larrinaga, y mi tía Pino Patiño, en sus casas de verano, me dieron la confianza de creer tantísimo en mí que —venga— hiciera el favor de encerrarme a escribir.

Y ahora, paramos un momento.

Porque ahora, después de este desparrame sentimental, en el caldero burbujeante de las historias ya bullen los huesos, los ingredientes varios... y solo falta aderezarlo con grandísimas dosis de

## ASOMBRO

¿Cómo puede ser que yo, justo yo, tenga un hijo que no quiere crecer? A veces me imagino a Teo, de mayor, leyendo *Juvencolía* y preguntándose quién era su madre entonces. Y se forma una paradoja entre su lectura en el futuro y mi escritura, ahora, en el presente: él leyéndome hacia atrás, yo escribiéndole hacia delante, los dos encontrándonos en un mundo paralelo en el que yo soy joven para él y él es adulto para mí y... guau. Eso sí que es puro asombro.